dtv

»Bekannte Autoren erzählen im vorliegenden Buch anschaulich und sachlich fundiert die Geschichte des Bombenkrieges.«
Passauer Neue Presse

»Differenziert sind vor allem die Reflexionen von Historikern, die den Bombenkrieg selbst erlebt haben.«
Praxis Geschichte

»Das Thema so breit anzugehen eignet sich als gute Bestandsaufnahme, die viele weitere Diskussionen und Beiträge zulässt und Diskussionen eröffnet.«
Neue KirchenZeitung, Hamburg

Als Feuer vom Himmel fiel

Der Bombenkrieg in Deutschland

Herausgegeben von
Stephan Burgdorff und
Christian Habbe

mit Beiträgen von Wolfgang Bayer, Lew Besymenski, Wolfram Bickerich, Günter Blobel, Jochen Bölsche, Georg Bönisch, Jürgen Dahlkamp, Mike Davis, Axel Frohn, Volker Hage, Almut Hielscher, Per Hinrichs, Michael Kloft, Hans Michael Kloth, Beate Kosmala, Hans Mommsen, Michael Schmidt-Klingenberg, Claudia Schoppmann, Richard Schröder, Ulrich Schwarz, Heinrich Schwendemann, Michael Sontheimer, Gerhard Spörl, Katharina Stegelmann, Rainer Traub

Deutscher Taschenbuch Verlag

Weitere SPIEGEL-Bücher im Deutschen Taschenbuch Verlag:

11. September. Geschichte eines Terrorangriffs (dtv 34026)
Irak. Geschichte eines modernen Krieges (dtv 34137)
Rudolf Augstein. Schreiben, was ist (dtv 34143)
Die Flucht. Über die Vertreibung der Deutschen aus dem Osten (dtv 34181)

April 2005
Deutscher Taschenbuch Verlag GmbH & Co. KG,
München
www.dtv.de

Umschlagkonzept: Balk & Brumshagen
Umschlagfoto: Toni Angermayer
Satz: Druckerei C. H. Beck, Nördlingen, nach einer Vorlage von
DVA/Brigitte Müller
Druck und Bindung: Druckerei C. H. Beck, Nördlingen
Gedruckt auf säurefreiem, chlorfrei gebleichtem Papier
Printed in Germany · ISBN 3-423-34192-0

Inhalt

Leben in Trümmern

Die Folgen der Zerstörung

Vorwort

Nach sechs Jahrzehnten haben die Deutschen ein düsteres Kapitel ihrer jüngeren Geschichte wiederentdeckt, den totalen Bombenkrieg gegen ihre Städte. Diese Schrecken waren seit Kriegsende in Literatur und Filmen zwar immer wieder gegenwärtig. Doch zum Zentralthema deutscher Zeitgeschichtler wurde das Schicksal eigener Opfer höchst selten. Im Bewusstsein der Nazi-Schuld am Krieg war diese Zurückhaltung zwar angebracht, sie ließ allerdings auch viele Fakten ungeklärt.

Der SPIEGEL hat in diesem Jahr mehrere Beiträge zum Bombenkrieg in einer Serie veröffentlicht und stieß dabei auf beträchtliche Resonanz bei den Lesern, auch den jüngeren. Das Bedürfnis, sich zu erinnern, scheint – wie schon die Heftigkeit der jüngsten Auseinandersetzung um Flucht und Vertreibung gezeigt hatte – nicht mit der Generation der Betroffenen zu sterben. Larmoyante Schuldzuweisungen gab es auch, doch deutlich überwog das Interesse an einer lebhaften, kontrovers geführten Diskussion des Geschehenen. Hierzu wollen die Autoren dieses Buchs beitragen.

Unter ihnen sind namhafte Wissenschaftler aus der Zeitzeugengeneration. Sie analysieren rechtliche und moralische Facetten des Kriegs und seiner Auswirkungen bis in die Gegenwart.

Manche Befunde stehen scheinbar widersprüchlich nebeneinander. Einerseits beweist der Historiker Hans Mommsen in seinem Beitrag überzeugend, dass die britische Doktrin des „moral bombing", die das bombardierte Volk entmutigen und letztlich gegen die braunen Zwingherren aufbringen sollte, so nicht funktionieren konnte. Zugleich aber war zu beschreiben, dass durch das große Chaos, das die Angriffe auf Deutschland bewirkten, der NS-Repressionsapparat behindert wurde und sich örtlich fast eine Art alternativen Alltagslebens entwickelte – Tausenden von Verfolgten gelang es, unter diesen Bedingungen dem Regime zu entgehen. So war das eben, schlichte Wahrheiten ließ das Inferno kaum zu.

Um Aufrechnung kann und sollte es nicht gehen. Dieses Buch zeigt zwar am Bombenkrieg der Alliierten die barbarischen Seiten auf (aber auch, dass diese in Teilen der amerikanischen und britischen Zivilöffentlichkeit schon damals kritisch betrachtet worden sind). Wahr ist, dass die Kriegsgräuel fast automatisch eskalierten und die Krieg gegen Deutschland führenden Demokratien dabei mithielten. Doch richtig bleibt dabei das Diktum des Schriftstellers Thomas Mann vom „deutschen Vorsprung in der Barbarei".

Einige Autoren haben das Luftkriegsinferno selbst erlebt. So der Historiker Hans-Ulrich Wehler, der in diesem Buch die Deutschen zur Diskussion des Leids ermuntert, jedoch vor einem Opferkult warnt – als Jugendlicher musste Wehler sich vor Tieffliegern in Sicherheit bringen. Oder der russische Kollege Lew Besymenski, der die Bombardierung Stalingrads im Sommer 1942 ganz aus der Nähe schildert: Er saß dort in einem Luftschutzkeller.

Dieses Buch fußt auf dem Konzept einer SPIEGEL-Serie. Erarbeitet hat es das Ressort Sonderthemen mit Unterstützung von Autoren aus einigen Redaktionsabteilungen und Korrespondentenbüros des SPIEGEL. Um die Verifizierung der Texte kümmerte sich Wilhelm Tappe mit seinen Kollegen aus der SPIEGEL-Dokumentation, Bildredakteur Claus-Dieter Schmidt sorgte für Beschaffung und Auswahl der Illustrationen.

Christian Habbe

Grauen und Gerechtigkeit

EINE EINLEITUNG VON RICHARD SCHRÖDER

Zu meinen frühesten Kindheitserlebnissen gehören die Ruinen von Leipzig, Fassaden ohne Dach, durch deren Fenster der blaue Himmel blickte. Das war der Krieg. Das Leben war von ihm gezeichnet. Die Klassenkameraden ohne Väter, die Mitbürger mit dem schlesischen Dialekt, die einbeinigen Männer, die sowjetischen Soldaten, die Trennung von den westdeutschen Verwandten, alles erklärte der Krieg. Aber was es mit diesem Krieg auf sich hatte, war für uns Kinder nicht zu verstehen.

Denn es gab zwei Sorten Geschichten vom Krieg, die man ja nicht verwechseln durfte, für zwei Sorten von Ohren.

In der Schule mussten wir regelmäßig sowjetische Kriegsfilme ansehen. Ehrliche, opferbereite Kommunisten kämpften da gegen hinterhältige und brutale Faschisten in drastischen Schlachtszenen. Die Schreie der zuschauenden Kinder klingen mir noch im Ohr. Und das war die Botschaft: Die Faschisten haben die Sowjetunion überfallen, aber die Sowjetunion hat sie besiegt und den Faschismus in der DDR mit Stumpf und Stiel ausgerottet. Die DDR steht auf der Seite der Sieger der Geschichte. Im Westen, da sitzen sie noch, die Faschisten und die imperialistischen Kriegstreiber, und wollen einen dritten Weltkrieg vom Zaune brechen – denn die Zertrümmerung von Leipzig und Dresden, das waren die „angloamerikanischen Bomber“. Meine ersten englischen Wörter waren „Ami go home“, auf einem großen Plakat am Marktplatz. Der Bombenkrieg wurde für den Klassenkampf instrumentalisiert. Faschisten, das waren die Feinde des Sozialismus.

Die anderen Geschichten vom Krieg waren in der Familie zu Hause. Es waren vor allem Geschichten vom „Zusammenbruch“, dem Einmarsch erst der Amerikaner, dann der Roten Armee in Westsachsen, der Einquartierung der Vertriebenen aus den Ostgebieten, der allgemeinen Not, der Gefangenschaft. Das Bild des gefallenen Onkels hing im Wohnzimmer. Er war bei der Rettung von

Verwundeten gefallen. In der Seitenkapelle der Kirche lag ein Gedenkbuch mit den Namen der gefallenen Gemeindeglieder. Das waren doch nicht „die Faschisten“!

Fronterlebnisse und Bombennächte wurden vor den Ohren der Kinder nicht besprochen. Aber Kinder hören genau, was an Unheimlichem nur in Nebensätzen anklingt. Und das vermischte sich mit dem Unheimlichen der Gegenwart: Enteignungen, Verhaftungen, Repressalien.

Mit dem Ausdruck „Zusammenbruch“ wurde die Bombenkriegserfahrung zur Metapher der Nachkriegssituation. Die Attraktivität der Metapher war ihre Mehrdeutigkeit. Zusammengebrochen waren alle Ordnungs- und Versorgungssysteme. Zusammengebrochen war die Nazi-Herrschaft. Schwerer noch wog aber für viele: zusammengebrochen war Deutschland. Auch unter denen, die das Ende der Diktatur begrüßten, sahen viele im verlorenen Krieg und in der Besatzung eine Kränkung der nationalen Ehre.

Das war auch eine Strategie, sich als Opfer zu stilisieren und die deutsche Schuld zu relativieren – durch Aufrechnen von „Kriegsverbrechen“: Zwar war die Massenvernichtung der Juden kein Kriegsverbrechen im eigentlichen Sinn, sondern Völkermord bei Gelegenheit eines Krieges, hinter der Front, vorbereitet durch die Judenverfolgung seit 1933. Aber da all dies im Nürnberger Prozess zur Sprache kam, wurden nun „Kriegsverbrechen“ hüben und drüben aufgerechnet. Auf der Gegenrechnung stand dann eine Reihe Tabus: der Hitler-Stalin-Pakt und Katyn, die sowjetischen Lager, die Vertreibung aus den Ostgebieten, die Vergewaltigungen der vorrückenden Roten Armee und – der Bombenkrieg. Das war auch eine Instrumentalisierung des Bombenkriegs: für eine Rechtfertigungsstrategie, die rechtfertigen wollte, was durch nichts zu rechtfertigen war.

Es war der intensiven und rückhaltlosen Beschäftigung mit dem Nationalsozialismus in Westdeutschland zu verdanken, dass wir alle schließlich den 8. Mai 1945 tatsächlich – aber anders als die kommunistische Propaganda – als Tag der Befreiung begreifen lernten, nämlich als Befreiung von der Diktatur, die von Anfang an und bewusst das Recht mit Füßen getreten hat, und zwar zuerst und vor allem die Rechte der Deutschen jüdischen Glaubens und jüdischer Abstammung. Bundespräsident von Weizsäcker hat dem am 8. Mai 1985 maßgebend Ausdruck verliehen. Der „Zusammenbruch“ von 1945 war die Folge der Verachtung von Recht und Freiheit seit 1933. Damit war auch jenen verfehlten Rechtfertigungsstrategien der Boden entzogen.

Vertreibung und Bombenkrieg aber wurden nun erst recht verdächtige Themen, gezeichnet vom Missbrauch zu Aufrechnungszwecken und geeignet, Misstrauen bei den Nachbarn zu erwecken. Es ist deshalb kein Zufall, dass erst nach der deutschen Einigung und der endgültigen vertraglichen Beantwortung der „deutschen Frage“ die Erinnerungen sich öffentlich Raum schaffen.

Mit der Erinnerung aber kommen unausweichlich die Fragen der Beurteilung wieder auf den Tisch. War dieser Bombenkrieg gerechtfertigt?

Völkerrechtlich gesehen war er zweifellos nicht gerechtfertigt. Nach der Haager Landkriegsordnung (1907) dürfen nur Militärpersonen und militärische Objekte angegriffen werden. Dass dabei auch Zivilpersonen und zivile Objekte getroffen werden können, ist realistischerweise vorausgesetzt und das ist mit dem Ausdruck „Kollateralschäden“ gemeint: nicht intendierte oder als unvermeidlich in Kauf genommene zivile Schäden. Davon konnte aber beim Bombenkrieg ebenso wenig wie bei Tiefflieger-Angriffen auf Flüchtlingstrecks die Rede sein.

Auch wenn man den Begriff der militärischen Objekte weit auslegte und – durchaus berechtigt – die kriegsrelevante Industrie einbezog, waren die allermeisten Bombenangriffe völkerrechtlich nicht gerechtfertigt, weil sie es gar nicht auf solche Ziele abgesehen hatten. Das britische Konzept des „moral bombing“ zielte bewusst auf Wohngebiete, vor allem auf Stadtkerne, die zu diesem Zweck nach ihrer Entflammbarkeit katalogisiert wurden. Die amerikanische Strategie hatte zwar zunächst Industrieanlagen im Visier. Da die Treffsicherheit niedrig und die Orientierungsmöglichkeiten schlecht waren, wurden aber auch dabei Bombenteppiche gelegt, mit gewaltigen Kollateralschäden.

Nach den selbstgesetzten Zielen war der Bombenkrieg kein Erfolg: Die Kriegsgüterproduktion wurde behindert, aber allzu lange nicht verhindert. Und das „moral bombing“ hatte, statt revolutionären Widerstand zu schüren, den Horizont der Betroffenen aufs nackte Überleben verengt.

Völkerrechtlich nicht legitimiert, erfolglos fast, gemessen an den erklärten Zielen – also ist doch alles klar. Nein, jedenfalls nicht, wenn wir verstehen wollen, wie es zu diesem Bombenkrieg kam.

Den Luftkrieg gegen Wohngebiete hatten zuerst die Deutschen entfacht. Solange sie konnten, hatten sie systematisch englische Städte bombardiert – mit 40 000 Todesopfern. Was sollte Großbritannien tun? Eine Front auf dem Kontinent zu eröffnen war militärisch unmöglich. Vor der eigenen Bevölkerung Ohnmacht zu demonstrieren war innenpolitisch unmöglich. Der Bombenkrieg war zunächst die Flucht aus der Ohnmacht. Und nach dem deutschen Überfall auf die Sowjetunion war er zugleich Ersatz für die Stalin zugesagte zweite Front, für die Großbritannien noch nicht gerüstet war.

Nur eine abstrakte Moral kann diesen Gesichtspunkten jede Legitimität verweigern. Sie sind nicht einmal völkerrechtlich völlig irrelevant. Dort gilt nämlich der gewohnheitsrechtliche Grundsatz, dass die Anwendung verbotener Waffen den Gegner ermächtigt, dieselben einzusetzen. Es ehrt die älteste Demokratie, dass Bischof Bell im Oberhaus öffentlich dem Bombenkrieg widersprechen konnte, weil dieser die Deutschen mit den Nazis identifiziere. Aber es belegt die Macht der Logik der Vergeltung, dass er kein Gehör fand. „Wer das Schwert zieht, wird durch das Schwert umkommen“, heißt es in der Bibel. Die Eskalation schlägt zurück – und dies umso mehr, je größer die Bedrohung. Die Deutschen waren es, die den „totalen Krieg“ zu praktizieren begonnen hatten, der den Unterschied zwischen militärischen und zivilen Zielen gar nicht mehr berücksichtigen wollte. Erfunden allerdings haben sie die Konzeption des totalen Kriegs nicht.

Erinnern wir uns.

Durch den Kirchenvater Augustin war dem Mittelalter die auf Cicero zurückgehende Lehre vom „gerechten Krieg“ vermittelt worden, der Tendenz nach eine Kriegsbegrenzungstheorie. Erlaubt sein sollte der Krieg nur als gewaltsamer Rechtsstreit unter denen, für die kein Gericht zuständig war, und dort, wo der formelle Rechtsstreit mangels Institutionen unmöglich war. Erlaubt war er nur als Reaktion auf einen manifesten Rechtsbruch. Deshalb musste er das Ziel verfolgen, den Rechtsfrieden mit den Gegnern wiederherzustellen. Das schloss ein, dass Schäden der eingesetzten Mittel weder größer sein durften als das auslösende Unrecht noch das Ziel des Friedens verhindern durften, also „verhältnismäßig“ bleiben sollten. Nur Verteidigungskriege und Strafkriege konnten gerecht sein.

Wenn nun aber beide Seiten vermeinen im Recht zu sein? Dann muss die begrenzend gemeinte Bindung des Kriegs an das Recht kriegsverschärfend wirken, wie die Religionskriege bewiesen. Deshalb hat der niederländische Gelehrte Hugo Grotius, ein Vater des Völkerrechts, einen neuen Gesichtspunkt eingeführt. Das Recht zum Kriegführen (jus ad bellum) wird jedem Souverän generell zugestanden, jeder wird aber auf begrenzende Regeln der Kriegsführung verpflichtet (jus in bello). Das Ideal war: Die Fürsten führen mit ihren stehenden Heeren Kriege wie ein Duell (Kabinettskriege), formell durch die Kriegserklärung eröffnet und formell durch Friedensschluss beendet und die Bevölkerung soll möglichst wenig davon spüren. Die Wirklichkeit steht auf einem anderen Blatt. Es stimmt aber, dass im Absolutismus keine totalen Kriege geführt wurden. Dem Gegner sollte ein Zugeständnis abgenötigt, er sollte besiegt, aber nicht vernichtet werden.

Das änderte sich mit der Französischen Revolution. War das Volk der Souverän, dann führten nicht mehr Fürsten, sondern Völker oder Nationen Krieg. Die Wehrpflicht kam auf und die Massenheere – und das emotionalisierte Feindbild. Die französischen Revolutionsheere kämpften gegen die europäischen Repräsentanten des Ancien Régime in einem Weltbürgerkrieg zwischen Fortschritt und Reaktion, der in die napoleonischen Eroberungskriege überging. In Deutschland wurde 1813 erst der Eroberer Napoleon, dann Frankreich zum Feind: „Das ist des Deutschen Vaterland/Wo Zorn vertilgt den welschen Tand/Wo jeder Franzmann heißet Feind/Wo jeder Deutsche heißet Freund …“ (Ernst Moritz Arndt).

Der Nationalismus gab dem Krieg den Fanatismus zurück, den ihm Hugo Grotius hatte nehmen wollen. Auf die Kriegsführung selbst hat sich das zunächst nicht massiv ausgewirkt. Die europäischen Kriege des 19. Jahrhunderts waren noch Duell-Kriege. Aber der Gedanke des totalen Krieges war im Volkskrieg bereits angelegt.

Zwei gegenläufige Tendenzen stehen sich gegenüber. Schon Immanuel Kant (1724–1804) entwickelte auf der einen Seite die Konzeption des „ewigen Friedens“, die den Krieg aus der Völkerwelt verbannen wollte – durch die internationale Rechtsordnung eines „Völkerareopags“ von republikanisch verfassten Staaten. Damit war die Idee des Völkerbundes und der Vereinten Nationen vorgebildet.

Derselbe Kant konnte aber auch sagen: „Auf der Stufe der Cultur also, worauf das menschliche Geschlecht noch steht, ist der Krieg ein unentbehrliches Mittel, diese noch weiter zu bringen." Dieses Lob des Krieges, bei Kant noch mit der Einschränkung versehen: „wenn er mit Ordnung und Heilighaltung der bürgerlichen Rechte geführt wird", eröffnet den Weg zum Gedanken des späteren „Totalen Kriegs" – das ist auch der Titel eines Buchs von Erich Ludendorff, in dem der kaiserliche Weltkriegsorganisator 1935 die Selbstbehauptung eines Volkes durch zumindest moralische Vernichtung seiner Gegner propagierte.

Für die Lehre vom gerechten Krieg ebenso wie für das jus in bello des neuzeitlichen Völkerrechts stehen exemplarisch die Haager Landkriegsordnung von 1907, der Briand-Kellogg-Pakt von 1928 – er verurteilte „den Krieg als Mittel zur Lösung internationaler Streitfälle" – die Genfer Konvention (1949) und schließlich die Charta der Vereinten Nationen. Sie sollten den Krieg durch Einbindung ins Recht begrenzen. Dagegen intendiert die Lehre vom totalen Krieg die Entgrenzung: Der Naturzustand aller gegen alle ist danach kein Übel mehr, sondern die Wirklichkeit, der sich nur die Schwächlinge verweigern. Die Rassentheorie der Nazis folgte derselben biologistischen Logik.

Das alles sind keine spezifisch deutschen Gedanken. Sie lagen in der Luft. Auch die Briten haben ein emotionalisiertes Feindbild gepflegt, wenn sie die Deutschen als „Hunnen" und Barbaren titulierten. Gelegentlich wurde der Terror des Bombenkriegs volkspädagogisch gerechtfertigt: anders könne man diesem Volk das Anzetteln von Kriegen nicht austreiben. In Wahrheit waren die deutschen Staaten im 19. Jahrhundert an weniger Kriegen beteiligt als die anderen großen europäischen Staaten. Die *reeducation*-Programme nach dem Muster „Von Luther zu Hitler" hatten mit dem Nationalsozialismus eines gemeinsam: ein substantialistisches Verständnis von Volk und Volkscharakter, das allerdings seit Herder in Deutschland besonders innig gepflegt wurde.

Und wo stehen wir heute? Die Charta der Vereinten Nationen verbietet die Gewaltanwendung zwischen Staaten mit der Ausnahme der Selbstverteidigung. Aber die Bändigung des Krieges ist noch nicht gelungen, und zwar vor allem aus zwei Gründen. Die Entstaatlichung der militärischen Gewalt, die in den Guerillakriegen begann, hat im internationalen Terrorismus eine neue Gestalt gefunden, gegen die die bisherigen Kriegsbegrenzungsstrategien derzeit versagen. Dieser Terrorismus wird noch furchtbarer, wenn er in den Besitz von Massenvernichtungswaffen gelangte. Und die internationale Rechtsordnung hat keine vollziehende Gewalt, die militärische Konflikte – es gibt derzeit über vierzig auf der Welt – beenden könnte. Die Gefahr besteht, dass das jus ad bellum wiederkehrt. Ihr kann nur durch eine Weiterentwicklung des Völkerrechts begegnet werden.

„Unsere Opfer – eure Opfer“, das ist die Fortsetzung des Kriegs mit anderen Mitteln. Ein humanes Erinnern verzichtet auf diese Unterscheidung und trauert, weil sie alle doch so nicht hätten sterben sollen. Opfer sind zu beklagen, nicht zu verrechnen.

„So muss die Hölle aussehen"

Adolf Hitler ließ Coventry „coventrieren", Winston Churchill im Gegenzug Hamburg „hamburgisieren": Zum 60. Mal jährt sich im Jahr 2003 die Wende im Luftkrieg der Alliierten gegen die deutsche Zivilbevölkerung. Die Flächenbombardierung forderte mehr als 600 000 Tote, darunter fast 80 000 Kinder.

VON JOCHEN BÖLSCHE

Die Augenzeugin sah „ein furchtbares Glutmeer wallen", angefacht von Höllenkräften: „Von dem Sturm, der durch das Feuer erzeugt wird, kann sich keiner eine Vorstellung machen, der es nicht erlebt hat." Der Feuersturm fraß ganze Stadtviertel. Auch St. Nikolai, Hamburgs stolzestes Gotteshaus, wurde von „dunkelroter Glut" verzehrt. „Hoch und schwarz, wie ein großer Märtyrer, stand der Turm da, drei Stunden lang von den Flammen umschlungen", beschrieb die Hamburgerin Elise Averdieck die Schrecken des Großen Brandes, der die Hafenstadt heimsuchte – einst im Mai anno 1842. Beim Wiederaufbau ihrer Hauptkirche suchten die anglophilen Hanseaten die Hilfe eines berühmten Engländers. Nach den Plänen des Architekten Sir George Gilbert Scott wurde die Hamburger Nikolaikirche im neugotischen Stil errichtet, mächtiger und prächtiger denn je, ein stummer Zeuge hanseatisch-britischer Verbundenheit.

100 Jahre nach dem Großen Brand, auf den Monat genau, bezeugte abermals ein Engländer Interesse an St. Nikolai: Londons bulliger Luftmarschall Arthur Harris, der als „Bomber-Harris" in die Kriegsgeschichte einging und den selbst die eigene Gefolgschaft „butcher" (Schlächter) nannte, hatte der Hamburger Schicksalskirche eine Schlüsselrolle zugedacht im Bombenkrieg, mit dem die Alliierten die deutschen Aggressoren zu bezwingen trachteten.

Harris plante, in Hamburg einen Feuersturm zu entfachen, dessen Zerstörungskraft die des Brandes von 1842 um ein Vielfaches übertreffen sollte. Im Mai 1942 wollte der Marschall mehr als tausend britische Flieger den Kirchturm von St. Nikolai ansteuern lassen, das höchste Bauwerk der Stadt. Über der Landmarke sollte sich die Luftarmada breit auffächern und Hitler-Deutschlands zweitgrößte Stadt mit Tausenden Tonnen Brand- und Sprengbomben in Schutt und Asche legen.

Wegen schlechten Wetters musste Harris die Einäscherung Hamburgs verschieben – auf den Sommer des folgenden Jahres. Ende Juli/Anfang August 1943 entfachte seine „Operation Gomorrha" in der Hansestadt auf einem Areal von 20 Quadratkilometern einen Feuersturm von apokalyptischem Ausmaß: Mehr als 40 000 Menschen verbrannten oder erstickten, viele unter unsäglichen Qualen.

Als der britische Bomberpilot Richard Mayce hinabblickte, sah er „etwas Unbeschreibliches": „eine Art ‚Dantes Inferno', eine weite Fläche voller Weißglut – sogar das Wasser brannte". Mayce: „Genau so muss die Hölle aussehen, wie wir Christen sie uns vorstellen. In dieser Nacht wurde ich Pazifist." Aus der ruinierten Stadt ragte abermals, „hoch und schwarz" wie schon 100 Jahre zuvor, der Turm der ausgebrannten Kirche St. Nikolai empor: ein Mahnmal, das seine Symbolkraft seither bewahrt hat – und das sie wohl bald neu entfalten wird.

Die zur Gedenkstätte umgewidmete Kirchenruine dient auch der Erinnerung an die 60. Wiederkehr des Hamburger Schreckenssommers von 1943 – ein politisch delikates Unterfangen in einem Jahr, in dem die angloamerikanischen Alliierten von einst die widerstrebenden Nachfahren der deutschen Bombenopfer für Bombenkriege gegen so genannte Schurkenstaaten gewinnen wollen.

Vor dem Hintergrund der Dauerdebatte über deutsche Kriegsbeteiligungen könnte sich das Bombardierungsgedenken rasch zum Politikum auswachsen – und das nicht nur in der Hansestadt. Denn der 60. Jahrestag mörderischer Verheerungen steht in den kommenden Jahren, bis zum April 2005, in nicht weniger als 161 deutschen Städten an. Brand- und Sprengbomben fielen auf nahezu jede Stadt mit über 50 000 Einwohnern, dazu auf 850 kleinere Orte.

In den Gedenkfeiern und den Gedenkartikeln der Tageszeitungen wird die Erinnerung wach an die rund 600 000 Zivilpersonen, darunter fast 80 000 Kinder, die bei alliierten Bombenangriffen umgekommen sind. Je näher das Kriegsende rückte, desto zweifelhafter waren in aller Regel der strategische Nutzen und die völkerrecht-

Bomben auf das Reich

Zerstörung von Wohnraum in deutschen Städten bis 1945

TOTE BEI LUFTANGRIFFEN

Hamburg	42 000
Dresden	35 000 – 40 000*
Berlin	49 000
Köln	20 000
Pforzheim	20 000
Magdeburg	15 000
Kassel	13 000
Darmstadt	12 300
Heilbronn	7500
München	6300

*Örtliche Schätzungen kommen auf bis zu 200 000 Tote, da beim Angriff eine große Zahl von Flüchtlingen und Soldaten in der Stadt war und viele Opfer spurlos verbrannt sind.

liche Legitimität der Städtebombardierung. Einen Vorgeschmack von den aufkeimenden Debatten lieferte das britische Echo auf das Buch „Der Brand", in dem der deutsche Privatgelehrte Jörg Friedrich den einschlägigen Forschungsstand zusammengefasst hat.

Die Alliierten, so seine These, hätten mit Bombenteppichen und systematisch gelegten Feuersbrünsten den Tod von Zivilisten nicht nur in Kauf genommen, sondern gezielt verursacht. Mit Luftmassakern, offiziell „moral bombing" genannt, sollten die Massen demoralisiert und am Ende Volksaufstände gegen Hitler ausgelöst werden.

„Die Deutschen nennen Churchill einen Kriegsverbrecher", schlagzeilte der Londoner „Daily Telegraph" – zu Unrecht. Denn Friedrich, bekannt geworden als seriöser Holocaust-Forscher, hatte bewusst vermieden, den Kriegspremier Winston Churchill als Kriminellen hinzustellen: „Ein Kriegsverbrechen? Das muss jeder für sich selbst entscheiden." Englischen Reportern gegenüber mochte sich Friedrich allerdings die Bemerkung nicht verkneifen, Churchill könne „schon deshalb kein Kriegsverbrecher im juristischen Sinne sein, weil Sieger, auch wenn sie Kriegsverbrechen begangen haben, nicht dafür angeklagt werden".

Das Misstrauen, mit dem die Briten solche Stimmen verfolgen, ist nachvollziehbar. Auch deutsche Historiker raten dazu, nicht den Rahmen zu übersehen: den „totalen Krieg", den Deutsche schon in den dreißiger Jahren konzipiert hatten. Die Debatte, so notwendig sie sei, dürfe nicht zu einem „Opferkult" führen, urteilt etwa der Historiker Hans-Ulrich Wehler.

Ob ein Krieg gegen den Terror auch mit Terrorangriffen geführt werden darf; unter welchen Umständen es statthaft sein könnte, Frauen, Greise und Kinder in Flammen aufgehen zu lassen; wann so genannte Kollateralschäden als Kriegsverbrechen gelten müssen – der Rückblick auf die Bombenangriffe von 1943 wirft ganz ähnliche Fragen auf wie die Auseinandersetzungen um US-Luftschläge im Irak oder die russische Bombardierung der tschetschenischen Hauptstadt Grosny.

Schnell hatten sich Vertreter der deutschen Friedensbewegung, um die es vorübergehend recht still geworden war, des Themas bemächtigt. In einem Appell an Bundeskanzler Gerhard Schröder, Bushs Kriegspläne nicht zu unterstützen, argumentierte der Ex-DDR-Bürgerrechtler Wolfgang Ullmann, wer wie er 1945 „die Bombardierung der nahezu vollkommen wehrlosen Bevölkerung von Dresden miterlebt hat", sei „für immer davon überzeugt", dass es „keinen denkbaren Legitimationsgrund für diese Art von Waffengebrauch geben kann".

Tilman Zülch, Leiter der Gesellschaft für bedrohte Völker, wiederum fordert mehr Druck auf Moskau, dessen Bombenkriegsführung in Tschetschenien mit den alliierten Terrorangriffen auf Deutschland vergleichbar sei. Zülch: „Grosny heute sieht aus wie Dresden 1945."

So könnte die Wechselwirkung zwischen der Debatte über die Kriege der Gegenwart und der bis 2005 anstehenden Kette von Gedenktagen in der Bundesrepublik erstmals seit dem Zweiten Weltkrieg ein Meinungsklima entstehen lassen, in dem eines der letzten Tabuthemen dem Tresor des Vergessens entrissen wird.

Ähnlich wie über die Umstände der Vertreibung war über den Luftkrieg jahrzehntelang mehr geschwiegen als geschrieben worden. „Die Bilder dieses grauenvollen Kapitels unserer Geschichte" seien „nie richtig über die Schwelle des nationalen Bewusstseins getreten", dozierte 1997 der in England lehrende deutsche Literaturwissenschaftler und Schriftsteller W. G. Sebald in seiner berühmten Zürcher Vorlesung.

Einige wenige Ausnahmen bestätigen die von Sebald aufgestellte Regel, dass die Folgen der bis dahin größten Zerstörungsaktion der Weltgeschichte „nie wirklich in Worte gefasst" worden seien. Heinrich Böll etwa hatte schon in den Vierzigern eindringlich das Elend im zertrümmerten Deutschland geschildert. Doch veröffentlicht wurde der verstörend realistische Roman „Der Engel schwieg" erst 1992, mehr als 40 Jahre nach seiner Entstehung.

Leichen, die in den über 1000 Grad heißen Feuersbrünsten auf die Größe von Kommissbroten schrumpfen; Säuglinge, die im siedenden Löschwasser der Feuerwehr bei lebendigem Leibe gesotten werden; Kinder, die ihre zu Asche verbrannten Eltern im Eimer zum Friedhof tragen: An den Versuch, solcherart Unbeschreibliches zu beschreiben, wagte sich als einer von wenigen Autoren auch Dieter Forte, der einst als Achtjähriger in einem Düsseldorfer Arbeiterviertel Höllennächte durchlitten hatte.

Die Arbeit an seinem Roman „Der Junge mit den blutigen Schuhen" musste Forte zeitweise abbrechen, „weil ich es nicht mehr ertragen konnte, weil ich krank wurde darüber und der Notarzt kommen musste". Fortes Erinnerungen fanden beim Publikum wenig Beachtung, ebenso wie in den Nachkriegsjahren beispielsweise die „Vergeltung" von Gert Ledig oder „Der Untergang" von Hans Erich Nossack, gewidmet dem Hamburger Feuersturm.

Darin beschrieb Nossack die Arbeit der Bergungskommandos, die sich mit Flammenwerfern den Weg durch die Todeszone bahnten – die Leichenberge waren von fingerlangen Maden besiedelt, von riesigen Ratten umhuscht und von grün schillernden Schmeißfliegen umschwärmt, so groß, wie er sie „nie gesehen" hatte.

Solche Alpträume wollte die Wiederaufbaugeneration der Davongekommenen, der Kriegsheimkehrer und der Vertriebenen, der Kellerkinder und der Trümmerfrauen möglichst rasch verdrängen. „Wiederaufbau und Verdrängung – das vertrug sich gut, ja das bedingte einander", erinnert sich der Sozialdemokrat und Ex-Minister Hans Apel an den Hamburger Feuersturm, der 44 Prozent aller Wohnungen der Stadt in Schutt und Asche legte.

Zu einem ähnlichen Urteil wie Apel war auch Sebald gekommen: Als „Quelle der psychischen Energie" der Aufbaugeneration identifizierte er „das Geheimnis der in die Grundfesten unseres Staatswesens eingemauerten Leichen".

Bombenkriegswerke wie Nossacks „Nekyia" oder „Der Untergang" – ein Buch, das Thomas Mann einst als „Dokument für immer" gerühmt hatte – gerieten in Vergessenheit. Heutzutage, glaubt der Schriftsteller Hannes Schwenger, würden die meisten Nachgeborenen „Nekyia vermutlich für eine Handy-Marke halten".

Verstärkt wurde der Drang zum Verdrängen durch einen von Sebald beschriebenen „psychologisch-biologischen Mechanismus": Schockerfahrungen seien „nicht erzählbar", denn „gerade das, was einen umgeworfen hat, kann man nicht erinnern". Bei vielen Menschen sei zudem das Gefühl im Spiel gewesen, in den Bombennächten hätten die Deutschen „ein Stück Schuld" am Holocaust und am Zweiten Weltkrieg mit seinen mehr als 55 Millionen Opfern abgetragen.

Auch der Hamburger Apel erinnert sich, dass nach dem Krieg die Einstellung vorgeherrscht habe: „Wir haben Fehler gemacht und bitter dafür bezahlen müssen. Schlussstrich. Ende. Von vorn anfangen!"

Kaum jemand wagte es fortan, öffentlich die Frage aufzuwerfen, ob die Flächenbombardierungen der Angloamerikaner im Zweiten Weltkrieg tatsächlich allesamt militärisch unabdingbar und ethisch vertretbar gewesen seien. Ob es um Dresden ging, das noch kurz vor Kriegsende pulverisiert wurde, oder um die Atombombenabwürfe auf japanische Großstädte im Sommer 1945, drei Monate nach der Waffenruhe in Europa – mitverursacht worden sei das Verschweigen, so Sebald, zunächst durch die Furcht, „sich unbeliebt zu machen bei den Besatzungsbehörden".

Später trug die Nato-Solidarität mit den rasch zu Verbündeten mutierten Feinden dazu bei, kritische Fragen zu ersticken. Nur die DDR leistete sich regelmäßig Dresden-Gedenktage, die sie allerdings, insbesondere im Kalten Krieg, instrumentalisierte für ihre Hetze gegen den kapitalistischen Westen und dessen „Luftgangster".

Während der DDR-Historiker Olaf Groehler immerhin einen (bald vergriffenen) 450-Seiten-Wälzer über den „Bombenkrieg gegen Deutschland" vorlegte, ging die westdeutsche Geschichtswissenschaft dem Thema lange aus dem Weg – nicht zuletzt aus Furcht, in den Verdacht zu geraten, mit Kritik an den alliierten Massentötungen den nationalsozialistischen Völkermord relativieren zu wollen.

„Die Erinnerung an die Toten des Luftkriegs gilt als schändlich", befand noch die „Süddeutsche Zeitung". Jede Beschreibung des Bombenkriegs, urteilte die „FAZ", stehe „unter Entlastungsverdacht".

So blieb ausgerechnet der Umgang mit jener Katastrophe, die Deutschland stärker verändert hat als jedes andere Ereignis seiner Geschichte, den Radikalen am politischen Rand der Republik überlassen.

Glatzköpfige Neonazis in Springerstiefeln traten am Jahrestag der Luftangriffe zum „Trauermarsch" durch Dresden an. Gesinnungskameraden wie der in Kanada lebende deutsche Neonazi Ernst Zündel breiten im Internet genüsslich die Gräuel des Bombenkriegs aus, um den Völkermord an den Juden zu leugnen: Der „wirkliche Holocaust" habe sich in „Hamburg, Dresden, Tokio, Hiroschima und Nagasaki zugetragen".

Deutsche Linksextremisten wiederum versuchen, nicht minder hirnrissig, ihre rechtsradikalen Antipoden an den Jahrestagen der Schreckensnächte mit Freudenfesten zu provozieren und preisen die Kinder- und Frauenverbrennung von Hamburg oder Dresden forsch als politisches „Erziehungsmittel". In Bremen feierten „Antinationale" eine „Party" mit dem Motto „Tanz den Bomber-Harris". In Berlin lud eine „Antifaschistische Aktion" zu einem Fest („Danke,

England") vor die britische Botschaft: „Ob New York, London, Paris – alle lieben Bomber-Harris!"

In Wahrheit blickt das politische England heute mit eher zwiespältigen Gefühlen auf die Verwüstungen zurück, die der Bombenkrieg in Deutschlands Städten hinterließ. Zwar gilt Kriegsherr Churchill, wie jüngst eine Umfrage bestätigte, im Volk nach wie vor als der „Greatest Briton".

Seinem Vollstrecker, dem „Bomber-Harris", wurde 1992 in London, in Gegenwart der Queen Mum, sogar ein Denkmal errichtet. Als sich in Deutschland daraufhin Protest regte, ätzten Blätter wie der „Evening Standard": „In jeder deutschen Stadt sollte eine Statue dieses Mannes stehen."

Unvergessen ist in Großbritannien allerdings auch, dass Harris nach Kriegsende, im Gegensatz zu anderen prominenten Generälen, nicht in den Rang eines Lords erhoben wurde. Und bei vielen britischen Veteranen wirkt bis heute der Schock nach, der sie erfasste, als sie 1945 in Germany einmarschierten und die Folgen der Flächenbombardierungen wahrnahmen: Das Land war, im Jargon der Militärs, „overbombed".

„Die physische Vernichtung Deutschlands", schreibt der englische Bombenkriegsexperte Max Hastings, habe bei den okkupierenden Truppen „wachsendes Entsetzen" ausgelöst. Vielleicht deshalb haben auch viele Briten, so sein Kollege Mark Connelly von der Universität Kent, „es immer vermieden, über das Flächenbombardement zu reden".

Zu Beginn der vierziger Jahre waren die Engländer überwiegend der Ansicht, dass die Bombardierung deutscher Industriestädte ganz okay sei. Schließlich hatte Hitler begonnen, sich, für jedermann erkennbar, über alle Konventionen zum Schutz der Zivilbevölkerung hinwegzusetzen, die noch im Ersten Weltkrieg allgemein akzeptiert worden waren.

Nicht nur, dass deutsche Flugzeuge bereits 1937, im Spanischen Bürgerkrieg, Guernica vernichteten – eine Gräueltat, die Pablo Picasso zu seinem berühmtesten Wandbild inspirierte. Schon bald nach dem Überfall auf Polen ließ Hitler Warschau, acht Monate später Rotterdam bombardieren. Und nach der Besetzung Frankreichs versuchte Hermann Görings Luftwaffe im Sommer 1940, Großbritannien in die Knie zu zwingen.

„The Blitz", wie die Engländer die Luftattacke nannten, scheiterte nur, weil sich die Royal Air Force (RAF) in der „Battle of Britain" nach anfänglicher Unterlegenheit schließlich behaupten konnte. Die Nazis brachen die Luftschlacht ab und schickten ihre Bomber gen Osten.

Doch das Empire war angeschlagen – allein im „Blitz" kamen mehr als 40 000 Menschen um, die Hälfte davon in London, wo die Luftwaffe unterschiedslos Wohn- und Industriequartiere planierte. In der Kathedralenstadt Coventry (568 Ziviltote) und anderswo hatten die Nazis, wie sie zynisch formulierten, ganze Viertel „coventriert". Goebbels jubilierte: „Da ist eine Stadt wirklich ausradiert worden."

Mit jedem Luftangriff schwoll in Großbritannien der Ruf nach Vergeltung an – und damit die Popularität des Premiers mit dem Victory-Gruß und der dicken Zigarre, von dem sich das Volk Rettung versprach und Rache. Manch ein Baby, das im Bombenhagel zur Welt kam, wurde nach dem Hoffnungsträger benannt – so auch der kleine John Winston Lennon, geboren am 9. Oktober 1940, der später als Beatle („Give Peace a Chance") ebenso berühmt werden sollte wie sein Namenspate.

„Wer Wind sät, wird Sturm ernten", beschrieb jüngst ein Churchill-Enkel, mit Vornamen ebenfalls Winston, die 1940/41 in London vorherrschende Stimmung.

Die deutsche Führung wähnte sich unterdessen unverwundbar. Im Reich machte ein Wort die Runde, das die Volksgenossen dem großsprecherischen Hermann Göring zuschrieben: „Ich will Meier heißen, wenn je ein feindliches Flugzeug deutsches Territorium erreicht." Kaum jemand vermochte sich vorzustellen, dass sehr bald schon mehr als tausend feindliche Bomber zugleich über dem Reichsgebiet auftauchen würden, dass neue Erfindungen die deutsche Luftabwehr lahm legen und englische Superbomben eines Tages sogar Staudämme sprengen und angeblich bombensichere Bunker knacken könnten.

Der Kraftakt, mit dem Großbritannien nach einer Schwächephase die Lufthoheit über Deutschland erringen sollte, wurde durch eine Kehrtwende im britischen Kriegskabinett bewirkt. Letzter Auslöser für eine gigantische Intensivierung der Luftrüstung, aber auch für eine beispiellose Brutalisierung des Luftkriegs war Hitlers „Operation Barbarossa", der Überfall auf die Sowjetunion am 22. Juni 1941.

Fortan drängte Stalin, dessen Armeen bald Tagesverluste von bis zu 10 000 Mann hinnehmen mussten, seinen Verbündeten zur Errichtung einer Entlastungsfront im Westen. Doch zum Aufbau einer „zweiten Front“ war England damals nicht in der Lage; Churchill musste darauf bedacht sein, dem Empire den Blutzoll einer Bodenoperation zu ersparen.

Er setzte stattdessen auf das Bomber Command, dessen Leitung er im Februar 1942 dem routinierten Luftkrieger Harris übertrug. Dessen Kameraden, Männer fürs Grobe, hatten in Kolonialkriegen wie im Sudan (1916), in Afghanistan (1919) oder Iran (1920) Volksaufstände niedergebombt – bisweilen so brutal, dass, etwa 1923 im Irak, sogar ein Generalstabsoffizier namens Lionel Charlton das „blinde Bomben werfen auf die Bevölkerung“ als „sinnloses Massaker“ anprangerte.

Churchill, in jenen Jahren Rüstungs- und Kolonialminister, reagierte auf Berichte über solche Gräueltaten gegen Frauen und Kinder „zutiefst schockiert“ – er wünschte keine derartigen Reports mehr zu erhalten: „Sollte so etwas veröffentlicht werden, wären die Luftstreitkräfte entehrt.“ Damals, urteilt der schwedische Publizist Sven Lindquist, wollte Churchill „Ergebnisse, aber er wollte nicht wissen, wie sie zu Stande kamen“.

Der deutsche Militärhistoriker Horst Boog warf unlängst die Frage auf, ob nicht „aus der Kolonialkriegserfahrung der RAF eine bestimmte Mentalität entstanden ist, die sich möglicherweise auf den Bombenkrieg gegen Deutschland übertrug“.

Nach „Blitz“ und „Barbarossa“ ließ Churchill fast nur noch Flächenangriffe auf deutsche Städte fliegen. Dennoch behauptete er gegenüber Presse und Parlament, dass die Angriffe ausschließlich gegen militärische Ziele gerichtet seien.

In einem geheimen Memorandum rechtfertigte Churchill selbst die „Bombardierung ungeschützter Städte“, die noch im Ersten Weltkrieg als „verboten“ angesehen worden sei, mit dem Argument, derlei gelte mittlerweile als „Selbstverständlichkeit“: „Es ist ganz einfach eine Frage der Mode, die hier genauso wechselt wie zwischen langen und kurzen Frauenkleidern.“

Als Stalin seinem britischen Verbündeten im Sommer 1942 bei einem Treffen in Moskau erregt vorwarf, England lasse die Sowjetunion im Stich, besänftigte Churchill ihn mit dem Versprechen, den britischen Kriegsbeitrag zu verstärken: Die RAF werde „nahezu jede Wohnung in fast jeder deutschen Stadt" zerstören. „M. Stalin smiled and said that would not be bad", heißt es im Protokoll des Treffens.

„Für Churchill stellte der Luftkrieg über Deutschland eine Art Kompensation für die ausbleibende zweite Front dar", urteilt der Geschichtswissenschaftler Lothar Kettenacker vom Deutschen Historischen Institut in London. Bis zur Kapitulation Deutschlands am 8. Mai 1945 blieben die Bomber, von deren mehr als 100 000 Crew-Mitgliedern nur ungefähr jeder Zweite überlebte, der wichtigste Beitrag des Empire im Kampf gegen die Achsenmächte.

Entsprechend spektakulär musste die Vernichtungswirkung der Luftangriffe ausfallen – schon damit London seine Bedeutung für das Bündnis unterstreichen und nach Kriegsende bei den Verhandlungen über die Neuordnung Europas eine günstige Verhandlungsposition gegenüber der Sowjetunion einnehmen konnte.

Dass die Zerstörungen in Wohngebieten keine unvermeidbaren Kollateralschäden darstellten, räumen auch britische Historiker ein: „Es besteht kein Zweifel daran, dass die Bombardierung von Zivilisten absichtlich erfolgte", urteilt der Geschichtswissenschaftler Connelly.

„Wir werden Deutschland zur Wüste machen, ja, zu einer Wüste", hatte Churchill schon im „Blitz"-Jahr 1940 angekündigt. Damals aber verfügte die RAF weder über eine ausreichende Zahl von Bombern und Piloten noch über geeignete Navigations- und Waffentechniken, um die Drohung wahr zu machen. Die Nachtflieger, die sich häufig verfranzten, warfen ihre Bombenlast zeitweise „überall ab, wo ein Licht auf das Vorhandensein einer Siedlung wies" (Friedrich). Bei einem Angriff von 50 britischen Bombern auf die Reichshauptstadt im August 1940 wurde gerade mal eine hölzerne Gartenlaube getroffen; zwei Berliner erlitten leichte Verletzungen.

Wie wenig treffsicher die britischen Bomberpulks in jener Kriegsphase waren, dokumentiert ein Geheimbericht aus dem Jahre 1941: Selbst bei Idealwetter konnte nur jede dritte Maschine ihre Bomben in einem Umkreis von acht Kilometern um den Zielpunkt abwerfen. Die Gefährdung der Piloten durch Flugabwehr und Jagdflieger indessen war selbst bei den üblichen Nachtflügen so groß, dass die Wahrscheinlichkeit, die üblichen 30 Einsätze zu überleben, gegen null tendierte.

Angesichts der Unfähigkeit des Bomber Command, Anfang der vierziger Jahre nächtliche Punktangriffe vorzunehmen, lag es für das Londoner Kriegskabinett nahe, aus der Not eine Untugend zu machen und Flächenziele anzupeilen – statt einzelner Fabriken ganze Großstädte.

In seiner „Area Bombing Directive" vom 14. Februar 1942 schrieb das Luftfahrtministerium als künftiges „Hauptziel" des Bomber Command fest, durch Flächenbombardements „die Moral der gegnerischen Zivilbevölkerung, insbesondere die der Industriearbeiterschaft", zu zerstören. Um Missverständnisse auszuschließen, fügte das Ministerium hinzu, „dass die Zielpunkte die Siedlungsgebiete sein sollen und beispielsweise nicht Werften oder Luftfahrtindustrien. Dies muss ganz klar gemacht werden".

Im Mai 1942 zog Churchill nach eigenem Bekunden „die Handschuhe aus": Nachdem er seine Luftflotte mit einem Crash-Programm kräftig aufgestockt und mit neuen Zielfindungsverfahren ausgestattet hatte, schickte er mehr als tausend Maschinen zur „Operation Millennium" nach Köln. Folge: 480 Tote, 5000 Verletzte, 3300 zerstörte Gebäude. Luftaufnahmen der rauchenden Ruinenskelette ließ Exekutor Harris säuberlich in ein blaues Album kleben und Stalin überreichen.

Jede deutsche Stadt, kündigte Churchill an, solle fortan einer „Feuerprobe" unterworfen werden, „wie sie kein Land an Unablässigkeit, Strenge oder Umfang bisher erlebt hat". Den Angriff auf die Domstadt – die bis Kriegsende weitere 261-mal bombardiert werden sollte – nannte er „die Vorankündigung dessen, was eine deutsche Stadt nach der anderen von uns hinnehmen muss". Trotz gelegentlicher Skrupel ließ sich Churchill von seiner Strategie der Zivilistenvernichtung nicht abbringen – auch nicht durch Proteste aus der Kirche.

Vergebens richtete der Bischof von Chichester, George Bell, im Februar 1944 in einer tumultuarischen Oberhaus-Sitzung seinen Bannstrahl auf die Flächenbombardierung: „Die Nazi-Mörder in die gleiche Reihe mit dem deutschen Volk zu stellen heißt, die Barbarei voranzutreiben." Denn: „Eine ganze Stadt auszulöschen, nur weil sich in einigen Gebieten militärische und industrielle Einrichtungen befinden, negiert die Verhältnismäßigkeit."

Eine andere Strategie als die Briten verfolgten anfangs die Amerikaner, die ihre „Fliegenden Festungen“ vom Typ B-17 nach Deutschland schickten: Während für die englischen Nachtbomber das Harris-Motto galt, die RAF müsse alles zerstören, um wenigstens etwas zu zerstören („To be certain of destroying anything, it was necessary to destroy everything“), flogen die US-Tagbomber vorzugsweise Präzisionsangriffe auf Industrieanlagen.

Allerdings: Als die USA 1944 zwecks Vorbereitung der Invasion verstärkt zur Bombardierung von Bahnanlagen übergingen, verwischten sich die Unterschiede zwischen britischen Flächen- und amerikanischen Punktabwürfen. An die Stelle gleichsam chirurgischer Schläge trat nun auch bei den Amerikanern der „radargeleitete flächendeckende Sättigungs- und Bombenteppichangriff“ (Groehler).

Gegen Kriegsende häuften sich neben taktischen Einsätzen, die der Bodeninvasion den Weg bereiten sollten, reine Bestrafungsaktionen gegen militärisch unbedeutende Städte wie Dresden. Briten wie Amerikaner waren in dieser Kriegsphase gleichermaßen darauf bedacht, größtmöglichen Schrecken zu erzeugen und größtmögliche Verwüstungen zu hinterlassen.

Nachdem amerikanische Flugzeuge noch im Frühjahr 1945 beispielsweise über dem 1500-Seelen-Kaff Ellingen bei Nürnberg 70 Tonnen Bomben abgeladen hatten, räumte US-Luftwaffengeneral Frederick Anderson freimütig ein, solche Angriffe könnten den Krieg zwar nicht verkürzen. Er glaube aber, „dass die Tatsache, dass Deutschland einfach überall getroffen wurde, noch vom Vater an den Sohn und dann an den Enkel weitergegeben wird; und dass dies auf jeden Fall der Abschreckung für das Anzetteln künftiger Kriege dienen wird“.

Von Januar bis Mai 1945 töteten alliierte Bomber bei reinen Vergeltungs- und Strafaktionen im Tagesschnitt mehr als 1000 Zivilisten. Ein Terrorangriff auf Würzburg, bei dem über Nacht 89 Prozent der Barockstadt zerbombt wurden, forderte noch am 16./17. März 1945 rund 5000 Tote.

Der Kriegsgegner war praktisch geschlagen, die Kriegsmaschinerie jedoch schien nicht gestoppt werden zu können: Dutzende Städte wurden 1945 nur deshalb zerstört, weil sie noch unzerstört geblieben waren. Und Harris schreckte nach seinen eigenen Worten nicht einmal davor zurück, „zerstörte Städte nochmals zu zerstören, um etwa darin wiedererstandene Industrien zu vernichten“.

Aus der Luft beiseite geräumt wurden kurz vor dem Waffenstillstand die historischen Stadtkerne unter anderem von Freiburg, Heilbronn, Nürnberg, Hildesheim, Mainz, Paderborn, Magdeburg, Halberstadt, Worms, Pforzheim, Chemnitz, Trier, Potsdam. Erst Ende März, nach der Zerstörung Würzburgs, ging Churchill vorsichtig auf Distanz zu seinen fliegenden Terroristen – allerdings keineswegs aus humanitären Erwägungen: „Der Moment ist gekommen, in dem die Bombardierung der deutschen Städte einfach zu dem Zweck gesteigerten Terrors überdacht werden sollte. Sonst werden wir demnächst ein völlig ruiniertes Land kontrollieren."

Die schlimmsten Zerstörungen hatte – in Dresden, Pforzheim, Hamburg, Kassel und einem Dutzend anderer Städte – die wohl grausamste Waffe diesseits der Atombombe angerichtet: der planvoll entfachte Feuersturm.

Schon Anfang der Vierziger war britischen Luftkriegsexperten aufgegangen, dass sie allein mit Sprengbomben den Gegner kaum beeindrucken konnten. Eher durch Zufall entdeckten sie, dass leichte Brandstäbe – ursprünglich nur zur Zielausleuchtung abgeworfen – gegenüber den schweren Luftminen ein Vielfaches an Vernichtungskraft entfalten konnten.

Das Ziel des „moral bombing", so Harris, müsse „erreicht werden durch Brand". In der „Operation Millennium" warfen seine tausend Bomber im Frühjahr 1942 daher 1350 Sprengbomben, aber 460 000 Brandbomben auf Köln. Mehr Feuer als Stahl fiel anschließend auch in der so genannten Ruhrschlacht vom Himmel, bei der rund 21 000 Zivilisten umkamen.

Einen dänischen Reporter erinnerten die Bilder ausgebrannter Ruhrstädte an „Luftaufnahmen von Pompeji". Auf welche Weise sich die so gestifteten Flächenbrände zum alles vernichtenden Feuersturm steigern lassen, demonstrierte ein Jahr später der Angriff auf das völlig überrumpelte Hamburg; die deutsche Radarabwehr hatten die Briten durch den Abwurf von Millionen Stanniolstreifen ausgeschaltet.

An Elbe und Alster zeigte sich, dass sich Menschen fressende Feuerstürme, zerstörerischer als jede Naturkatastrophe, künstlich auslösen lassen – durch eine raffinierte Kombination diverser Waffen:

- Zuerst werden Luftminen – darunter riesige „Blockbuster" (Wohnblockknacker) – abgeworfen, deren Druckwellen Dächer abdecken, Fenster wegblasen und Brandmauern einstürzen lassen;

- dann regnen Brandstäbe und Phosphorbomben in die geknackten Häuser, in denen nunmehr Zugluft wie durch einen Kamin rauscht und jeden kleinen Brandherd zum Großbrand anwachsen lässt;
- schließlich werden durch Spreng- und Splitterbomben, teils mit Zeitzünder, Wasserleitungen zerstört, Straßen verkratert und Löschtrupps ausgeschaltet, so dass sich die zahllosen Einzelbrände ungehindert zu einem einzigen rasenden Flammenmeer vereinigen können.

Teuflische Folge dieser Technik: Über den in Brand gesteckten Stadtteilen bildet sich eine gigantische Heißluftsäule, die orkanartige Stürme produziert und Tausende Tonnen Sauerstoff ansaugt. Die Menschen, gleich, ob sie sich im Keller verbergen oder ins Freie fliehen, krepieren an Hitzschlag oder Überdruck, Verbrennungen oder Kohlenmonoxidvergiftung.

„Eine Bomberflotte, die bis zu eine Million Stabbrandbomben abregnet, hat von vornherein kein Ziel im Auge, erst recht kein militärisches Ziel, sondern einen Raum“, verurteilt Friedrich diese völkerrechtswidrige Kriegstechnik: „Fabrik und Bahnhof, Arbeiter und Arbeiterkind, Hitler-Gegner im Gefängnis und Arbeitssklave – sie alle verbrennen in gleicher Weise.“

An der Perfektionierung der neuen Tötungstechnik waren sowohl amerikanische als auch britische Wissenschaftler beteiligt. Die USA beauftragten 1943 eigens den aus Deutschland emigrierten Stararchitekten Erich Mendelsohn, auf einem geheimen Versuchsgelände in der Wüste von Utah Kopien Berliner Mietskasernen samt Mobiliar und Gardinen aufzubauen, um deren Entflammbarkeit zu testen.

Bereits im November 1941 hatte Churchills Bomber-Chef Harris unter dem Deckwort „Unison“ („Gleichklang“) 19 deutsche Städte nach ihrer Brandanfälligkeit katalogisieren lassen. Ergebnis: Als wenig geeignet galten Frankfurt und Kiel mit ihren steinernen Zentren, als lohnende Ziele Orte wie Bremen („altes Stadtzentrum, brennt gut“) und Freiburg („Holzhäuser, enge Straßen“).

Als geradezu ideal stellte sich den Brandkriegsplanern das rasch erreichbare und gut zu ortende Lübeck mit seinem verschachtelten historischen Kern dar. Die Stadt, frohlockte Harris, sei „eher wie ein Feueranzünder denn als menschliche Behausung gebaut“. In der Vollmondnacht zum 29. März 1942 ließ Harris bei einer Art Probelauf die militärisch bedeutungslose Altstadt von 234 Maschinen mit

25 000 Brandstäben anzünden; unter der Feuerwalze starben mehr als 300 Menschen.

In den USA schwante dem Exil-Lübecker Thomas Mann nun, „was den deutschen Städten gerechterweise, notwendigerweise, unentbehrlicherweise bevorsteht", und ein „gelinder Schrecken" erfasste den Schriftsteller.

Tatsächlich glich der Testlauf von Lübeck, gemessen an dem, was folgen sollte, einem Nadelstich. Nachdem sich die USA und Großbritannien im Januar 1943 bei der Konferenz von Casablanca auf eine kombinierte Luftkriegsführung geeinigt hatten, offenbarte ein halbes Jahr später der Hamburger Feuersturm die apokalyptischen Dimensionen der Brandstiftungsstrategie.

„Hamburg geht unter", schrieb der Emigrant Bertolt Brecht am 26. Juli in Los Angeles in sein Arbeitsjournal: „Über ihm steht eine Rauchsäule, die doppelt so hoch ist wie der höchste deutsche Berg." Gut einen Monat später, nachdem er von Bombenangriffen auf Berlin erfahren hatte, notierte Brecht: „Das Herz bleibt einem stehen." Weil die Luftangriffe auf die Innenstadt „nicht mit militärischen Operationen verknüpft" seien, „sieht man kein Ende des Kriegs, sondern nur ein Ende Deutschlands".

Erklärtes Ziel der alliierten Luftkrieger war zu jener Zeit, auch die Reichshauptstadt zu „hamburgisieren", ein Wort, das im Herbst 1943 in London aufkam. RAF-Chef Charles Portal wünschte „Angriffe auf Berlin im Hamburger Maßstab". Harris versprach: „Wir können Berlin von einem Ende bis zum anderen einäschern … Es wird uns 400 bis 500 Flugzeuge kosten. Es wird Deutschland den Krieg kosten."

Mehrmals holten die Alliierten zu einem zermalmenden Vernichtungsschlag aus. Allein die „Battle of Berlin" von November 1943 bis März 1944 forderte 10 000 Todesopfer, machte ein Viertel des Zentrums dem Erdboden gleich und ließ 1,5 Millionen Berliner obdachlos werden.

Doch es misslang, den ersehnten Feuersturm zu entfesseln. Die Zerstörungsarbeit in Berlin gestalte sich schwieriger als anderswo, klagte der US-Brandkriegsexperte Horatio Bond vor dem nationalen Rüstungsforschungsausschuss: „Die Bauqualität ist höher, und die einzelnen Blocks sind besser voneinander getrennt."

Im August 1944 unterbreitete Churchill dem US-Präsidenten den Plan für eine „Operation Thunderclap" („Donnerschlag"), bei der

220 000 Berliner durch einen Großangriff von 2000 Bombern verwundet oder getötet werden sollten. Roosevelt stimmte grundsätzlich zu; seine Meinung über die deutsche Zivilbevölkerung pflegte er nicht zu verhehlen: „Wir müssen hart mit Deutschland umgehen, und ich meine die Deutschen, nicht nur die Nazis. Entweder müssen wir das deutsche Volk kastrieren oder ihm so eine Behandlung verpassen, dass es nicht weiter Nachwuchs zeugen kann, der dann immer so weitermachen will wie in der Vergangenheit."

Ausdrücklich sollte Thunderclap der Bombardierung von Wohngebieten dienen. „Da das Hauptziel einer solchen Operation sich in erster Linie gegen die Moral richtet und psychologischen Zwecken dient", hieß es im Konzept, „ist es wichtig, dass sie mit einer solchen Zielsetzung im Kopf gestartet wird und *nicht* auf die Vororte der Stadt ausgedehnt wird, auf solche Ziele wie Panzerwerke, Düsenjägerwerke usw."

Während sich die Russen Anfang 1945 rasch dem Reichsgebiet näherten, wurde der Donnerschlag realisiert, erweitert um die Zielorte Leipzig und Dresden. Im Hintergrund standen nach Ansicht

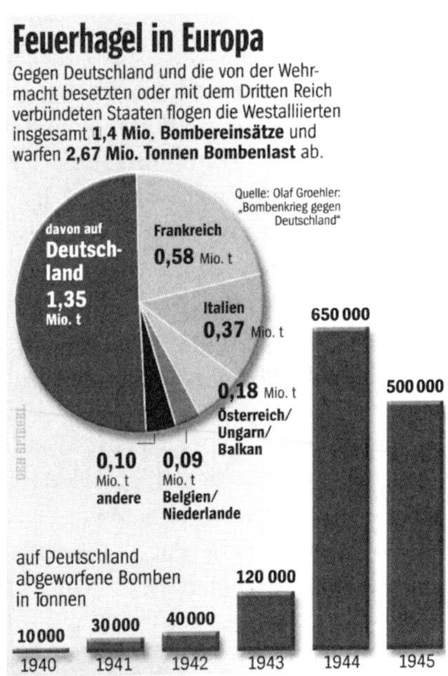

des US-Kriegsforschers Mike Davis „Gründe, die ebenso viel mit der Beendigung des Zweiten Weltkriegs zu tun hatten wie mit dem späteren Kalten Krieg".

Tatsächlich kalkulierten die Londoner RAF-Strategen, die „völlige Verwüstung" einer Großstadt „würde unsere russischen Verbündeten und die neutralen Staaten von der Schlagkraft der angloamerikanischen Luftstreitkräfte überzeugen".

Angesichts des erfolgreichen Vormarschs der Roten Armee, urteilt Historiker Groehler, hätten die Westalliierten mit Thunderclap ihren Anspruch festigen wollen, „eine, wenn auch nicht entscheidende, so doch zumindest ausschlaggebende Rolle im Verlauf des Zweiten Weltkriegs gespielt zu haben".

In Berlin forderte der Donnerschlag im Februar 1945 rund 3000 Tote, in Dresden kam es zum gewünschten Feuersturm. In der Elbmetropole reichten die Kräfte der Überlebenden nicht aus, die nach Zehntausenden zählenden Toten zu beerdigen; Bergungskommandos mit KZ-Erfahrung mussten Scheiterhaufen errichten.

Die „bewussten Terrorangriffe" (so damals die amerikanische Nachrichtenagentur AP) galten einer Stadt, die mit Zehntausenden Elendsgestalten überfüllt war, die vor den heranrückenden Russen geflüchtet waren. Offiziell begründet worden war die Operation mit dem Argument, es gelte „Verwirrung in die Evakuierung aus dem Osten" zu tragen.

Nach den Maßstäben der Nürnberger Kriegsverbrecherprozesse, gab SPIEGEL-Herausgeber Rudolf Augstein 1985 zu bedenken, hätte auch Winston Churchill „hängen müssen" – „zumindest als Oberbomber von Dresden, zu einem Zeitpunkt, als Deutschland schon erledigt war".

Was sich zwischen den Trümmerhaufen und Leichenbergen der vom Feuersturm heimgesuchten Städte zutrug, gemahnte nicht selten an das biblische Armageddon. Identifizierungstrupps mussten Zangen zum Ablösen von Ringen anfordern, weil allein deren Gravur noch eine Chance bot, Brandleichen zu identifizieren. Überall, wo der Orkan die Flammen über die Straßen trieb, wurden Menschen zu lebenden Fackeln, starben Flüchtende in den Blasen, die der kochende Asphalt schlug.

Der sechseinhalbjährige Hamburger Wolf Biermann, der unter dem gelben Stern aufgewachsen war und dessen Vater im selben

Jahr in Auschwitz ermordet wurde, entkam 1943 dem tosenden Flammenmeer nur, weil seine Mutter Emma mit ihm auf dem Rücken einen Elbkanal durchschwamm. Jahrzehnte später dichtete der Balladenmacher: „In jener Nacht fiel Schwefel aus den Himmeln in das Fleet/Drei Männer brannten vor mir wie Heil-Hitler-Fackeln ab/Das Dach von der Fabrik flog durch die Luft wie ein Komet/Die Toten alle kleingebrannt fürs enge Massengrab."

Erst in solchen Nächten erkannte manch ein Hamburger, wovon Goebbels gesprochen hatte, als er am 18. Februar 1943 im Berliner Sportpalast die Massen aufpeitschte: „Wollt ihr den totalen Krieg? Wollt ihr ihn, wenn nötig, totaler und radikaler, als wir ihn uns heute überhaupt noch vorstellen können?" Obwohl Hitlers 6. Armee erst knapp einen Monat zuvor in Stalingrad kapituliert hatte, ließ ein donnerndes „Jaaaaa!" den Sportpalast erbeben.

Fortan eskalierte das „moral bombing". Ziele waren vorzugsweise traditionell antifaschistische Arbeiterviertel wie im „roten Gürtel" um Berlin oder im Ruhrgebiet. Dennoch blieb die Hoffnung des Londoner Bomber Command unerfüllt, Deutschlands Proletariat werde sich, mürbe gebombt, gegen Hitler erheben.

Die Bombardierten reagierten nicht mit Rebellion, sondern mit Abstumpfung. „Wenn man Menschen in die Steinzeit zurückbombt", schreibt der Augenzeuge Forte, „denken sie nicht an Aufstände, sondern nur ans pure Überleben." Propagandistisch angeheizter Hass auf die alliierten „Mörderbanden" und „Terrorflieger" und deren angeblich jüdische Hintermänner überlagerte lange Zeit die Wut und die Enttäuschung über die Nazi-Führung, die nicht einmal für eine ausreichende Zahl sicherer Luftschutzbunker gesorgt hatte.

Als trügerisch erwies sich jahrelang auch die Hoffnung der Alliierten, mit Bombenangriffen die Produktion deutscher Kriegsgüter stoppen zu können. Schäden in Fabriken wurden oft binnen Wochen beseitigt, dezimierte Belegschaften durch Zwangsarbeiter ersetzt, Fertigungsstätten unter Tage verlagert – die Industrie konnte die Angriffe erstaunlich gut verkraften.

Behindert wurden die Attacken auf die Betriebe nicht zuletzt durch die von ihnen verursachte Luftverschmutzung. Die Dunstglocke, die damals über dem Kohlenpott waberte, erschwerte den Bomberpiloten selbst am helllichten Tage und in sternklaren Nächten die Zielsuche im Siedlungsbrei des Ruhrgebiets.

„Wir waren wütend“, erinnert sich Forte, „wenn wir nach den Luftangriffen aus den Kellern der verwüsteten Straßen stiegen und sahen, dass die Fabriken, in denen Panzer und Geschütze gebaut wurden, unversehrt geblieben waren. Sie blieben es bis zum Schluss, und die Maschinen wurden nach dem Kriegsende demontiert.“

Zu den ungelösten Rätseln der Weltkriegsgeschichte zählt noch immer die Frage, warum die Alliierten es lange Zeit versäumt haben, das Hitler-Reich massiv an seiner verwundbarsten Stelle zu treffen: Auf Anlagen der Mineralölwirtschaft, die den Sprit für die durch Russland rasselnden Panzer produzierten, entfielen bis Mai 1944 nur 1,1 Prozent aller Bombenabwürfe.

Vermutungen reichen von dem Hinweis, dass ein Teil der Werke mit angloamerikanischem Kapital errichtet worden war, etwa der Standard Oil of New Jersey und der britischen Royal Dutch Shell, bis hin zu einer Überlegung des Berliner Historikers Groehler: Es habe im Interesse der Westalliierten gelegen, dass die deutschen Panzer an der Ostfront genug Kraftstoff haben, um die Russen möglichst lange vom Reichsgebiet fern zu halten – so lange jedenfalls, bis die angloamerikanischen Invasoren weit genug vorgerückt waren, um den kommunistischen Einfluss im Nachkriegseuropa begrenzen zu können.

Dieser Verdacht kursierte im April 1944 auch im Oberkommando der Luftwaffe: Der Feind schone die Raffinerien und Hydrierwerke womöglich, „um Deutschland nicht außer Stande zu setzen, den Krieg gegen Russland weiterzuführen, da ein Abringen der deutschen und russischen Kräfte in seinem Interesse liegt“.

Nur spekuliert werden kann auch über die Frage, warum keine einzige US-Bombe auf jene Schienenstränge geworfen wurde, auf denen die Todeszüge nach Auschwitz rollten. Obwohl KZ-Flüchtlinge im Frühsommer 1944 die Alliierten über die Existenz der Gaskammern informiert hatten, schien dem Pentagon eine Bombardierung der Bahnanlagen nicht opportun, aus welchen Gründen auch immer. Nachdem ihm ein entsprechender Vorschlag vorgelegt worden war, befahl der US-Unterstaatssekretär John McCloy: „Kill this.“

Erst nach Kriegsende wurde bekannt, dass Churchill den Einsatz von B- und C-Waffen gegen Deutschland in Erwägung gezogen hatte (siehe Seite 132). Und es wurde auch publik, welche eigenen Luftkriegspläne Hitler bereits entwickelt hatte – und wohl auch umgesetzt hätte, wäre es anders gekommen. Geheime Pläne und Protokolle, nicht nur über die deutsche Atom- und Raketenentwicklung, offenbaren verblüffende Parallelen im Denken der Militärstrategen beiderseits der Front.

Reichsmarschall Göring hatte bereits 1938 den Bau eines Flugzeugs zur Bombardierung New Yorks gefordert. 1941 drängte Hitler auf rasche Umsetzung dieser Pläne, um „mit Terrorangriffen auf amerikanische Millionenstädte den Juden eine Lektion erteilen zu können".

Daimler-Benz-Ingenieure entwarfen 1944 einen „Amerikabomber": Viermotorige Transporter sollten einen als „reines Verlustgerät" konzipierten Kleinbomber ausklinken, der Hochhäuser wie das Empire State Building hätte bombardieren können – Osama Bin Laden lässt grüßen.

Schon 1940, drei Jahre vor dem Feuersturm von Hamburg, hatte sich Hitler fasziniert gezeigt von der Möglichkeit, die britische Hauptstadt einzuäschern. Bei einem Abendessen in der Reichskanzlei, bezeugte Rüstungsminister Albert Speer nach dem Krieg, habe der Führer phantasiert: „Haben Sie einmal eine Karte von London angesehen? Es ist so eng gebaut, dass ein Brandherd allein ausreichen würde, die ganze Stadt zu zerstören, wie schon einmal vor über 200 Jahren."

Hitler weiter: „Göring will durch zahllose Brandbomben mit einer ganz neuen Wirkung in den verschiedensten Stadtteilen von London Brandherde schaffen ... Die werden sich dann zu einem riesigen Flächenbrand vereinigen. Göring hat dazu die einzig richtige Idee: Die Sprengbomben wirken nicht, aber mit den Brandbomben kann man das machen – London total zerstören! Was wollen die noch mit ihrer Feuerwehr, wenn das erst einmal losgeht?"

War, bei alledem, der Brandbombenkrieg gegen die deutsche Zivilbevölkerung, so fragte jüngst die „Welt", „notwendig oder ein Verbrechen oder gar ein notwendiges Verbrechen?" Eine Antwort gab, auf seine Weise, der sanfte Freiheitskämpfer Mahatma Gandhi, der die britischen Kolonialherren mit seiner Strategie der Gewaltlosigkeit aus seiner indischen Heimat vertrieben hatte.

Als hätte er Hitlers Geheimpläne gekannt, urteilte Gandhi über die alliierte Luftkriegführung: „In Dresden und in Hiroschima hat man Hitler mit Hitler besiegt."

„Der Himmel wurde feuerrot"

NOBELPREISTRÄGER GÜNTER BLOBEL*
ÜBER DIE ZERSTÖRUNG DRESDENS 1945

Weil meine Eltern das Ende des Krieges lieber außerhalb der Reichweite der Roten Armee erleben wollten, hatten wir unser schönes Haus im schlesischen Waltersdorf am 27. Januar 1945 verlassen; mein Vater, der Tierarzt war, und mein ältester Bruder mussten noch in Waltersdorf zurückbleiben und flüchteten erst kurz vor Einmarsch der Roten Armee.

Mit meiner Mutter und fünf Geschwistern (das jüngste war erst 18 Monate alt) waren wir Anfang Februar auf der Flucht in einem DKW in Richtung Dresden vorangekommen. Mein 14-jähriger Bruder Reiner fungierte als Chauffeur. Mein Onkel Karl, ein Arzt, gab uns ein Attest mit auf die Reise, dass sich in diesem Auto scharlachkranke Kinder befänden und jeder Kontakt unter allen Umständen zu vermeiden sei. Bei den vielen Kontrollen reichte es, dieses Attest durch das halb geöffnete Fenster zu zeigen, und wir konnten weiterfahren.

Ich war acht Jahre alt und noch nie in einer so großen Stadt wie Dresden gewesen. Ich wusste nicht, dass man sich auch in eine Stadt verlieben kann. Mein Vater hatte in Dresden studiert und mit meiner Mutter die Stadt oft besucht; beide haben uns Kindern immer schwärmerisch von der Schönheit der Stadt erzählt. Nun fuhren wir, vom Weißen Hirsch mit seinen vielen eleganten Villen kommend, sehr langsam über die Augustusbrücke. Die Silhouette des anderen Elbufers war atemberaubend – mit den vielen Türmen und der grandiosen Steinernen Glocke der Frauenkirche. Die Stadt war überfüllt

* Günter Blobel, langjähriger Professor an der Rockefeller University in New York, erhielt 1999 den Nobelpreis für Medizin. Das Preisgeld in Höhe von circa einer Million Euro spendete Blobel für den Wiederaufbau der Frauenkirche und der Synagoge in Dresden, für den auch Blobels Verein „Friends of Dresden" Spenden einwirbt.

mit Flüchtlingen und Flüchtlingskarawanen aus dem Osten Deutschlands. Auf dem Theaterplatz stiegen wir für eine Verschnaufpause aus.

Mir kam alles wie im Märchen vor: die Panther-Quadriga auf der Oper, die vielen Statuen auf den Balustraden der Hofkirche, der Schlossturm und das Schloss. Wir gingen kurz in den Zwingerhof mit den vielen Putten und dem herrlichen Kronentor: Es war das Heiter-Schönste, was man sich nur vorstellen konnte. Ich war überwältigt und wollte am liebsten bleiben. Aber wir mussten weiter nach Weinsdorf. Allerdings versprach mir meine Mutter, dass wir bald wieder nach Dresden kommen würden.

Am 13. Februar abends hörten wir im Radio, viele Flugzeuge seien im Anflug auf Dresden. Ich dachte mir nichts dabei; ich konnte mir einfach nicht vorstellen, dass eine derart schöne Stadt zerstört werden könnte. Vielleicht würde man die Brücken bombardieren, die Fabriken oder die Bahnhöfe – aber nicht den Zwinger, nicht die Katholische Hofkirche, nicht die Steinerne Glocke, nicht das Schloss, nicht die Oper mit der Panther-Quadriga. Gegen Mitternacht wurde der Himmel im Osten von Weinsdorf feuerrot und so hell, dass man Zeitung hätte lesen können. Wir wussten nun, dass Dresden brannte, dass vielen Menschen unsägliches Leid angetan wurde. Ich konnte in dieser Nacht nicht schlafen. Später hörten wir von den vielen Toten, von den Leichenverbrennungen auf dem Altmarkt, und dass nicht das industrielle Dresden zerstört war, sondern das alte, heitere, von der ganzen Welt so bewunderte Dresden. Mir war, als wäre ein geliebter Verwandter plötzlich gestorben.

Meine Mutter hatte Recht: Wir sollten Dresden bald wieder sehen. Nach Kriegsende versuchten wir, in unsere schlesische Heimat zurückzukehren. In einem Treck von mehr als 20 bedeckten Fuhren, jede von zwei Pferden gezogen, trafen sich die Bauern aus Waltersdorf und dem benachbarten Giessmannsdorf westlich von Riesa. Unser Auto war längst beschlagnahmt; unsere ganze Habe und fünf Geschwister wurden auf verschiedene Fuhren verteilt. Wir kamen bis Niesky: Der Übergang über die Neiße war gesperrt. Es gab nichts zu essen. Zwei Kinder des Trecks starben, als sie auf Minen traten. Nach ein paar Wochen des Wartens entschied sich meine Mutter zur Umkehr. Einer der Bauern schenkte uns eine zweirädrige Schubkarre, auf der unsere Sachen Platz fanden. Meine beiden jüngsten

Geschwister saßen angeschnallt oben auf der Karre, meine Mutter und drei andere Geschwister lösten sich beim Schieben ab.

Unser Schubkarrentreck bis Reichenbach bei Waldheim – Entfernung in der Luftlinie etwa 120 Kilometer – dauerte mehr als zehn Tage. An einem heißen Tage im Juli erreichten wir Dresden: Wie sah diese Stadt jetzt aus! Zwischen den Trümmern schlängelten sich schmale Trampel- und Fahrwege. Es stank fürchterlich nach Verwesung unter den Trümmerhaufen. Viele Statuen, die mich noch vor wenigen Monaten so fasziniert hatten, lagen zerschellt auf dem Boden – hier ein Arm, dort ein Kopf, ein Bein oder ein Torso. Der Zwinger, die Oper, das Schloss und die Hofkirche waren ausgebrannte Ruinen. Die Steinerne Glocke gab es nicht mehr. Es dauerte einen ganzen Tag, Dresden mit der Schubkarre zu durchqueren. Es war zum Heulen, aber wir hatten keine Kraft und Zeit dazu. Wir mussten weiter. Nur die Erinnerung brannte sich ein.

Später hatte ich selten Gelegenheit, mein Dresden zu besuchen. In den Jahren nach dem Kriege kam die zweite Zerstörung der Stadt durch die Kommunisten. Sogar berühmte Barockhäuser der Rampischen Gasse oder der Meißner Gasse wurden, obwohl sie die Bomben nur zum Teil zerstört hatten, einfach abgerissen: Das unsäglich hässliche Dresden entstand, die „sozialistische Großstadt“ mit öden und überdimensionierten Plätzen und den viel zu breiten Straßen, gesäumt von phantasielosen Plattenbauten. Die von den Kommunisten wiederaufgebauten historischen Bauwerke wie der Zwinger, die Hofkirche und die Semperoper wirkten in diesem Milieu fast grotesk.

Unter den älteren Dresdnern aber blieb die Erinnerung an ihre großartige Stadt. Und unter den jüngeren Dresdnern ist das Interesse am alten Dresden bewunderswert lebendig. Im Ausland, besonders in den USA und in England, wird die Bombardierung Dresdens von vielen als Verbrechen gegen die Menschheit und gegen ihr kulturelles Erbe empfunden. Amerikaner und Engländer wollen mithelfen, dies Verbrechen ihrer damaligen Regierungen wieder gutzumachen und zur Versöhnung beizutragen. Das macht Hoffnung.

„Vergleichen – nicht moralisieren"

Hans-Ulrich Wehler
über die Bombenkriegsdebatte

DAS GESPRÄCH FÜHRTEN STEPHAN BURGDORFF UND CHRISTIAN HABBE.

SPIEGEL: Herr Professor Wehler, bei Kriegsbeginn waren Sie sieben Jahre alt. Welche Erinnerungen haben Sie an die Flächenbombardements der Alliierten?
WEHLER: Aus unserer Kleinstadt wurden wir 1943/44 gelegentlich mit dem Lastwagen nach Köln gefahren, um beim Löschen zu helfen, die Straßen von Toten zu säubern oder Gegenstände aus den Häusern zu holen. Einmal war ich bei Bombenalarm im Wartesaal des Kölner Hauptbahnhofs. Ich erinnere mich genau, wie das ganze Gebäude schwankte. Und dass die vielen Mütter, die da saßen, mit stoischer Ruhe ihre Kinder an sich pressten, während die Soldaten aus den Urlauberzügen, auch hoch dekorierte mit allem Lametta dabei, geschrien haben: „Lieber noch mal den Russen, aber nicht diese Scheißangriffe."
SPIEGEL: Haben Sie auf dem Land auch die Tiefflieger erlebt?
WEHLER: Ja, mehrfach. Im September '44 halfen wir bei einer Bäuerin. Ein Tiefflieger erspähte uns. Er schoss das Pferd und die Frau zusammen und kam noch mal zurück. Ich bin mit einem Hechtsprung unter das sterbende Pferd und dachte: Der kann mich im Flug nicht so schnell erkennen. Mein Kopf lag tief in der Erde, über mir das zuckende Pferd, und dann hörte man das Patsch-patsch-Patsch von den Einschlägen, wie sie näher kamen und dann, Gott sei Dank, weiterwanderten.
SPIEGEL: Wie reagierte man auf so etwas?
WEHLER: Wir Jungen waren natürlich hell empört. Das schönste Mädchen unseres Gymnasiums wurde vom Fahrrad heruntergeschossen. Ich sehe noch, wie sie sie weggetragen haben, das Gesicht war immer noch schön und voller Überraschung. Natürlich haben

wir Jungen gesagt, wenn wir so einen kriegen, der wird gelyncht. Dazu hatten wir genug Karl May gelesen. Später hat mich eigentlich gewundert, dass bei den vielen mit dem Fallschirm abgesprungenen Fliegern nicht mehr passiert ist.

SPIEGEL: Obwohl die Bundesbürger solche Vorgänge ja meist nur noch vom Hörensagen kennen, stoßen neuerdings Veröffentlichungen wie Jörg Friedrichs Buch über den Bombenkrieg heiße Debatten an. Wieso eigentlich erst jetzt, 60 Jahre danach?

WEHLER: Das ist eine neue Welle, die beginnt mit Günter Grass und seiner Novelle über den Untergang der „Wilhelm Gustloff", dann kommt die SPIEGEL-Serie über die Vertreibung und nun das Friedrich-Buch. Tabuisiert waren diese Themen vielleicht nicht, aber sie waren mit so vielen Traumata verbunden, dass die Beteiligten erst sehr viel später über die Schreckenstage sprechen konnten.

SPIEGEL: Aber auch Historiker hielten sich zurück.

WEHLER: Es gab eine enorme Scheu, sich dieser Themen anzunehmen. Man mochte nicht zum Verrechnen von Opferzahlen beitragen. Mir scheint, dass die Zeitvorgabe der alten Faustregel, es müsse bei so schrecklichen Ereignissen eine Generation vergehen, nicht genügt hat.

SPIEGEL: Ist nicht die Gefahr der Aufrechnung geblieben?

WEHLER: Ich glaube, sie besteht bei nicht wenigen. Am Stammtisch wird man mit großer Erleichterung sagen: Endlich hören wir nicht immer nur von jüdischen Opfern. Es wird am rechten Rand ein Jauchzen geben. Aber ich glaube nicht, dass das mehrheitsfähig wird, jedenfalls nicht bei den Jüngeren und Mittelalten. Bei der politischen Kultur, die sich hier zu Lande in 50 Jahren stabilisiert hat, halte ich das Ganze noch nicht für ein Problem.

SPIEGEL: Wo sind denn Ihrer Ansicht nach die Grenzen, Flächenbombardements mit anderen Kriegsuntaten zu vergleichen?

WEHLER: Ich bin durchaus nicht dagegen, dass man die Gräuel des Krieges miteinander vergleicht. Es geht aber um die Kriterien. Man muss dann schon die Gräuel der Landtruppen vergleichen oder die Bombardements von Wohnvierteln durch die deutsche Luftwaffe mit denen durch die Engländer. Man hüte sich auch vor moralisierenden Urteilen. Dann bleibt letztlich nur der moralische Vorwurf an den Anderen übrig.

SPIEGEL: Ist der Stil der Bombendebatte ein Indiz dafür, dass Deutschland eine Art Opferkult zu pflegen beginnt?

WEHLER: Ja, das ist meine Befürchtung. Ich habe Jörg Friedrich kritisiert, weil seine Sprache in meinen Augen nicht diszipliniert genug ist. Wenn man die Flächenbombardements von rund 30 Städten anschaulich schildert, ohne das Ganze aber einzubetten in einen totalen Krieg, der sich hochgeschaukelt hat, dann droht Emotionalisierung. Wenn Friedrich schreibt, die Bomberflotten seien „Einsatzgruppen", brennende Luftschutzkeller „Krematorien" und die Toten „Ausgerottete", dann hat man sprachlich die völlige Gleichsetzung mit dem Holocaust. Und damit bedient man schon Vorstellungen von einem Opferkult, nach dem Motto „Wir sind doch im 20. Jahrhundert immer die Opfer gewesen".

SPIEGEL: Ist deshalb auch die Frage unangebracht, ob viele der Bombardierungen Kriegsverbrechen waren?

WEHLER: Nein, das nicht. Das englische Kalkül zielte auf das Auslöschen leicht entzündlicher Stadtteile, Wohngebiete eingeschlossen. Die Engländer sahen die Möglichkeit, durch Flächenbombardements ohne Truppeneinsatz Gegner auszuschalten. Wenn solche Pläne einmal ausgearbeitet sind, und es gibt eine Drucksituation wie seit 1941, ist die Versuchung unwiderstehlich, das jetzt auch zu praktizieren. Das kann man als Kriegsverbrechen brandmarken, weil es gegen herkömmliche Normen des Kriegsrechts verstößt. Die Frage ist, was man damit gewinnt.

SPIEGEL: Könnte das Thema benutzt werden, um die deutsche Urheberschaft an Kriegsverbrechen zu relativieren?

WEHLER: Meine Kritik würde sich schon gegen die frühen deutschen Vordenker einer totalen Kriegsführung richten. General Ludendorff war als Oberkommandierender im Ersten Weltkrieg gescheitert, besaß aber lange noch seinen Nimbus, und seine Schrift über den totalen Krieg war ein Erfolgsbuch in den frühen dreißiger Jahren. Zu der Zeit schreibt auch Hans Freyer, damals einer der bekanntesten Soziologen: „Nur im Krieg lebt der Staat, nur im Krieg verwirklicht er sich selber." Das sind Denkformen, die die jüngeren Offiziere geradezu geschlürft haben. Im zweiten Anlauf sollte es klappen, um jeden Preis.

SPIEGEL: Ludendorff als Urvater einer Gewaltspirale im Zweiten Weltkrieg?

WEHLER: Jedenfalls hat Hitler dementsprechend den totalen Krieg initiiert, indem er beispielsweise die Wohnviertel von Warschau, Rotterdam und zwei Dutzend englischen Städten bombardieren ließ – und nicht die Industrieanlagen. Das schlug dann zurück.

SPIEGEL: Zerstörungswerke wie in Dresden beispielsweise rechtfertigt es doch aber kaum.

WEHLER: Nein. Dresden ist unter jedem militärischen oder politischen Kalkül ein reines Massaker. Da sehe ich überhaupt keine Form der Rechtfertigung. Das Fatale und Teuflische ist aber, dass der Gegner, auch wenn er andere Normen des Zusammenlebens und des politischen Systems verteidigt, in einen Sog gerät, um seinen Feind zu kontern und – was natürlich auch eine große Rolle spielt – um Rache zu nehmen für das, was einem angetan worden ist.

SPIEGEL: Wie weit dürfen Demokratien im Krieg sich auf die totalen Kampfmethoden eines gegnerischen Diktators einlassen?

WEHLER: Churchill sagte einmal beim Betrachten von Luftaufnahmen der Städtezerstörung: Wir sind ja Bestien, muss das denn wirklich sein? Natürlich sagte er das sehr spät, aber solch einen Satz hätte Hitler niemals gesagt. Das Schreckliche ist, dass in einem totalen Krieg die Normen des Verhaltens auf beiden Seiten ausgelöscht werden.

SPIEGEL: Haben sich am Ende die Kampfmittel beider Seiten zu sehr angeglichen?

WEHLER: Ganz so wohl nicht. Die Alliierten beachteten bestimmte normative Vorgaben. So wurden beim Vormarsch der Engländer und Amerikaner in gefährlichen Situationen in der Regel die Gefangenen nicht getötet, wie etwa während der Ardennenoffensive Ende 1944 durch die Deutschen. Die Alliierten liquidierten nicht gleich auch die eroberte Stadt mit. Da waren schon Bindungen an herkömmliche Normen des Kriegsrechts vorhanden.

SPIEGEL: Hat das „moral bombing“ der Engländer überhaupt geholfen, den Krieg zu verkürzen?

WEHLER: Nach der Bilanz der USA im „Strategic Bombing Survey“ haben die Flächenbombardements ihr Ziel, die Zivilbevölkerung so zu terrorisieren, dass sie psychisch kollabierte und sich womöglich einer Opposition gegen Hitler anschloss, eindeutig verfehlt. Übrigens deuten Aussagen von Zeitgenossen eher darauf hin, dass die Bevölkerung der bombardierten Städte durch den Hass auf die Luftpiraten und Terrorbomber, wie man damals sagte, sogar eher zusammengeschweißt wurde. Militärisch sind die gezielten Tagesangriffe der Amerikaner, die am Ende die Rüstungsindustrie und Verkehrswege lähmten, das Entscheidende gewesen.

SPIEGEL: Verzichteten die USA auch aus ethischen Gründen lange Zeit auf Massenvernichtung am Boden?

WEHLER: Ich sehe da kein ethisches Abwägen oder auch nur den Wunsch, sich von den Nachtangriffen zu distanzieren. Die haben sich gesagt: Wir sind auf dem Vormarsch, der Sieg ist unser, also die Rüstungsindustrie ausschalten, um so die eigenen Opfer am wirkungsvollsten zu begrenzen.

SPIEGEL: Besteht die Gefahr, dass die neue Bombenkriegsdebatte hier zu Lande den Blick für die Hitler-Opfer anderer Länder trübt?

WEHLER: Ich finde nicht. Bei der Betrachtung des Zweiten Weltkriegs wird in Deutschland zu Themen wie Vertreibung oder Bombenkrieg zwar schon eine Art Gezeitenwechsel der öffentlichen Wahrnehmung deutlich. Das hindert aber etwa russische Historiker und Publizisten nicht daran, mit Recht zu erwidern, im Vergleich mit dem, was ihr bei uns angerichtet habt, ist euer Blutzoll ja trotz allem nicht so extrem hoch gewesen.

SPIEGEL: Mündet es demnach doch immer wieder in Aufrechnung?

WEHLER: Warum sollte es? Nur glaube ich, dass Völker mit diesen Kriegserfahrungen solche Phänomene wie Massenflucht, Vertreibung, Vergewaltigung, Bombenkrieg nicht beliebig lange verdrängen können.

SPIEGEL: Also eine reinigende Debatte?

WEHLER: Wenn das Thema nicht ausgebeutet wird, wenn alles in Trauer wahrgenommen wird, dann ja. Das wäre die beste Lösung.

SPIEGEL: Und die schlechteste?

WEHLER: Ein Opferkult, der das deutsche Volk als stigmatisiert darstellt. Aber schließlich hat es die alte Bundesrepublik ja schon einmal geschafft. Da ist ein Staat entstanden, der sich nicht in ewigem Selbstmitleid erinnert, sondern sich ganz so offen wie kritisch seiner Vergangenheit gestellt hat und dadurch ein anderes Verhältnis zu ihr, aber auch zu seiner Zukunft gewonnen hat.

SPIEGEL: Herr Professor Wehler, wir danken Ihnen für dieses Gespräch.

„Wir werden sie ausradieren"

Der Luftkrieg der Alliierten gegen deutsche Städte hat eine Vorgeschichte: Lange bevor die Flächenbombardements begannen, hatten deutsche Flieger schon Städte wie Guernica, Warschau, Rotterdam und Coventry in Schutt und Asche gelegt – Grund für eine apokalyptische Rache?

VON MICHAEL SCHMIDT-KLINGENBERG

Mit den Bombenflugzeugen kamen die Flugblätter. „Wir bomben Deutschland nach Noten", hieß es in einer „Botschaft des Oberbefehlshabers der britischen Kampfflugzeuge an das deutsche Volk", Arthur Harris. „Warum wir das tun? Nicht aus Rachsucht – obwohl wir Warschau, Rotterdam, Belgrad, London, Plymouth, Coventry nicht vergessen. Wir bomben Deutschland, eine Stadt nach der andern, immer schwerer, um euch die Fortführung des Krieges unmöglich zu machen."

Deutsche Flieger warfen während des Luftkriegs gegen Großbritannien Flugblätter mit Erklärungen wie diesen ab: „Unter brutaler Verletzung des internationalen Kriegsrechts sind die deutschen Frauen und deutschen Kinder vorsätzlich von der Royal Air Force ermordet worden ... Die deutsche Luftwaffe wird von nun an zurückschlagen. Wenn in Folge dieser Intensivierung des Luftkrieges die Zivilbevölkerung von Großbritannien leiden sollte, bedauern wir das."

Angriffe aus der Luft mit aus der Luft gegriffenen Argumenten zu unterstützen gehörte zu den Aufgaben der Nazi-Propagandisten. Lange bevor Luftmarschall Harris 1942 die ersten Bombenteppiche über Lübeck und Rostock ausbreiten ließ, hatte Hitler-Deutschlands Luftwaffe großflächige Zerstörungen in europäischen Städten angerichtet. Entsetzen und Empörung über die Bombardements hatten sich ins Gedächtnis nicht nur der getroffenen Nationen eingebrannt. Die britische Regierung berief sich während der Ausweitung des Luftkriegs immer wieder auf das schreckliche deutsche Vorbild.

„Berlin hat einst den ausdrücklichen Befehl erteilt, Warschau, Rotterdam und Belgrad dem Erdboden gleichzumachen“, meinte etwa Lord Sherwood, Staatssekretär im Londoner Luftfahrtministerium, im November 1943. „In seiner Begeisterung hat es sogar Dokumentarfilme drehen lassen, damit man auch diese Großtaten der deutschen Luftwaffe gebührend bewundern konnte. Dafür wird jetzt die Rechnung ausgeglichen und in gleicher Münze zurückgezahlt.“

Die Katastrophe des Bombenkrieges kam nicht aus heiterem Himmel über Deutschland. Begonnen hatte der Krieg in den Köpfen. Noch vor dem ersten deutschen Überfall auf eine Nachbarnation am 1. September 1939 hatten Luftkriegstrategen der Nazis Angriffe auf gegnerische Zivilbevölkerungen in ihr Kalkül einbezogen. „Die Terrorisierung feindlicher Hauptstädte oder Industriegebiete durch Bombenangriffe wird umso rascher zum moralischen Zusammenbruch führen, je schwächer die nationale Haltung eines Volkes ist, je mehr die Großstadtmassen materialisiert und durch soziale und parteipolitische Gegensätze zerklüftet sind“, schrieb Robert Knauss, Verkehrsleiter der Lufthansa, schon im Mai 1933 in einer Denkschrift für Hitlers Luftfahrtminister Hermann Göring, die dem sein Staatssekretär Erhard Milch zur Billigung vorlegte.

Die Militärs reagierten etwas vorsichtiger, weil sie fürchteten, Deutschland könnte bei so einer Strategie wegen seiner exponierten Lage in der Mitte des Kontinents schnell Opfer von Vergeltungsangriffen werden. Die Dienstvorschrift zur „Luftkriegführung“ von 1936 sprach nur vage von Luftangriffen, die den „Widerstandswillen des feindlichen Volkes an der Wurzel“ treffen sollten. Terrorangriffe auf feindliche Städte seien nur zur Vergeltung entsprechender Schläge des Gegners erlaubt, um ihn „von dieser brutalen Art der Luftkriegführung abzubringen“.

Tatsächlich hatten Theoretiker des Luftkriegs nicht nur in Deutschland die Bombardierung von Zivilisten in Erwägung gezogen – in einer fragwürdigen Konsequenz aus den endlosen Grabenkämpfen von 1914/18. So sprach sich der Stab der britischen Luftwaffe 1924 dafür aus, „vom Beginn eines Krieges an militärische Ziele in bewohnten Gebieten zu bombardieren, mit der Absicht, durch den demoralisierenden Effekt solcher Angriffe und durch die schwer wiegende Zerrüttung der normalen Lebensverhältnisse eine Entscheidung herbeizuführen“.

Der führende Kopf des Bombenkriegs gegen die Bevölkerung war der italienische General Giulio Douhet. Mit seinem 1921 erschienenen Standardwerk „Luftherrschaft" begründete der spätere Chef des Luftfahrtprogramms unter dem faschistischen Diktator Benito Mussolini den „Douhetismus", die Lehre von der Überlegenheit der Luftwaffe über die anderen militärischen Teilstreitkräfte – mit der Konsequenz des totalen Krieges. Das Vorwort eines Offiziers aus dem Planungszentrum der entstehenden Luftwaffe zur deutschen Ausgabe 1935 feierte die „ungemein befruchtende Wirkung" des Werks – „Ausdruck und Spiegelbild der Revolution des Faschismus".

Was zunächst noch wie militaristisches Wortgeklingel und Manöverspiel von Schreibtischgenerälen klang, wurde kurz darauf tödliche Wirklichkeit. Am Nachmittag des 26. April 1937 warfen 3 italienische und 21 deutsche Flugzeuge mehr als 30 Tonnen Bomben über dem nordspanischen Städtchen Guernica ab. Ein Teil der Bewohner war wegen eines Festes außerhalb der Stadtgrenze, die anderen suchten Deckung oder flohen in Panik. Nach zweieinhalbstündigen Angriffen stand fast ganz Guernica in Flammen. Wohl einige hundert Menschen kamen dabei um, fast drei Viertel aller Häuser wurden total zerstört.

Die Aktion der „Legion Condor", Hitlers Tarntruppe zur Unterstützung des Generals Francisco Franco bei seinem Bürgerkrieg gegen die republikanische Regierung, wurde zum „Symbol für eine Kriegsführung, die eine wehrlose Bevölkerung gleichermaßen grausam und unvorbereitet traf" – so der damalige Bundespräsident Roman Herzog zum 60. Jahrestag des Bombardements.

In den Wochen nach dem Angriff herrschte fast weltweit Empörung. „In der Art seiner Ausführung und in dem Ausmaß der Zerstörung, die er brachte, wie auch der Auswahl seines Ziels ist der Angriff auf Guernica ohne Beispiel in der militärischen Geschichte", hieß es in einem der ersten Berichte vom Ort des Schreckens, den der Sonderkorrespondent George Steer an die Londoner „Times" schickte. Guernica war für die Basken seit Jahrhunderten ein nationales Heiligtum, Spaniens Könige hatten hier unter einer uralten Eiche baskische Rechte garantiert. In den beiden Monaten nach dem Bombardement schuf Pablo Picasso mit seinem monumentalen Gemälde ein Mahnmal für Guernica, das bis heute beeindruckt.

Ziel der Aktion war, republikanischen Truppen den Rückzug nach Bilbao abzuschneiden. Dazu sollten eine Brücke und eine Straße am östlichen Rand des Ortes, bei der Vorstadt Rentrería, zerstört werden. Doch im Qualm nach ersten Treffern wurde nur noch wahllos gebombt.

Der Stabschef der Legion Condor, Wolfram Freiherr von Richthofen, notierte vier Tage später in seinem privaten Tagebuch: „Keiner konnte mehr Straßen-, Brücken- und Vorstadtziel erkennen und warf nun mitten hinein." Wie neue Dokumente belegen, analysierte die Luftwaffe in Spanien nach der Zerstörung von Städten systematisch die Wirkung der dort eingesetzten Spreng- und Brandbomben – eine Übung für den Terror (siehe Seite 65).

Nachdem Göring seine „junge Luftwaffe" im Spanischen Bürgerkrieg „im scharfen Schuss" erprobt hatte, durfte er sie in einen richtigen Weltkrieg führen. Der „Blitzfeldzug" gegen Polen drohte Mitte September 1939 ins Stocken zu geraten, weil sich die Hauptstadt Warschau unerwartet hartnäckig gegen die Eroberer wehrte.

Unter dem Decknamen „Wasserkante" hatte die deutsche Luftwaffe schon vor Kriegsbeginn einen Angriffsplan gegen Warschau entworfen. Die Bombardierung gleich am ersten Tag des Überfalls, wie Göring es ursprünglich wünschte, musste wegen schlechter Wetterbedingungen ausfallen. Der Plan aber hatte weiter Bestand. „Der Angriff ist als Vergeltung der an deutschen Soldaten verübten Verbrechen anzusehen und hat die Zerstörung von ‚Wasserkante' zum Ziel. Es kommt darauf an, bei dem ersten Angriff weitgehende Zerstörungen in dicht besiedelten Stadtteilen zu erreichen", befahl am 10. September der Generalstab der Luftwaffe.

Der schon in Guernica erprobte Richthofen, inzwischen zum Generalmajor aufgestiegen, bot sich am 22. September als Vernichter aus der Luft an: „Falls Fliegerführer zur besonderen Verwendung damit beauftragt, wird mit allen Kräften völlige Tilgung Warschaus angestrebt ... Beantrage dringend letzte Möglichkeit von Brand- und Terrorangriffen als groß angelegten Versuch auszunutzen." Dieses offenbar von Herzen kommende Angebot lehnte die Luftwaffenführung noch ab.

Auch Richthofens eigenmächtige Anweisung vom 11. September, das Warschauer Ghetto zu bombardieren, befolgte der beauftragte Geschwaderkommodore im Einvernehmen mit seinen Gruppenkommandeuren nicht. Er nahm stattdessen militärische Ziele in der Stadt ins Visier. Die Befehlsverweigerung kostete ihn seinen Posten – ein vergleichsweise geringer Preis für die Verhinderung eines Mordangriffs von oben.

Doch trotz solcher durchaus vorhandener Skrupel bei einigen Beteiligten begann am 24. September eine dreitägige Bombardierung der polnischen Hauptstadt. Auf dem Höhepunkt des Angriffs, am 25. September, warf die Luftwaffe 487 Tonnen Sprengstoff und 72 Tonnen Brandbomben in 1177 Einsätzen ab. „Warschau besteht nur noch aus Ruinen", hieß es am 26. September im Kommuniqué des polnischen Oberbefehlshabers der Garnison. „Die vor Warschau stehenden polnischen Einheiten litten weniger als die Zivilbevölkerung, da die Luftangriffe sich hauptsächlich gegen diese richteten, um ihre Moral zu erschüttern."

Theoretisch mochte das deutsche Bombardement mit der Haager Landkriegsordnung vereinbar sein: Warschau war eine militärisch verteidigte Stadt im Kampfgebiet mit zahlreichen Festungsanlagen, die Bevölkerung war vorgewarnt, die polnische Garnison fünfmal zur Übergabe aufgefordert worden. Laut Anweisung sollten nur kriegswichtige Ziele bombardiert werden. Der Effekt aber war ein Terrorangriff, wie ihn bisher keine Stadt erlebt hatte. Mangels einer ausreichenden Zahl von Bombern setzte die Luftwaffe auch Transportflugzeuge vom Typ Junkers Ju-52 ein – die Brandbomben wurden ungezielt mit Kohlenschaufeln über Warschau verteilt.

Der jüdische Musiker Wladyslaw Szpilman, dessen abenteuerliches Überleben im Ghetto Roman Polanski in seinem Film „Der Pianist" beschreibt, verbrachte zwei Bombennächte, stehend zusammengepfercht, mit zehn Personen in einer winzigen Toilette. Wochen später versuchten die Geretteten noch einmal auszuprobieren, wie sie alle in diesem Unterschlupf Platz gefunden hatten: „Kaum acht Personen passten hinein, wenn nicht Todesangst sie zwang."

Am 27. September 1939 um 14 Uhr herrschte Waffenruhe über den Ruinen, der Kommandant von Warschau hatte die bedingungslose Übergabe erklärt. Zwei Monate später zog die deutsche Luftwaffenführung ein triumphierendes Fazit aus dem Bombardement, insbesondere der Wirkung ihrer Brandbombe B 1 Fe: „Ihre hervorragende Wirkung auf großstädtische Wohnblocks steht nach dem großen Erfolg von Warschau außer jeden Zweifel ... Abwurf in gro-

ßen Mengen, um gleichzeitig möglichst viele Brandherde zu erzeugen. Dazu überlagernd in wellenden Störangriffen Spreng- bzw. Splitterbomben ... um Bevölkerung in Schutzräumen zu halten, so dass einzelne Brandherde sich ausdehnen und eine Brandkatastrophe entsteht." Es war eben dieses Konzept, nach dem von 1942 an die Gegner der Nazis Deutschlands Städte verbrannten.

Nach dem Einmarsch deutscher Truppen in die neutralen Niederlande am 10. Mai 1940 traf die Generalität bald auf ein ähnliches Problem wie in Warschau. Die Angegriffenen räumten einen großen Teil ihres Landes ziemlich schnell, um von einem durch Wasserwege und die Nordsee abgegrenzten Gebiet, der „Festung Holland", desto hartnäckiger Widerstand zu leisten.

In Rotterdam hatte die Wehrmacht eine große Brücke über die Maas erobert, die einen wichtigen Zugang zur Festung Holland bildete. Doch auf dem Ufer und in der angrenzenden Altstadt hielten niederländische Truppen beharrlich die Stellung. Der geplante „Blitzfeldzug" der Nazis schien gefährdet. Hitler und seine Generäle fürchteten, in Kürze könnten englische Truppen zur Unterstützung der Holländer in der „Festung" landen und sich womöglich dauerhaft festsetzen. Der „Führer" brauchte zudem für die sich anbahnende Entscheidung in Frankreich freien Rücken.

Der Oberbefehlshaber der 18. Armee, General Georg von Küchler, erteilte daher am Abend des 13. Mai den Befehl: „Widerstand in Rotterdam ist mit allen Mitteln zu brechen, nötigenfalls ist Vernichtung der Stadt anzudrohen und durchzuführen." Damit begann eine fatale Folge von Kommandos und Gegenorders, von Aktionen der Luftwaffe und Verhandlungen der Offiziere vor Ort, die gleichzeitig, aber widersprüchlich liefen.

Das Kampfgeschwader 54 erhielt am Abend des 13. Mai die Anweisung, dass „holländische Widerstandszonen" im Rotterdamer Zentrum „durch Bombenteppiche vernichtet werden sollten". Zugleich verfasste General Rudolf Schmidt an den Stadtkommandanten und den Bürgermeister eine Aufforderung zur Kapitulation. Andernfalls werde er „zu den notwendigen Mitteln" greifen: „Dies kann die völlige Vernichtung der Stadt nach sich ziehen."

Am nächsten Vormittag um 10.40 Uhr machten sich ein Hauptmann, ein Oberleutnant, der Holländisch konnte, und ein Sonderführer der Propagandakompanie – große weiße Fahnen schwenkend – mit der Kapitulationsaufforderung auf den Weg über die Maasbrücke. Der Luftangriff auf Rotterdam war schon am Abend zuvor auf 15 Uhr terminiert.

Nun begannen die Uhren gegeneinander zu laufen. Die deutschen Unterhändler wurden erst mal am Ende der Brücke „in unwürdiger Weise entwaffnet", ihre Pistolen ins Wasser geworfen. Der Stadtkommandant, Oberst Philip Scharroo, nahm die Parlamentäre dann „sehr korrekt" auf, wollte jedoch bei so einer schwer wiegenden Entscheidung erst bei seinem Hauptquartier in Den Haag Befehle einholen. Mit diesem Ergebnis kamen die Deutschen um 13.40 Uhr wieder bei ihrem Gefechtsstand an. Um 14.15 Uhr funkte General Schmidt an das Luftkommando: „Angriff wegen Verhandlungen aufgeschoben." Da waren die deutschen Bomber, die von ihren Standorten Quakenbrück, Delmenhorst und Hoya etwa 100 Minuten bis Rotterdam brauchten, schon planmäßig auf dem Weg zu ihrem Ziel.

Unterdessen erschien bei den Deutschen ein holländischer Abgesandter mit der Antwort des Stadtkommandanten auf die Kapitulationsforderung. Diese sei nicht unterzeichnet und nicht mit dem militärischen Rang des Absenders versehen, bemängelte Oberst Scharroo in Abstimmung mit seinem Hauptquartier und bat dies nachzuholen. Mit dem Bestehen auf einer Formalie sollte offenbar Zeit gewonnen werden. Doch es war 14.55 Uhr, als General Schmidt dem Abgesandten die ausführlichen, unterzeichneten Bedingungen für die Übergabe aushändigte: Zehn Minuten später fielen die ersten Bomben auf Rotterdam.

Die Funkbotschaft mit dem Befehl, den Angriff zu stoppen, war erst über mehrere Stationen bis zum zuständigen Leitflughafen gelangt. Es war zu spät, die Flugzeugführer über Funk zu verständigen, sie hatten ihre Schleppantennen für den Fernempfang schon eingezogen. Doch ein letztes Signal zum Abdrehen war vereinbart, falls nämlich die Truppen am Boden rote Leuchtkugeln in die Luft abschössen.

Auf der Maasbrücke hatten die Deutschen gegen 15 Uhr permanent Leuchtpatronen hochgejagt. Das Kampfgeschwader griff in zwei Formationen an. Wegen starken Dunstes und der Rauchwolken eines im Hafen brennenden Schiffes, der „Straatendam“, konnte der Führer der ersten Kampfgruppe die Signale aber nicht sehen. Der Kommandeur der anderen Bomberformation hatte gerade den Wurfbefehl ausgelöst, als er „zwei kümmerliche rote Leuchtpatronen“ hochsteigen sah. Er drehte ab, gefolgt von seiner Kampfgruppe, die allerdings auch schon etliche Bomben abgeworfen hatte. Die ersten Bomber dagegen ließen ihre volle Ladung von 60 bis 90 Tonnen über dem Zentrum ab.

Das Ergebnis war verheerend. Ein Treffer zerstörte die Hauptwasserleitung, so dass Löscharbeiten nicht mehr möglich waren. Bei der ohnehin schlechten Sicht warfen die Besatzungen ihre Bomben unterschiedslos auf militärische und zivile Ziele. „Die Innenstadt ist ein einziger rauchender Trümmerhaufen – ein grauenerregendes Bild“, schrieb der Oberbefehlshaber der angreifenden Heeresgruppe B, Generaloberst Fedor von Bock, in sein Tagebuch. Der Luftwaffenstabs-Oberst Otto Hoffmann von Waldau notierte: „Der Angriff von zwei Kampf- und Stukagruppen verwandelte Süd-Rotterdam zu einem Schutthaufen, der jeglichen Vergleich mit Warschau aushielt.“

Etwa 900 Menschen kamen dabei um. 25 000 Wohnungen, 2500 Geschäfte, 250 Hotels und Pensionen und 1350 industrielle Unternehmen wurden an diesem 14. Mai 1940 zerstört. Britische Bomberpiloten, die zwei Tage später Angriffe gegen das Ruhrgebiet flogen, blickten auf dem Weg von oben auf „das furchtbare Inferno von Rotterdam“. Die Rauchsäulen und der rot gefärbte Horizont waren weit in dem flachen Land zu sehen, auch auf einem Balkon in Den Haag, wo der junge Cees Nooteboom mit seinem Vater das grausige Spektakel beobachtete. Noch über ein halbes Jahrhundert später erinnerte sich der Schriftsteller an sein Entsetzen: „Der Sechsjährige war von einem unaufhörlichen Zittern erfasst, damit es aufhörte, wurde sein Rücken mit eiskaltem Wasser abgewaschen."

Angesichts des Bombenhagels bot Stadtkommandant Scharroo um 17.10 Uhr persönlich auf dem deutschen Gefechtsstand die Übergabe Rotterdams an, der am nächsten Tag die Kapitulation der meisten holländischen Truppen folgte. Generalleutnant Schmidt bedauere das Bombardement sehr, wurde Oberst Scharroo noch mitgeteilt.

Hätte eine weniger unglückliche Verkettung der Abläufe die Zerstörung der Stadt verhindert? Die deutsche Führung war jedenfalls entschlossen, mit ihrer Drohung, Rotterdam zu vernichten, Ernst zu machen, falls die Niederländer nicht in die Übergabe einwilligten. Der oberste Herr der Luftwaffe, Göring, hatte für den Abend des 14. Mai sogar eine Bombardierung ohne Rücksicht auf den Stand der Übergabeverhandlungen befohlen – offenbar war er über die schon laufenden zerstörerischen Angriffe noch nicht informiert.

Rotterdam wurde mehr noch als Warschau zum Symbol für deutsche Terrorbombardements. Dazu trug auch die Schreckenszahl von 30 000 Toten bei, die zunächst in der britischen Presse verbreitet wurde. Aber auch die Deutschen selbst benutzten Rotterdam, um mit der Macht ihrer Luftwaffe zu prahlen. „Will man eine Propaganda betreiben mit dem Ziele, seht, so stark sind wir, so tüchtig ist unsere Wehrmacht, so wirken unsere Bomben und Waffen, dann ist kein Objekt besser dazu geeignet als Rotterdam", schrieb der Verbindungsmann des Auswärtigen Amtes bei den Truppen in den Niederlanden wenige Tage nach dem Angriff. „Will man aber vermeiden, weiter im Geruch des Kulturbanausentums zu bleiben, dann ist ein Besuch Rotterdams gefährlich. Da allerdings die Weltgeschichte immer dem Sieger Recht gibt, braucht uns das vielleicht für die Zukunft nicht so sehr zu bedrücken."

Die verklausulierte Warnung wirkte nicht. Im Sommer 1940 führten die in den Niederlanden, Belgien und Frankreich siegreichen Militärs Journalisten aus aller Welt Rotterdam als Beispiel ihrer unschlagbaren Überlegenheit vor.

Nach dem erfolgreichen Westfeldzug wurde die Luftwaffe eine Zeit lang Hitlers wichtigstes Kampfinstrument. Die englische Armee hatte sich unter schweren Verlusten bei Dünkirchen auf die Insel zurückgezogen, eine Invasion, das Unternehmen „Seelöwe", schien den deutschen Generalstäblern zu dieser Zeit noch zu gefährlich. So wurde der „verschärfte Luftkrieg" zum Mittel der Nazi-Führung, dessen Schlussphase „heftige Angriffe zur Zermürbung des ganzen Landes" bilden sollten, wie Göring forderte. Die Bomben galten daher zunächst militärischen Zielen wie Häfen und den Fabriken der Luftrüstung, doch den „Terrorangriff" gegen englische Bevölkerungszentren schloss die Luftwaffenführung in ihren Planungen nicht aus. Allerdings hatte sich Hitler ausdrücklich seine persönliche Genehmigung für solche Aktionen vorbehalten.

Schon wenige Tage nach dem Beginn der „Luftschlacht um England" jedoch, am 24. August 1940 um 22 Uhr, griffen 100 Flugzeuge die britische Hauptstadt an und verursachten, so die Londoner Feuerwehr, 76 Schadensfälle in der City und in vier Vororten. Ein britischer Vergeltungsangriff gegen Berlin am übernächsten Tag, der kaum Schäden anrichtete, versetzte den „Führer" in Wut: „Wenn sie erklären, sie werden unsere Städte in großem Ausmaß angreifen – wir werden ihre Städte ausradieren", verkündete Hitler am 4. September zur Eröffnung des „Winterhilfswerks".

Danach begann, was die Briten bald „The Blitz" nannten. Eine Serie von Angriffen auf London tötete bis Dezember 1940 rund 14 000 Menschen. Mindestens 250 000 Einwohner verloren ihre Wohnung. „Durchschlagende Wirkungen" erhoffte sich die „Feindnachrichtenabteilung" der Wehrmacht nicht von Angriffen auf Wohngebiete der Londoner City. Der Brite sei von Natur aus zäh, meinten die deutschen Militärs. Dagegen riet die Feindnachrichtenabteilung zur Bombardierung von Rüstungszentren wie Coventry, Birmingham und Sheffield: eine „einzigartige Gelegenheit".

Besonders Coventry wurde der Luftwaffe empfohlen, denn dort würde „die Wirkung auf die Industrie noch dadurch besonders gesteigert, weil die unmittelbar in Werksnähe wohnende Arbeiterschaft stark in Mitleidenschaft gezogen wird. Infolge der leichten Bauweise von Fabrik- und Wohngebäuden unter enger Zusammendrängung des bebauten Raumes ist hier eine besonders starke Wirkung bei Brandbombeneinsatz zu erwarten".

Alles was einen Namen in der britischen Luftfahrtindustrie hatte, besaß in Coventry Werke, die nun wichtige Teile wie etwa Motoren für die Bomber vom Typ „Blenheim" und bald darauf „Lancaster" sowie die Jäger „Spitfire“ und „Hurricane“ bauten. Auf Grund einer lange gültigen Baubeschränkung im Außenbezirk waren die meisten Fabriken über die Innenstadt verstreut, manche wie die von Triumph oder Victoria lagen nur wenige Straßen von der Kathedrale entfernt, dem Wahrzeichen der Stadt.

Die Luftwaffe hatte eine Vollmondnacht Mitte November für einen großen Schlag gegen die englische Luftfahrtrüstung anvisiert – ein Generalstäbler mit Sinn für deutsche Klassik hatte der Operation den Codenamen „Mondscheinsonate“ gegeben. Die Nacht vom 14. auf den 15. November war klar und hell. 449 deutsche Flugzeuge stiegen von der französischen Kanalküste auf. Kurz nach 19 Uhr begannen sie mit dem Abwurf von 56 Tonnen Brand- und 394 Tonnen Sprengbomben sowie 127 Minen.

„Der Horizont war ein riesiger Halbkreis aus Feuer“, erinnerte sich der Probst der Kathedrale, Richard Howard, der mit drei Leuten seine Kirche an diesem Abend bewachte. Gegen 20 Uhr schlugen die ersten Bomben durch das Dach des Kirchenschiffs. Howard und seine Helfer löschten mit Sand und Handspritzen. Doch dann ergoss sich ein Feuerregen über Hauptschiff und Seitenkapellen. Die nun alarmierte städtische Feuerwehr hatte längst alle Züge anderswo in der Stadt im Einsatz.

Mitten im Feuer holten Probst Howard und seine Gruppe Kruzifixe, Altarkreuze, Kerzenständer, Bibeln und schließlich die Fahne des Royal Warwickshire Regiment aus der zusammenbrechenden Kathedrale und brachten sie in die nahe gelegene Polizeiwache. Bis weit nach Mitternacht explodierten Bomben um die 600 Jahre alte Kirche, bis nur noch der Turm stehen blieb. Der Pfarrer sah vom Eingang der Wache zu: „Die ganze Nacht brannte die Stadt, und die Kathedrale brannte mit ihr, Zeichen der ewigen Wahrheit, dass, wenn Menschen leiden, Gott mit ihnen leidet.“

Die Deutschen hätten in der Tat auf die Fabriken gezielt, räumt der Brite Norman Longmate in seinem minutiösen Report über die Bombardierung von Coventry ein, „doch unvermeidlicherweise fielen viele Brandbomben auf Wohnungen“. Es geschah, was die deutsche Feindnachrichtenabteilung prophezeit hatte, das ganze Zentrum ging in Flammen auf und fiel in Trümmer. Am Morgen danach waren kaum noch die Hauptstraßen unter dem Schutt wiederzufinden. „Wo zum Teufel sind wir?“, fragte ein Mann aus Birmingham seinen Sohn mitten in einem Trümmerfeld. „Im Moment befinden wir uns in der Mitte der Alvis-Autofabrik", antwortete der Sohn. Eine halbe Meile rund um die Fabrik war alles platt gemacht, und schließlich wusste auch der Sohn nicht mehr, wo er war.

Etwa ein Drittel der Fabriken war ganz oder schwer zerstört, ein weiteres Drittel zumindest eine Zeit lang außer Betrieb gesetzt. Von 75 000 Häusern waren 60 000 vollständig oder teilweise zerbombt. Auch die Hospitäler hatten zahlreiche Treffer abbekommen und mussten evakuiert werden. Über 550 Menschen starben durch den Angriff. Zum ersten Mal in Großbritannien mussten die Opfer in Massengräbern beigesetzt werden. Die Angehörigen durften ihre Toten nicht sehen, da viele schwer verstümmelt waren. Die Identifizierung musste anhand von Kleidern und persönlichen Gegenständen geschehen, die den Toten abgenommen worden waren.

Die britische Presse machte keine Versuche, das Ausmaß des Desasters zu verbergen, vielmehr wurde der Angriff zum Symbol einer weiteren Eskalation im Bombenkrieg. Die Schlagzeile der „Birmingham Gazette" vom 16. November wurde bald oft zitiert: „Coventry – our Guernica".

Die deutsche Propaganda rühmte sich unverfroren der schrecklichen Folgen der Operation „Mondscheinsonate". Die Wortschöpfung „coventrieren" bereicherte fortan das Wörterbuch des Unmenschen. Ein angeblicher Schwarzsender englischer Dissidenten namens „Workers' Challenge" – in Wahrheit von den Deutschen betrieben – versuchte den Briten mit dem Grauen von Coventry ihren Verteidigungswillen auszutreiben: „Es ist unmöglich zu beschreiben, was in Coventry passiert ist. Wenn wir damit anfingen, würden Sie abschalten."

Mit dem Angriff auf Coventry löste Hitler Vergeltungsschläge der Briten aus. Schon am 16. November flogen 127 britische Bomber eine Attacke auf Hamburg, den ersten Großangriff auf eine deutsche Stadt. Das „Coventrieren" wandte sich bald noch mehr gegen das Volk der Täter. An den Wirkungen der deutschen Spreng- und Brandbomben in der zerstörten Stadt studierten britische Luftkriegsexperten, wie sie künftig am besten ihre Bomben über Deutschlands Zentren platzieren konnten.

Waren die Deutschen also selbst schuld an den vernichtenden Bombardements auf ihre Städte? Ja, denn schließlich hatte ihre von den meisten bejubelte Führung den mörderischen Krieg gegen den Rest der Welt begonnen. Nein, denn die in den Luftschutzkellern erstickten oder auf den Straßen verbrannten Frauen, Kinder und Greise hatten den Bombenterror der deutschen Luftwaffe nicht verursacht, nicht einmal verhindern können. Die Aufrechnung von Opfern gegen Opfer führt nur auf Irrwege.

Wenige Wochen nach der Katastrophe von Coventry meldete sich Probst Howard aus den Ruinen seiner Kathedrale mit einer Botschaft der Versöhnung, in der weltweit übertragenen BBC-Weihnachtssendung „Round the Empire“: „Wir möchten der Welt dies sagen. Mit Christus, der heute in unseren Herzen wiedergeboren wurde, versuchen wir – so schwer es auch sein mag – alle Gedanken an Rache zu verbannen.“

Die Serie verheerender deutscher Luftangriffe auf gegnerische Städte kann ebenso wenig als Entschuldigung für spätere unterschiedslose Flächenbombardements der Alliierten dienen. Aber diese Vorgeschichte kann mit erklären, warum sich Briten-Premier Winston Churchill zu dieser brutalen Maßnahme entschloss.

Es hilft auch nicht weiter, wenn deutsche Historiker nach dem Krieg akribisch zwischen den völkerrechtlich gedeckten Absichten der Luftwaffe – nämlich nur militärische Ziele zu treffen – und den bedauerlichen Folgen differenzieren. „Die Auswirkung solcher Angriffe“ hätte „häufig diesen Charakter“ eines „unterschiedslosen Terrorbombenkriegs“ gehabt, so etwa der Militärgeschichtsforscher Horst Boog in seinem Aufsatz „Bombenkriegslegenden“. Für die Wirkung auf die Opfer wie auf die Weltöffentlichkeit machte die feine Unterscheidung damals keinen Unterschied.

Wenn sie denn diesen Unterschied zunächst gemacht haben sollte – im weiteren Verlauf des Kriegs gab sich die Luftwaffe bald keine Mühe mehr, den Anschein zu wahren. Nach den zweitägigen Angriffen auf Belgrad Anfang April 1941, bei denen Bomben auf angeblich kriegswichtige Ziele über 2200 Menschen töteten, begannen 1942 offene Terrorschläge gegen englische Städte. Die so genannten Baedeker-Angriffe trugen ihren Namen, weil die Ziele wie Bath, Exeter oder Canterbury allenfalls von touristischem Interesse und aus dem Reiseführer ausgewählt worden waren.

Im August 1942 warf die Luftwaffe unter Führung des bei Guernica und Warschau erprobten Richthofen tagelang flächendeckend

Bomben auf Stalingrad. Über dem späteren Untergang der 6. Armee geriet das mörderische Bombardement fast in Vergessenheit: Schätzungsweise 40 000 Menschen kamen dabei um, eine bis dahin unerhörte Zahl ziviler Opfer. 1944 begann schließlich die Beschießung britischer Städte, besonders von London, mit den „Vergeltungswaffen" V1 und V2, die nicht zielgenau gesteuert werden konnten und wahllos alles trafen. Insgesamt 66 400 Menschen starben in Großbritannien bei deutschen Luftangriffen, davon 8994 durch die angeblichen Wunderwaffen. Die letzte V2 wurde am 27. März 1945 abgeschossen.

„Bürger, Luftalarm"

DER MOSKAUER HISTORIKER LEW BESYMENSKI*
ÜBER DEN DEUTSCHEN BOMBENANGRIFF
AUF STALINGRAD IM AUGUST 1942

An den 23. August des Jahres 1942 erinnere ich mich sehr genau, auf Grund merkwürdiger Umstände. An diesem Tage war ich in Stalingrad, genau im Zentrum dieser großen Stadt, die sich viele Kilometer an der Wolga entlang zieht. Mitte August hatte es mich hierher verschlagen – nach Wochen quälenden Rückzugs aus Woronesch, nach Überqueren des Don im Bombenhagel, nach endlosen Märschen auf staubigen Steppenstraßen. Und plötzlich lag vor mir diese hochsommerlich-friedliche, pulsierende Stadt.

Ich diente damals als junger Leutnant in der 394. Nachrichtendivision zur besonderen Verwendung an der Südwestfront. Und nach dem Rückzug über mehrere hundert Kilometer zusammen mit dem Frontstab, dem unsere Division zugeteilt war, kam mir dieses Stalingrad absolut unwirklich vor: junge Frauen in Sommerkleidern, sonnengebräunte Jugendliche, unablässig klingelnde Straßenbahnen, sogar funktionierende Verkehrsampeln.

Die Stadt kannte ich. Zwölf Jahre zuvor, 1930, hatte ich hier den Sommer verbracht. Es war das Jahr, in dem der Bau der legendären Stalingrader Traktorenfabrik vollendet worden war, jener Erstgeburt des ersten Stalinschen Fünfjahresplans.

Das Schicksal wollte es, dass genau an jenem 23. August des Jahres 1942 dem friedlichen Leben Stalingrads ein jähes Ende bereitet wurde. Ich war an diesem Tage zum Rapport in den Stab bestellt

* Lew Besymenski ist einer der führenden russischen Historiker. Im Krieg war er Offizier und Dolmetscher, nach dem deutschen Zusammenbruch in Stalingrad nahm er am Verhör des Befehlshabers der 6. Armee, Friedrich Paulus, teil. In dem Buch „Stalin und Hitler" (2000) beschrieb Besymenski die Konfliktgeschichte der beiden Diktatoren.

worden und traf zu meinem Erstaunen auf dem Wege einen Bekannten aus der Vorkriegszeit, den bekannten Dichter Jewgenij Dolmatowski, der bei der Armeezeitung „Krasnaja Armija“ eingesetzt war. Doch wir konnten uns nicht einmal umarmen, als aus den Lautsprechern entlang der Straße eine strenge Stimme warnte: „Bürger, Luftalarm“.

Zum Glück befanden wir uns direkt vor dem Gebäude des Lokalblattes „Stalingradskaja prawda“ und hatten deshalb keine Schwierigkeiten, der Aufforderung zu folgen und uns in den Bombenschutzkeller dieser Zeitung zu flüchten.

Doch es wurde ein langer Aufenthalt: Einige Stunden mussten wir in unserem Unterschlupf verbringen, und während der ganzen Zeit explodierten draußen Bomben, bebten die Mauern. Als wir endlich wieder auf die Straße konnten, lag vor uns ein völlig verändertes Stalingrad. In unmittelbarer Nähe brannten Häuser, überall waren Feuerwehren im Einsatz, flüchteten Bewohner, gellten Sirenen von „Erste Hilfe“-Fahrzeugen.

Keinem war mehr nach freundschaftlichem Gedankenaustausch zu Mute: Wir eilten beide zu unseren Truppenteilen, wo übrigens relativ wenig über den Luftangriff gesprochen wurde. Dort waren alle weit besorgter über den ebenfalls an diesem Tage erfolgten Durchbruch deutscher Einheiten in die Nordstadt. Ganz Stalingrad lag unter dickem Rauch. Überall loderten Treibstofflager, aus denen brennendes Öl in die Wolga floß. Auch während der kommenden Wochen hatte ich ständig dieses Bild einer von dickem Rauch überzogenen Stadt vor Augen, als meine Division zeitweise auf dem anderen Ufer der Wolga eingesetzt war.

Stalingrad lebte damals wirklich noch wie eine Stadt zu Friedenszeiten. Truppen gab es nicht in ihr; sie waren in der weiteren Umgebung mit Verteidigungsmaßnahmen beschäftigt. Bis zum August war der Stellungsbau längst nicht überall abgeschlossen, Schützengräben und Unterstände fehlten noch an vielen Stellen. In der Stadt selbst war der Kriegszustand am 14. Juli ausgerufen worden – und der Belagerungszustand erst am 25. August.

Zum Bestand der im Juli gebildeten Stalingrader Front gehörte auch das Stalingrader Flugabwehrkorps, welches die Schläge der vierten deutschen Luftflotte unter General Wolfram von Richthofen auszuhalten und abzuwehren hatte.

Doch die Luftabwehrkapazität war eindeutig ungenügend für den 23. August 1942, als auf die Stadt rund 1600 Einsätze geflogen wurden. Da das Flugabwehrkorps unter dem Kommando von Oberst Gindin zudem für das gesamte Stalingrader Gebiet, also ein sehr großes Territorium, zuständig war, reichte seine Kraft nicht aus. Und die 102. Jagdfliegerdivision unter General Krasnojurtschenko hatte gleichzeitig noch andere Aufgaben zu erfüllen. Gerade am 23. August war sie zusätzlich damit beschäftigt, den Durchbruchversuch der deutschen Wehrmacht zur Wolga abzuwehren.

Genauere Angaben über den Bombenangriff wurden damals nicht gemacht. Auf der Sitzung des Gebietskomitees der KPdSU am nächsten Tage, so notierte später dessen Sekretär Alexej Tschujanow (1905 bis 1977) in seinen Memoiren, begnügte man sich mit der kargen Mitteilung, dass „gestern von 2000 deutschen Flugzeugen ein massierter Angriff geflogen wurde; 120 feindliche Maschinen wurden abgeschossen“.

Erst in seinen Erinnerungen schildert Tschujanow die Ereignisse jenes Tages etwas ausführlicher: „Die Hitlersche Heeresführung hatte sich für die zweite Tageshälfte des 23. August 1942 zu einer barbarischen Bombardierung entschieden, nachdem ihr klar geworden war, dass die Stadt im Sturmangriff nicht zu nehmen war. Viele Industriebetriebe wurden erheblich beschädigt, es brannten Öllager, Bahnhöfe, Wohnviertel, Krankenhäuser, Kulturpaläste, Theater, Museen, Schulen – alles, was in vieljähriger Arbeit aufgebaut worden war. Die Bevölkerung versuchte sich nach Möglichkeit in Schutzräumen, Deckungsgräben, Hauskellern und Schluchten entlang der Wolga in Sicherheit zu bringen. In den Feuerstürmen wurde die Stadt selbst zur Front.“

Die Verluste Stalingrads als Folge des 23. August waren erheblich: Obwohl eine vollständige Statistik fehlt, wurden unter der Zivilbevölkerung rund 40 000 Tote und 150 000 Verletzte gezählt. Erst nach dem massiven Luftangriff begann eine groß anlegte Aussiedlung; von den 450 000 Einwohnern Stalingrads im August wurden im September 1942 rund 300 000 Menschen über die Wolga evakuiert. Auch diese Aktionen waren ständiger Beschießung und Bombardierung aus der Luft ausgesetzt. Zahlen über die dabei zu Tode Gekommenen fehlen jedoch bis heute.

Damals wurden die wirklichen Ursachen der Ereignisse vor allen unmittelbar Beteiligten geheim gehalten. Wir waren völlig in Anspruch genommen durch unsere alltäglichen militärischen Aufgaben. Doch heute, aus historischer Distanz, erscheint vieles in einem anderen Licht – darunter auch die Schlacht von Stalingrad selbst. Wie paradox dies auch klingen mag: Sie war die Folge zweier Fehler, begangen von den beiden Hauptfiguren jener Zeit – Stalin und Hitler.

Stalins Fehler bestand darin, dass er mit einem deutschen Angriff nicht dort rechnete, wo er dann im Juli 1942 tatsächlich stattfand. Vielmehr erwartete er ihn, in Übereinstimmung mit dem Generalstab der Roten Armee, im zentralen Abschnitt der sowjetisch-deutschen Front – beispielsweise zwischen Rschew und Moskau, sogar bei Pensa. Auf Grund dieser Einschätzung waren alle Reserven in diesem zentralen Raum konzentriert worden.

Aber der Schlag erfolgte von Woronesch entlang des Don und weiter von Rostow bis zum Kaukasus. Dorthin mussten nun eilends militärische Kräfte geworfen worden. Im Südwesten dagegen war die Rote Armee gezwungen, sich kämpfend zurückzuziehen. Und das Gebiet um Stalingrad erwies sich als noch ungenügend zur Verteidigung vorbereitet, was erhebliche Opfer kostete.

Der Fehler Hitlers war die Überschätzung seiner militärischen Kräfte und ihre Zersplitterung: So wurden die beiden Heeresgruppen A und B in unterschiedliche Richtungen in Marsch gesetzt, und es entstand ein neuer Knotenpunkt – Stalingrad. Der Zielkonflikt – Stalingrad oder Kaukasus – führte zu unvorhergesehenen Folgen, darunter auch zur Katastrophe der 6. Armee unter General Friedrich Paulus.

Test für den Terror

Bisher unbekannte Dokumente der Luftwaffe belegen, dass Hitlers „Legion Condor" die baskische Stadt Guernica gezielt zerstörte – ebenso wie eine Reihe anderer spanischer Ortschaften.

VON PER HINRICHS

Für den Stabschef und späteren Kommandeur der Fliegertruppe war die Aktion ein voller Erfolg: „Guernica, Stadt von 5000 Einwohnern, buchstäblich dem Erdboden gleichgemacht", notierte Wolfram von Richthofen begeistert in sein Kriegstagebuch. „Bombenlöcher auf Straßen noch zu sehen, einfach toll."

Für die Bewohner des baskischen Städtchens war dagegen am 26. April 1937 die Hölle losgebrochen: „Stundenlang haben deutsche Flugzeuge mit einer bisher unbekannten Brutalität die schutzlose Zivilbevölkerung der historischen Stadt Guernica bombardiert; sie haben die Stadt eingeäschert und mit Maschinengewehrsalven die Frauen und Kinder verfolgt, die in panischer Angst flohen und zahlreich zu Tode kamen", berichtete José Antonio de Aguirre, Präsident der baskischen Regierung, drei Tage später.

Guernica wurde zum Symbol für den deutschen Luftterror. Doch schon gleich nach dem Angriff begann ein endloser Streit über Ursachen und Verantwortlichkeiten. Die Franquisten behaupteten, die Republikaner hätten das Städtchen selbst auf dem Rückzug in Brand gesteckt – die unhaltbare Geschichte brachte die „Welt" noch im Jahr 1973. Vor allem spanische und britische Historiker stritten sich nach dem Krieg über Jahrzehnte untereinander und mit manchen deutschen Kollegen, die die Ehre der Luftwaffe retten wollten.

Der Freiburger Luftkriegshistoriker Horst Boog ist noch heute der Auffassung, dass es sich bei dem Angriff um „mittelbare taktische Heeresunterstützung" gehandelt habe, wie sie im Krieg „normal" war. Das Angriffsziel sei eine strategisch wichtige Brücke und die Zerstörung der Stadt nicht geplant gewesen. Der Geschichtswissenschaftler Hans-Henning Abendroth meint, dass es keine ausreichenden „Indizienbeweise" für eine absichtsvolle Zerstörung der „heiligen Stätte" des Baskenlands durch die Legion Condor gebe.

Eine Entscheidung, ob Guernicas Zerstörung geplanter Terror aus der Luft oder ein „Kollateralschaden" war, schien schwer möglich. Fast alle Akten der Legion Condor waren bei Kriegsende vernichtet. Nun aber liegen Dokumente zu Guernica vor, die ein deutscher Ingenieur der Luftwaffe als Durchschläge privat über den Krieg retten konnte: Joachim von Richthofen – nicht verwandt mit seinem Chef – untersuchte in einem als „geheim" eingestuften Bericht vom 28. Mai 1937 mehrere von der Legion Condor angegriffene Städte im Hinblick auf die Wirkung deutscher Bomben. Der 1981 in Düsseldorf gestorbene Beamte analysierte die Bombenwirkung deutscher, spanischer und italienischer Typen und gab in seinen Berichten detaillierte Hinweise, wie eine spanische Ortschaft am effektivsten zu zerstören sei.

Auch den Angriff auf Guernica nahm Richthofen unter die Lupe. Er schildert ihn als genau geplante Operation, die in mehreren Wellen ablief: „Erst gelangten hauptsächlich Brandbomben zum Abwurf, die viele Dachstuhlbrände anregten." Es folgten „Angriffe mit 250-Kilo-Sprengbomben", „Wasserleitungen wurden zerstört, was Löschversuche vereitelte". Die „Volltrefferzahl" sei nicht so groß gewesen; „einzelne Bomben sind auf freie Plätze gefallen". Das Ergebnis, technisch ausgedrückt: Ein „Zerstörungsumfang von rund 75 Prozent der Stadt bei 31 000 kg Gesamtabwurfmenge aus 600 bis 800 m Höhe".

Über eine Brücke als eigentlichem Ziel, über Rauchentwicklung, die die Piloten angeblich verwirrt habe, verliert der Absolvent der Technischen Hochschule Berlin kein Wort. Er unterzeichnete den in nüchterner Sprache abgefassten Bericht mit „Richthofen 2", um eine Verwechslung mit seinem Chef zu vermeiden, und heftete einen Durchschlag ab.

Auch in anderen Städten wie Durango und Eibar untersuchte der Rüstungsingenieur die Sprengwirkung, um herauszufinden, wie die „erstrebten Brandkatastrophen" am besten zu erreichen seien, schreibt ein Mitarbeiter Richthofens am 5. Dezember 1936 in dem

Bericht „Einsatz von Brandbomben gegen spanische Städte“ – viereinhalb Monate vor Guernica. War in der Öffentlichkeit bisher fast ausschließlich das Schicksal der baskischen Stadt bekannt, zeigt der Bericht, dass die Verwüstungen in vielen anderen Städten und Dörfern ebenso schlimm waren und zahlreichen Spaniern das Leben kosteten.

Bei ihren im Deutschen Reich geheim gehaltenen „Testreihen“ gingen die Deutschen in Spanien von 1936 bis 1939 gründlich vor und begriffen das Land als eine Art gigantischen Truppenübungsplatz, in dem sie unter realistischen Bedingungen neue Waffentechnik erproben konnten. Zu schaffen machte den Sprengstoffexperten ironischerweise die einfache spanische Bauweise, die zwar den Sprengbomben wenig Widerstandskraft entgegenzusetzen hatte. Aber es ging von Anfang an nicht um das Zerstören der Häuser allein, sondern um das Entfachen einer Feuersbrunst, das gezielte Abbrennen der ganzen Ortschaft.

Im Gegensatz zu mitteleuropäischen Städten, bei denen „fast ausschließlich die Brandstiftung im Dachbodenraum eine beabsichtigte Ausdehnung der Entstehungsbrände zur Brandkatastrophe“ herbeiführe, war dies in Spanien nämlich kaum möglich. Es gebe „nur eine ganz spärliche Möbelausstattung“, und „auch andere brennbare Ausstattungen wie Fenstervorhänge“ fehlten meist, so Richthofens Kollege.

Da die spanische Architektur sich wesentlich von der „mitteleuropäischen Bauweise“ wie etwa „in Deutschland, Frankreich, England, Polen, Österreich“ unterschied, mussten die Legionäre umdenken: Statt einfach schwere Sprengbomben herunterregnen zu lassen, komme es „im Wesentlichen darauf an, eine möglichst große Zahl von Volltreffern zu erreichen“. Wegen der Dichte der Bebauung und der flachen Häuser könnten schon leichte 50-Kilo-Sprengbomben eine „weitgehende Zerstörung des Zieles gewährleisten“.

Die Franco-Armee selbst gab zudem Operationsbefehle wie den vom 13. Dezember 1936 heraus, in dem sie die Legion Condor unter anderem anwies, „Menschenansammlungen zu bewerfen“, um die „Moral der Feindkräfte zu erschüttern“.

Doch zwischen den Franquisten und den Deutschen gab es auch Verstimmungen hinsichtlich der Bombardierungen. Die Legionäre deuteten die Zurückhaltung der Nationalspanier, die mitunter Zweifel am Sinn der Angriffe auf ihre Landsleute äußerten, als Schwäche – und forcierten dagegen die Luftangriffe.

In einem Bericht über die Unternehmungen der franquistischen „Südarmee“ und deren Unterstützung durch die Legion Condor stellte Oberstleutnant Wolfram von Richthofen am 18. Dezember 1936 fest, dass es zu begrüßen sei, wenn „endlich einmal von spanischer Seite der Angriff auf Ortschaften ausdrücklich gewünscht werde“. Als den Deutschen der endgültige Operationsbefehl schließlich ausgehändigt wurde, fehlte die sehnlichst gewünschte Attacke aus der Luft wieder. „Erst der energische Hinweis auf die klaren Wünsche des Oberbefehlshabers der Südarmee ... brachte die Anordnung in der vorliegenden befriedigenden Form mit sich“, so von Richthofen.

Darüber hinaus hielten die Deutschen auch sonst wenig von ihren Verbündeten. Spanien sei das Land, wo „die Menschen allesamt nach Knoblauch riechen und abends spät in ihre Höhlen kriechen“, reimten die Soldaten in einer Legionärszeitung zusammen. Über politische oder gar ideologische Bande mit den Franco-Faschisten findet sich in dem Blättchen nichts.

Mitgefühl für die Opfer war denn auch kein Thema bei der Truppe. Beobachtungen über die ausgebombten Zivilisten wie in Durango flossen den Technokraten nur nebenbei aus der Feder: „Die bei der Besichtigung angetroffenen Einwohner machten verständlicherweise einen deprimierten Eindruck“, schrieb Richthofen 2 am 28. Mai 1937, „waren aber schon eifrig an der Arbeit, ihre verwüsteten Wohnungen wieder herzurichten.“

Dabei wussten die Angehörigen der Legion Condor, dass es weder eine „Organisation des zivilen Luftschutzes, wie sie in europäischen Großstädten besteht“, gab, noch eine „Belehrung der Bevölkerung über das Verhalten bei Luftangriffen stattgefunden hat“, wie ein Berichterstatter am 20. Dezember 1936 in dem Report „Verhalten der Zivilbevölkerung in spanischen Städten bei Luftangriffen“ feststellt. So verursachte ein Angriff am 14. Dezember 1936 auf das „rote“ Dorf Bujalance, einen „verhältnismäßig hohen Verlust“ von „120 Toten und zahlreichen Verletzten“ – aus „Mangel an Schutzräumen“.

Viel mehr als die direkten Folgen ihres Luftterrors interessierte die Deutschen allerdings der Blick in die waffentechnische Zukunft:

„Auf mittel- und westeuropäische Verhältnisse übertragen, kann gesagt werden, dass der Einsatz von 50-Kilo-Bomben keine nachhaltige Erschütterung von Baulichkeiten hervorruft", resümierte Richthofen 2. Deshalb empfahl er die „Entwicklung einer mittelschweren Sprengbombe von 100 bis 150 kg". Deren Vorteil: Die „moralische Wirkung" sei sehr groß, da es ohne „besonders gebaute Luftschutzräume keine Schutzmöglichkeiten" gebe.

„Überall Leichen, überall Tod"

Um die Moral der Bevölkerung zu brechen, inszenierten die Engländer von 1942 an den permanenten Bombenterror gegen deutsche Städte. Etwa eine halbe Million Zivilisten kamen in Bombenhagel und Feuerstürmen um – die meisten in Hamburg und Dresden.

VON ULRICH SCHWARZ

„Wir bomben Deutschland, eine Stadt nach der anderen, immer schwerer, um euch die Fortführung des Krieges unmöglich zu machen. Das ist unser Ziel. Wir werden es unerbittlich verfolgen. Stadt für Stadt: Lübeck, Rostock, Köln, Emden, Bremen, Wilhelmshaven, Duisburg, Hamburg – und die Liste wird immer länger."

Aus einem von Luftmarschall Arthur Harris unterschriebenen Flugblatt, das im Sommer 1942 massenhaft über Deutschland abgeworfen wurde

Die Generalprobe findet über Lübeck statt. In der Nacht zum 29. März 1942, Palmsonntag, greifen englische Bomber die Hansestadt an der Trave an. Spätabends um 16 Minuten nach 23 Uhr schrillen die Sirenen, doch die meisten der 150 000 Lübecker nehmen das Geheul nicht sonderlich ernst. Schon mehr als 200-mal seit Kriegsbeginn hatte es Fliegeralarm gegeben, aber nie war eine Bombe gefallen.

Doch diesmal ist es ernst. Lübeck ist vom englischen Bomberkommando als erstes Opfer einer neuen strategischen Luftoffensive ausersehen. An der engen, verwinkelten Altstadt mit ihren Fachwerkhäusern wollen die Briten ausprobieren, ob es gelingt, ganze Städte mit Hilfe von Spreng- und Brandbomben in Schutt und Asche zu legen – um so die Deutschen an der Heimatfront zu demoralisieren.

Der Chef des britischen Bomberkommandos, Luftmarschall Arthur Harris, will einen Geheimbefehl des englischen Luftstabes umsetzen, den er bei seinem Amtsantritt im Februar vorgefunden hat: „Es ist beschlossen worden, dass Ihr Hauptangriffsziel von nun an die Moral der feindlichen Zivilbevölkerung, vor allem der Arbeiterschaft, sein soll." Bis Kriegsende werden 161 deutsche Städte diese Order zu spüren bekommen.

In zwei Wellen entladen die Bomber ihre tödliche Fracht – insgesamt 300 Tonnen Spreng- und Brandbomben. Schon nach dem ersten, knapp 20 Minuten dauernden Angriff stellen zahlreiche Großbrände die Feuerwehr vor eine unlösbare Aufgabe. Der Feuerwehrchef fordert Verstärkung aus Kiel an, mehr als 200 Motorspritzen mit 2000 Mann sollen den verzweifelten Lübecker Kollegen helfen. Doch als sie eintreffen, ist es längst zu spät: Eine Viertelstunde nach Mitternacht rollt die zweite Angriffswelle heran. Fast drei Stunden dauert das Bombardement, danach ist die Stadt des Marzipans nur noch ein rauchendes Trümmerfeld.

Die Schadensbilanz: 320 Tote, 784 Verletzte, 1425 Wohnhäuser sind zerstört, auch unersetzbare Kunstschätze wie der Dom aus dem 12. Jahrhundert, die kostbare Marienkirche sowie zahlreiche Bürgervillen, darunter das Haus der „Buddenbrooks". Die Brandbombe hat ihre Generalprobe bestanden.

„Wir sind noch am Leben", beschreibt eine Lübeckerin die Schreckensnacht, „aber diese Nacht werden wir nie vergessen. Vor uns, neben uns und hinter uns gingen die Häuser in Flammen auf. Brandbomben hagelten nur so herunter, dann wieder Sprengbomben, sogar Luftminen."

Ein paar Tage später wendet sich aus dem kalifornischen Exil der Lübecker Thomas Mann über Rundfunk an seine Landsleute. Der Autor der „Buddenbrooks" bedauert zwar die Schäden in seiner Heimatstadt, „aber ich denke an Coventry und habe nichts einzuwenden gegen die Lehre, dass alles bezahlt werden muss. Hat Deutschland geglaubt, es werde für die Untaten, die sein Vorsprung in der Barbarei ihm gestattete, niemals zu zahlen haben?"

234 Bomber hatte Harris gegen Lübeck fliegen lassen, doch er träumt in ganz anderen Dimensionen: Am Abend des 30. Mai 1942 heben von englischen Flugplätzen 1047 Maschinen, beladen mit fast 1500 Tonnen Bomben, davon zwei Drittel Brandbomben, Richtung

Köln ab. Mit dem Monsterangriff, an dem mehr als 5000 Piloten, Bombenschützen, Funker und Navigatoren beteiligt sind, will der Luftmarschall nicht nur den Deutschen, sondern auch den Kritikern des flächendeckenden Bombenkriegs daheim demonstrieren, wozu seine Luftwaffe fähig ist.

Harris hat Premierminister Winston Churchill hinter sich. „Welche Stadt wollen Sie sich vornehmen?“, hat Churchill gefragt. Harris’ Antwort: „Hamburg oder Köln, die endgültige Entscheidung müssen wir dem Wetter überlassen.“

Das Wetter entschied für Köln, Hamburg bekommt noch ein Jahr Schonfrist.

Das „Unternehmen Jahrtausend“, so der Deckname, übersteigt alles bisher da Gewesene: Noch nie sind 1000 Bomber auf einmal in der Luft gewesen. Zudem sind unter den Bomberbesatzungen viele völlig unerfahrene Flugschüler. Wie viele Maschinen werden bei diesem Nachtflug über Feindesland zusammenstoßen? Doch Harris wischt die Bedenken beiseite.

In der Nacht zum 31. Mai, kurz nach Mitternacht, schreckt Fliegeralarm die 700 000 Bewohner der rheinischen Metropole hoch. Wenig später feuern die um die Stadt postierten Geschütze aus allen Rohren. 90 Minuten dauert der Angriff. Das „Unternehmen Jahrtausend“ gelingt nur dank eines neuen Funknavigationssystems. Es verhindert, dass sich die 1000 Bomber gegenseitig in die Quere kommen. Staffel auf Staffel der Angreifer lädt genau nach Plan ihre Bombenlast über einem von „Pfadfinderflugzeugen“ durch Markierungsbomben abgesteckten Stadtteil ab.

Die Menschen da unten, meist Frauen, Greise und Kinder, durchleiden die schrecklichsten Minuten ihres Lebens. In den Luftschutzkellern drängen sie sich „zusammen wie Tiere in einem schweren Unwetter“, beschreibt Josef Fischer in einem Tatsachenbericht später die Nacht:

„Im Blaubachviertel brennt ein großer Wohnblock. 150 Menschen schreien im Luftschutzkeller um Hilfe. Alle Ausgänge sind verschüttet. Einige Männer greifen zur Hacke und versuchen, die Kellerwand zum Nachbarhaus aufzubrechen. Bomben fallen, eine schlägt in den Keller und bleibt vor der Wand liegen.

Blindgänger, Zeitzünder? Sie hacken unbekümmert weiter, und es gelingt ihnen, das rettende Loch in die Wand zu schlagen. Sie schleppen Bewusstlose durch die Öffnung, die Übrigen kriechen nach, einer hinter dem anderen, und sie wissen nicht, dass sie dabei über eine Bombe gleiten, die menschlicher ist, als der Krieg erlaubt. Denn sie explodiert erst, als der Letzte drüben ist."

Noch andere Wunder erlebt Fischer: Aus dem dritten Stock eines brennenden Hauses hangelt sich ein Mann an einem quer über die Straße gespannten Laternendraht zu einer Hauswand gegenüber, er stürzt nicht in die Tiefe. Und aus einem verschütteten Keller bergen die Helfer nach 36 Stunden eine Mutter, ihre elfjährige Tochter und ein Neugeborenes. Die Frau hat in der Dunkelheit ein Kind bekommen.

Kölns Aussehen wurde über Nacht verändert. Straßen sind verschwunden, Krankenhäuser, Museen, Kirchen nur noch Ruinen. Das Wahrzeichen der Stadt, der Dom, aber steht noch. 469 Menschen sind tot, 45 000 obdachlos. Die Schäden sind größer als in Lübeck und in Rostock, dessen dicht bewohnte Altstadt bei mehreren Großangriffen Ende April englische Bomber nach Lübecker Muster gezielt in eine Flammenhölle verwandelt hatten.

Die Engländer verlieren beim Tausend-Bomber-Angriff auf Köln nur 41 Maschinen – ein Triumph für Harris. Noch in der Nacht ruft er Churchill in Washington an. Der Marschall hat sich endgültig mit seinem Irrglauben durchgesetzt, dass er mit seinen Luftangriffen auf deutsche Städte den Krieg entscheiden könne.

Auf einer Konferenz der alliierten Staatschefs in Casablanca billigen auch die Amerikaner im Januar 1943 ausdrücklich das britische Konzept des Flächenbombardements ohne jede Rücksicht auf die Zivilbevölkerung, obwohl die US-Generäle diese Strategie für ihre eigenen Streitkräfte weiterhin strikt ablehnen. „Durch Casablanca", schreibt Harris in seinen Memoiren, „waren die letzten moralischen Hemmungen gefallen, und ich erhielt für den Bombenkrieg völlig freie Hand."

Drei Schwerpunkte stehen 1943 auf der Bomben-Agenda der Alliierten: das Ruhrgebiet mit seiner kriegswichtigen Stahl- und Waffenproduktion, die Großstädte im Innern Deutschlands und die Reichshauptstadt Berlin.

Bis Ende Juni fliegt die Royal Air Force (RAF) insgesamt 25 schwere Angriffe gegen das Revier: Dortmund, Bochum, Duisburg, Essen – keine der großen Städte der Kohle- und Stahlregion kommt un-

29. März 1942
In der Nacht greifen 234 britische Bomber Lübeck an. Die Altstadt wird durch Großbrände vernichtet. 320 Tote, 784 Verletzte.

30. Mai 1942
Erster „Tausend-Bomber-Angriff" auf eine deutsche Großstadt. Von englischen Flugplätzen starten 1047 Maschinen in Richtung Köln. 469 Menschen sterben, 45 000 werden obdachlos.

März bis Juli 1943
„Battle of the Ruhr". Schwere Angriffe gegen das Revier mit großen Verlusten auf beiden Seiten. Hauptziele: Dortmund, Duisburg, Düsseldorf, Gelsenkirchen und Essen. Allein auf Essen zielen sechs Großangriffe mit Bomberflotten zwischen 300 und 700 Maschinen. Ab Juni greifen die Amerikaner mit Bombardements am Tage ein.

17. Mai 1943
In der Nacht zerstört ein Spezialkommando der Royal Air Force die für die Wasserversorgung des Ruhrgebiets besonders wichtigen Möhne- und Edertalsperren. In den Fluten ertrinken etwa 1200 Menschen.

Juli/August 1943
Die „Operation Gomorrha" gegen Hamburg beginnt in der Nacht zum 25. Juli mit 791 RAF-Bombern. In der Nacht zum 28. Juli entfachen rund 700 englische Bomber jenen legendären Feuersturm, bei dem über 18 000 Menschen umkommen.

18. November 1943 bis 31. März 1944
„Battle of Berlin". Die Reichshauptstadt wird insgesamt 105-mal von den angloamerikanischen Alliierten angegriffen. Trotz des viel größeren Aufwands beträgt die Zerstörung nur etwa ein Drittel derjenigen Hamburgs. Bis Kriegsende kommen mindestens 50 000 Zivilisten um.

30./31. März 1944
Schwere Verluste der Alliierten bei einem Angriff auf Nürnberg. 95 der 795 gestarteten Bomber werden durch Nachtjäger abgeschossen. Die Verlustquote, durchschnittlich 2,5 Prozent, erreicht bei diesem Einsatz 12 Prozent.

13./14. Februar 1945
Beim Nachtangriff der RAF auf Dresden entfachen mehr als 400 000 Brandbomben einen Feuersturm wie in Hamburg. Die Zahl der Toten liegt zwischen 35 000 und 40 000.

25. April 1945
Bei einem Zielangriff der RAF, unter Einsatz von tonnenschweren Spezialbomben, wird Hitlers Wohnsitz auf dem Obersalzberg bei Berchtesgaden zerstört.

geschoren davon. Bis Mai ist die RAF auf sich allein gestellt, dann greifen auch die Amerikaner mit gezielten Tagesangriffen gegen Rüstungsfabriken in die Ruhrschlacht ein.

Da über dem Ruhrgebiet meist eine Dunstglocke aus Abgasen liegt, haben die Piloten häufig Schwierigkeiten, ihr Ziel zu finden. So bekommen auch die Randgemeinden immer wieder etwas ab. Besonders schwer zu finden ist eines der Hauptziele der Angreifer – die Krupp-Stadt Essen. Sechsmal schon haben die Engländer versucht, Essen auszuradieren. Am 5. März starten von englischen Flugplätzen 386 Maschinen zu einem weiteren Großangriff. Die Pfadfinderflugzeuge, die dem Bomberstrom vorausfliegen, markieren die Anflugschneise auf Essen ab Dorsten mit Leuchtbomben, an denen die anderen Piloten nur entlangfliegen müssen, um ihr Ziel zu erreichen.

Die Taktik geht auf: Am nächsten Morgen gleicht der Stadtkern von Essen einer Trümmerlandschaft. Hunderttausende sind obdachlos. Auch die Krupp-Werke werden in dieser Nacht schwer beschädigt. Doch entgegen allen Prophezeiungen sinkt die Produktion der Industrie während der Ruhrschlacht nicht ab – im Gegenteil, sie steigt sogar weiter an. Unbemerkt von den Alliierten, haben die Deutschen Teile der Fabriken längst weiter ins bis dahin für die Bomber unerreichbare Innere des Landes verlagert.

Noch fünf weitere Angriffe in den nächsten vier Monaten lässt Harris auf Essen fliegen, danach ist die Stadt auf Luftaufnahmen kaum noch zu erkennen.

Ähnlich ergeht es der westfälischen Ruhrmetropole Dortmund, siebenmal in den ersten sechs Monaten des Jahres 1943 ist sie das Ziel britischer Bomber. Bei einem einzigen Angriff am 23. Mai registriert der Dortmunder Polizeipräsident mehr als 600 Tote.

Unter den Menschen des Reviers breitet sich angesichts der täglichen Tristesse Resignation aus. Der Dortmunder Kaufmann Georg Becker hat Tagebuch geführt – ein Dokument des wachsenden Fatalismus: „Die feindlichen Flieger kommen jetzt immer häufiger und in immer größeren Mengen. Eigentlich ist fast immer Alarm, nur die einzelnen Alarmstufen wechseln. Die Frauen kommen morgens übernächtigt aus den Bunkern. Oft fällt das Gas aus. Oder das Wasser ist weg und muss an Hydranten oder in Nachbarhäusern geholt werden."

Die Menschen, die nächtelang in den engen Bunkern hocken, sind missmutig, übermüdet, gereizt. „Wenn es gefährlich wird, wenn der Boden erbebt von den Detonationen naher Einschläge, dann wird es unheimlich ruhig im Bunker." Nur die Kinder schlafen so fest, als wäre nichts.

„Alle Menschen", notiert Becker, „fragen sich, wie dieser Krieg noch mit dem Sieg enden soll. Kein Mensch glaubt mehr richtig daran."

Die erhofften Konsequenzen indes ziehen die Menschen weder im Ruhrgebiet noch sonstwo im Deutschen Reich. Der Generalinspekteur der deutschen Feuerschutzpolizei, Hans Rumpf, der den Bombenkrieg so hautnah miterlebt hat wie kaum ein anderer, urteilt: „Die Bevölkerung ertrug ihr Los, weil sie fühlte, dass niemand ihr eine andere Wahl ließ. Das Leid, das die Städtezerstörungen schufen, war der Kitt, der die Menschen zusammenhielt und an den bestimmt nicht mehr bejubelten Staat fesselte."

Doch eine Alternative zum totalen Bombenterror gibt es Mitte 1943 nach Churchills Überzeugung nicht. Nur einmal während der Ruhrschlacht weicht sein Stratege Harris von diesem Konzept ab. In der Nacht vom 16. auf den 17. Mai greifen 18 Bomber die Talsperren der Möhne und der Eder an. Eigens für diesen Angriff konstruierte Riesenbomben zerstören die Mauer des Möhnesees und schlagen eine Bresche in den Stauwall des Edersees.

Sechs Wochen lang haben die Piloten an ähnlichen Seen in England am helllichten Tag geübt, die Dunkelheit simulierten sie mit Sonnenbrillen und blau getönten Kabinenfenstern. Der Angriff auf die Stauseen ist ein fliegerisches Husarenstück – und zugleich ein Himmelfahrtskommando. Erst die fünfte Bombe auf das Hauptziel, die von Flak nur schwach verteidigte Möhnetalsperre, ist ein Volltreffer. Bei der Edertalsperre, die ohne jeden Flakschutz daliegt, gelingt der dritte Versuch.

Die Engländer büßen acht Maschinen ein, von den 133 Besatzungsmitgliedern der 18 Bomber kommen 53 bei Abstürzen um, drei geraten in Gefangenschaft. Ihr Anführer, Staffelkommandeur Guy Gibson, erhält das Victoria-Kreuz, den höchsten britischen Kriegsorden. Er lebt nur noch ein halbes Jahr: Im September 1943 wird er über Rheydt abgeschossen.

Militärisch ist der Coup ein Fehlschlag. Harris war davon ausgegangen, das Auslaufen der beiden Talsperren werde die Wasserversorgung der kriegswichtigen Industrie im Ruhrgebiet und in Kassel lahm legen. Eine falsche Prämisse, denn das Ruhrgebiet bekommt sein Wasser aus verschiedenen Seen. Zudem bauen die Deutschen die zerstörten Staumauern in kürzester Zeit wieder auf.

Das Leid trifft auch diesmal die Zivilbevölkerung. Etwa 1200 Menschen ertrinken in der gewaltigen Flutwelle, die durch die Täler von Möhne und Ruhr eine gewaltige Spur der Verwüstung zieht; im Edertal sterben 58.

Noch heute ist vor Ort die Erinnerung an jene grauenvolle Nacht lebendig. In den Fluten treibende Menschen, so berichten Augenzeugen, versuchten vergebens, sich auf Scheunentore zu retten oder an vorbeitreibende Balken zu klammern. Eisenbahnschienen verformten sich unter der Wucht des Wassers zu Spiralen, in den Baumkronen hingen, als der Spuk vorbei war, Möbel, Klaviere, Tierkadaver und schlammüberzogene Leichen.

„In der schwarzgrauen Masse“, so ein Augenzeuge, „wurden Telegrafenmasten, Teile von Häusern und Möbeln hin und her geworfen. Es brüllte vorüber, Bäume und Häuser hinwegreißend. Hochspannungsdrähte wurden ergriffen und tauchten mit grellen Blitzen im Wasser unter.“

„Ich fasste einen Baumstamm, der mir Sekunden später entrissen wurde und erwischte schließlich den Ast eines sehr hohen Baumes“, erinnert sich ein anderer. „Dort blieb ich die ganze Nacht sitzen. Die Kleider wurden mir vom Leib gerissen, und es war bitterkalt. Als der Rettungsdienst mich am Tag vom Baum holte, fragte man mich, wie ich das ausgehalten habe? Meine Antwort: ‚Wäre ich doch auch umgekommen!‘ Denn inzwischen hatte ich erfahren, dass Frau und Kinder ertrunken waren.“

Besonders tragisch: Unter den Opfern sind etwa 800 Männer und Frauen eines Fremdarbeiterlagers, die zwischen dem Dorf Niederense und der Stadt Neheim-Hüsten hinter Stacheldraht gefangen waren. Für sie kam jede Warnung zu spät.

Ende Juni flauen die Angriffe auf deutsche Großstädte etwas ab. Für ein paar Wochen können die Menschen aufatmen. Doch es ist nur die Ruhe vor dem Orkan.

Das Inferno bricht Ende Juli mit einer Wucht über Hamburg herein, die an Grausamkeit alles übertrifft, was die deutsche Zivilbevölkerung bis dahin erlebt hat. „Kinder irrten umher und riefen nach den verbrannten Eltern. Mütter saßen wie versteinert am Wegrand und warteten, dass man ihnen den Sohn bringen würde oder die Tochter. Lange Wochen nach diesem fürchterlichsten der Angriffe noch irrten sie herum und suchten und hofften und suchten – und waren wie aus Stein."

So erinnert sich Gretl Büttner von der Luftschutzleitung, die in jener Schreckensnacht vom 27. auf den 28. Juli 1943 dabei war, als über 700 englische Bomber in der Hansestadt einen Feuersturm entfachten, wie es ihn nie zuvor irgendwo auf der Welt gegeben hatte.

„Groß und unbeschreiblich war das Elend der Toten. Unbeschreiblicher und mit keinem menschlichen Maß mehr zu messen das der Lebenden. Sie hätten gern getauscht und das Leben für den Tod gegeben", klagt die Chronistin. „Tag für Tag und Stunde um Stunde rollten die mit Chlorkalk weiß überstäubten Lastwagen mit ihrer schaurigen Fracht den Friedhöfen zu, Hunderte, Tausende, Zehntausende wurden dicht an dicht in die Massengräber gelegt."

18474 Menschen kamen nach Behördenangaben in jener Schreckensnacht zu Tode. Doch die wahre Zahl ist vermutlich höher. Denn nur einen Teil der Leichen konnten die Feuerwehrleute bergen. „Dort, wo in den Luftschutzkellern das Kohlenmonoxid wirksam gewesen war", registrierte Büttner, „saßen die Menschen friedlich um den Tisch und lagen ebenso friedlich auf den Luftschutzbetten. Dort, wo das Feuer in die Luftschutzräume eingedrungen war, wurden verkohlte Überreste, Knochen und Asche geborgen. Grauenhafte Szenen der Verzweiflung und wildester Raserei müssen sich hier abgespielt haben. Überall Leichen, überall Tod."

Ilse Schlapphof, damals 19, sieht in dieser Horrornacht unauslöschliche Bilder: „Vor mir lief eine Person, die plötzlich hinfiel. Als ich sie erreichte, war sie eine Feuermasse, ein Feuerhaufen. Dann sah ich im Vorbeilaufen zwei Personen, die auf einem Kantstein saßen und sich vor Schmerzen krümmten. Am nächsten Morgen saßen sie immer noch da. Aber sie waren inzwischen tot und um ein Drittel kleiner. So etwas vergisst man nie."

Auch nicht den Tag danach. „Es war der Weltuntergang. Es war alles schwarz", erzählt Augenzeugin Käthe Petersen. „Nur lodernde Flammen dazwischen. Ganz kurz habe ich die Sonne mitten in dieser Dunkelheit gesehen, die wie eine Apfelsine aussah. Daraus schloss ich, dass es inzwischen Tag geworden war."

Auf ihrer Flucht vor den Flammen stolpert sie „ständig über so merkwürdige schwarze Balken. Plötzlich bemerkte ich, dass das Gliedmaßen waren. Viele sind vermutlich im Asphalt der Straße stecken geblieben, der geschmolzen war".

Die Feuerwehr ist machtlos. „Von Löschen", berichtet der leitende Feuerwehroffizier Hans Brunswig, „war keine Rede. In den Hauptbrandgebieten ging es nur noch darum, die Bevölkerung zu retten."

Das Inferno in der Nacht vom 27. auf den 28. Juli entstand durch das Zusammentreffen mehrerer Faktoren: Zum einen herrscht in jenen Juli-Tagen in der Hansestadt eine brütende, trockene Hitze, selbst nachts sinkt die Temperatur kaum unter 30 Grad. Darüber liegen in großer Höhe kalte Luftmassen. Da warme Luft die Eigenschaft hat, so weit aufzusteigen, bis sie die gleiche Dichte erreicht wie die sie umgebende Luft, entsteht am Boden eine starke kaminartige Sogwirkung, die das Feuer zum Sturm anfacht. In den engen Straßen breiten sich die Flammen mit ungeheurer Schnelligkeit und Stärke aus. Sauerstoff wird aus allen Winkeln und Ritzen abgesaugt, stattdessen dringt Rauch in die Luftschutzräume. Außerdem geraten dort gelagerte Kohlenvorräte in Brand und setzen Kohlenmonoxid frei. An diesem geruchlosen Gas sterben in den Kellern die meisten Menschen.

Hunderttausende fliehen am Tag danach in Panik aus der Stadt.

Die Nacht des Feuersturms ist der Höhepunkt der „Operation Gomorrha". Die britischen Bomber „sollen die alte Handelsstadt bis auf den Grund zerstören". So die Harris-Direktive an die Piloten. In insgesamt vier Nächten zwischen dem 24. Juli und 3. August vollbringen die englischen Flieger ihr Vernichtungswerk. 2353 schwere Bomber werfen mehr als 9000 Tonnen Sprengstoff- und Brandbomben ab. Allein in der Nacht des Feuersturms fallen fast 100 000 Brandbomben auf die Millionenstadt. In der Nacht zum 30. Juli kommen im Stadtteil Barmbek etwa 10 000 Menschen im Bombenhagel um, beim letzten Angriff in der Nacht zum 3. August verhindert plötzlicher Regen eine ähnliche Katastrophe. Insgesamt werden mehr als 277 000 Wohngebäude völlig zerstört, fast die Hälfte des Hamburger Wohnraums.

Unterstützt werden die Harris-Piloten von Amerikanern, die zusätzlich drei Tagesangriffe auf den Hamburger Hafen und den Hauptbahnhof fliegen. Um die Angreifer zu verwirren, haben die

Behörden über die Binnenalster aus Stangen, Pfählen und Schilfmatten ein ganzes Straßennetz gelegt. Vergebens. In der Nacht des Feuersturms geht es in Flammen auf.

Der Code Gomorrha hätte zynischer nicht gewählt sein können: Auf die biblischen Städte Sodom und Gomorrha ließ Gott vom Himmel „Schwefel und Feuer regnen" und zerstörte „diese Stadt und die ganze Gegend und alle Bewohner der Städte und alles Gewächs des Bodens" – als Rache für die Sünden der Menschen, die in ihnen lebten. So steht es im Buch Genesis, Kapitel 19.

Die Gesamtzahl der Toten der „Operation Gomorrha" kann nur geschätzt werden, da viele Leichen zu Asche verbrannten: Vermutlich kamen zwischen 35 000 und 40 000 Zivilisten um.

Wie es nach den Terrorangriffen in Hamburg aussah, hat der Dichter Hans Erich Nossack beschrieben: „Ratten und Fliegen beherrschten die Stadt. Frech und fett tummelten sich die Ratten auf den Straßen. Aber noch Ekel erregender waren die Fliegen. Große, grün schillernde, wie man sie nie gesehen hatte."

Harris hat sein Ziel erreicht – aus Hamburg ist Gomorrha geworden. Doch seine Bombenkarawane zieht unbeirrt weiter. Ab Herbst 1943 konzentrieren sich die Nachtangriffe auf die Reichshauptstadt. Berlin ist seit Kriegsbeginn für die Engländer ein Reizwort wie London für die Deutschen. Einen Monat nach der „Operation Gomorrha" schickt der englische Bomberchef innerhalb von zehn Tagen 1647 Flugzeuge gegen Berlin – mit mäßigem Erfolg. Nur beim ersten Angriff landet die Masse der Bomben wie geplant in Regierungsviertel und Innenstadt.

Der Berliner Gauleiter, Reichspropagandaminister Joseph Goebbels, nutzt die Angriffe, die „nutzlosen Esser" der Metropole – Frauen, Kinder, alte Leute – zum Exodus zu bewegen. Innerhalb von drei Monaten verlassen etwa eine Million Menschen die Stadt. Alle Schulen werden geschlossen, die Schüler im Zuge der „Kinderlandverschickung" in ruhigere Regionen verfrachtet.

Die eigentliche Großoffensive der Alliierten aus der Luft auf Berlin beginnt in der Nacht zum 19. November und dauert bis Ende März 1944. In unregelmäßigen Intervallen laden die Bomber ihre Todesfracht über Reichskanzlei, Ministerien und Machtzentralen der Partei sowie über den dicht besiedelten Wohnvierteln der Hauptstadt ab. Allein die November-Angriffe fordern fast 3000 Tote, mehr als 68 000 Gebäude sind vollständig zerstört, 400 000 Menschen verlieren ihr Zuhause.

Goebbels ist beeindruckt. In seinem Tagebuch notiert er: „Es brennt lodernd an allen Ecken und Enden. Ein wahrer Höllenlärm geht über uns hernieder. Dauernd prasseln Luftminen, Spreng- und Brandbomben auf das Regierungsviertel ein. Das ganze Tiergartenviertel ist zerstört, ebenso die Gegend um den Zoo herum. Über die Straße huschen einzelne Menschengruppen, die einen geradezu gespenstischen Eindruck machen. Das Herz dreht sich einem im Leibe herum."

16 Großangriffe fliegt die RAF bis zum Frühjahr 1944 gegen Berlin, seit Anfang März unterstützt die amerikanische Luftwaffe die Verbündeten mit massiven Bombenabwürfen am Tag. 4000 Mann verlieren allein die Engländer in diesen Monaten – 6166 tote Zivilisten sind es auf deutscher Seite. Am Ende der Offensive sind zudem anderthalb Millionen Berliner obdachlos.

Ende März stoppen die Alliierten auf Drängen der Amerikaner vorübergehend die Luftangriffe. General Dwight D. Eisenhower braucht die Flugzeuge dringend zur Vorbereitung der Invasion, die am D-Day, dem 6. Juni 1944, beginnt.

Kein dauerhafter Trost für die Berliner. Bis zum Kriegsende bleibt die Hauptstadt im Visier der Bomber. Insgesamt fliegen Engländer und Amerikaner 363 Angriffe gegen Berlin. Am Ende ist die Metropole die am meisten mit Bomben belegte deutsche Stadt, vor Essen, Köln, Duisburg, Hamburg, Dortmund und Stuttgart. Mindestens 50 000 Zivilisten kommen in der Hauptstadt im Bombenhagel um, die Zahl der Vermissten nicht eingerechnet.

Nach einem Flug über das zerstörte Berlin am 25. Mai 1945 schreibt der Beauftragte von US-Präsident Franklin D. Roosevelt, Harry Hopkins, in sein Tagebuch den lapidaren Satz: „Das ist ein zweites Karthago!"

Doch zum Symbol der sinnlosen Vernichtung, an dem sich die ganze Grausamkeit des Luftterrors festmacht, wird kurz vor dem deutschen Untergang eine andere Stadt – Dresden. „Auch nach 50 Jahren", urteilt der Zeitgeschichtler Götz Bergander 1995 in seinem umfassenden Werk „Dresden im Luftkrieg", „gilt die Zerstörung Dresdens als Höhepunkt des strategischen Luftkriegs über Europa."

Mitte Februar 1945 halten sich insgesamt etwa 950 000 Menschen in der Stadt auf, unter ihnen viele Soldaten auf dem Weg an die nahe Ostfront und rund 200 000 Flüchtlinge, die vor den anrückenden Russen nach Westen zu entkommen versuchen.

Der Hauptbahnhof ist mit Menschen verstopft, die darauf warten, einen Zug nach irgendwo zu erreichen. Die Straßen sind mit Trecks überfüllt, Tausende lagern in Nässe und Kälte im Freien, wo immer sie einen Platz ergattern können.

Die Stadt ist völlig schutzlos, die Flugabwehr längst zum Erdkampf an der Ostfront abgezogen. Nur wenige Bomben sind bislang auf Dresden gefallen.

Am 13. Februar 1945 zwischen 22.09 Uhr und 0.55 Uhr bricht die Katastrophe auch über das bislang verschonte Elb-Florenz herein. 800 britische Bomber werfen in zwei Wellen 400 000 Brand- und 4500 Sprengbomben fächerförmig auf die Stadt.

Erprobt haben die Engländer diese Methode, in kürzester Zeit eine ganze Großkommune auszulöschen, erstmals im September 1944 über Darmstadt. Innerhalb von Minuten wird die hessische Residenzstadt zu fast 80 Prozent zerstört, etwa 15 000 Bewohner sterben im Bombenhagel und Feuer.

In Dresden kommt es noch schlimmer. Den völlig überforderten Feuerwehrleuten bieten sich, wo immer sie helfen und retten wollen, grauenhafte Bilder. Die durch Bomben und zahllose Brände zusammenstürzenden Straßenzüge versperren Abertausenden, die in Kellern Schutz gesucht haben, den Fluchtweg ins Freie. Sie kommen qualvoll in der Flammenhölle um. Ähnlich wie im Juli 1943 in Hamburg erhebt sich ein Feuersturm, dessen Sog ebenfalls viele Flüchtende ins Verderben reißt.

Die zweite Angriffswelle richtet unter den Menschenmassen, die aus der brennenden Stadt auf die Elbwiesen und in den Großen Garten flüchteten, ein unvorstellbares Massaker an. Am nächsten Mittag schließlich vollenden 311 amerikanische Bomber das Vernichtungswerk.

Die genaue oder auch nur annähernde Zahl der Toten von Dresden wurde nie festgestellt. Die Helfer finden ganze Keller voller Leichen, in anderen sind die Menschen zu weißer Asche verglüht, in den Feuerlöschteichen treiben Ertrunkene, Straßen und Plätze sind übersät mit zerfetzten Leibern.

„Nie habe ich geglaubt“, so schildert der Studienrat Hanns Voigt, Leiter der Abteilung Tote in der Dresdner Vermisstenzentrale, seine schrecklichen Eindrücke, „dass der Tod in so verschiedener Form an den Menschen herantreten kann, nie habe ich für möglich gehalten, dass der Tote in so vielen Gestalten den Gräbern übergeben werden könnte: Verbrannte, Verkohlte, Zerstückelte; scheinbar friedlich schlafend, schmerzverzerrt, völlig verkrampft, gekleidet, nackt und als ein kümmerliches Häufchen Asche. Und über allem der beizende Rauch und der unerträgliche Verwesungsgeruch.“

Jahrelang nach dem Krieg grassierten über die Zahl der Opfer horrende Zahlen – bis zu 200 000 wurden geschätzt. Nach dem heutigen Stand der Forschung sind 35 000 bis 40 000 Tote realistisch – so viele, wie in Hamburg der „Operation Gomorrha“ zum Opfer fielen. Doch in Hamburg brauchten die Briten dafür vier Nächte.

18 000 Tote des Infernos von Dresden werden in Massengräbern beigesetzt, 6865 auf dem Altmarkt verbrannt. Fast 50 Jahre lang bilden die Trümmer der Frauenkirche das mahnende Wahrzeichen der Stadt.

Zäh hält sich bis heute die Legende, Tiefflieger hätten sowohl in der Nacht als auch am Tag danach aus ihren Bordkanonen wahllos in die Flüchtlingspulks geschossen und zusätzlich zu den Bomben ein sadistisches Blutbad angerichtet. Götz Bergander ist diesen Schilderungen penibel nachgegangen und kommt zu dem Schluss: „Weder unter den deutschen noch unter den alliierten Dokumenten aus dem Krieg konnte eine Bestätigung dafür gefunden werden, dass Hunderte oder auch nur Dutzende von Tieffliegern zahllose Bombenflüchtlinge niedergemacht haben.“

Militärisch machte die Auslöschung Dresdens überhaupt keinen Sinn, es ging Briten und Amerikanern nur noch um eine Demonstration ihrer totalen Macht. Der Labour-Politiker Richard Crossman schrieb acht Jahre danach: „Die Zerstörung von Dresden war eines jener Verbrechen gegen die Menschlichkeit, deren Urheber in Nürnberg unter Anklage gestellt worden wären, wenn jener Gerichtshof nicht in ein bloßes Instrument alliierter Rache pervertiert worden wäre.“

Mit Dresden schienen alle Dämme gebrochen. In den Schlussmonaten des Krieges steigern sich die alliierten Bomber in einen wahren Vernichtungsrausch – Chemnitz, Würzburg, Hildesheim,

Nordhausen, Potsdam sinken noch kurz vor der Kapitulation in Schutt und Asche. Dazu zahlreiche Klein- und Mittelstädte.

Einer der schwersten Angriffe dieser Wochen trifft am Abend des 23. Februar die militärisch völlig bedeutungslose Stadt Pforzheim. In jener Nacht sollen mehr als 17 000 Einwohner umgekommen sein. Mehr als 80 Prozent der Gebäude werden zerstört. Selbst Harris räumte ein, das Bombardement sei von jener Art gewesen, „die man gemeinhin mit dem Begriff bewusster Terrorangriff belegt".

Als alles vorbei war, zählten die Überlebenden auf deutscher Seite mindestens 450 000 Tote des Bombenkriegs, nach anderen Schätzungen können es auch 600 000 gewesen sein.

Die Letzten traf es, tragischer Irrtum, am 3. Mai 1945. In den frühen Morgenstunden versenkte die Royal Air Force in der Lübecker Bucht zwei Transportschiffe, an Bord angeblich Tausende deutscher Soldaten. Auf der „Cap Arcona" und der „Thielbeck" kamen 7200 Männer und Frauen um – 6900 von ihnen waren Häftlinge aus Konzentrationslagern der Nazis.

Angriff auf „German Village"

Den Feuersturm in Deutschland übte die US-Luftwaffe an einem Häusermodell Berlins in der Wüste von Utah – Erbauer: der aus Deutschland emigrierte Stararchitekt Erich Mendelsohn

VON MIKE DAVIS

Berlins entlegenster, unbekanntester Vorort liegt verwaist in der Strauchwüste des US-Bundesstaats Utah, rund hundert Kilometer südwestlich von Salt Lake City. Er trägt den Namen „German Village" und ist Teil des Armeegeländes „Dugway Proving Ground".

Dugway ist knapp halb so groß wie das Saarland und stärker mit Giftstoffen verseucht als das atomare Testgelände in Utahs westlichem Nachbarstaat Nevada. Drei Generationen chemischer und biologischer Waffen der amerikanischen Streitkräfte wurden hier erprobt; das Areal unterlag stets höchster Geheimhaltung und war während des Kalten Kriegs von Legenden umwoben.

Das „deutsche Dorf" ist der Überrest eines größeren Gebäudekomplexes: Nachbauten Berliner Mietskasernen, an denen die Einäscherung von deutschen Städten geübt wurde. Ein ganz Großer der modernen Architektur hat sie erschaffen – der deutsch-jüdische Architekt Erich Mendelsohn.

Im Jahr 1943 heuerte das US-Korps für chemische Kriegführung Mendelsohn heimlich an und gewann ihn dafür, gemeinsam mit Technikern von Standard Oil in der Wüste von Utah ein Berliner Arbeiterviertel im Miniaturformat zu errichten. Eine Mietskaserne mit der Bezeichnung „Building 8100" steht heute noch – das Bauwerk lässt nicht ahnen, dass hier derselbe Mann am Werk war, der zur Weimarer Zeit für solche Berliner Wahrzeichen wie das Mosse-Haus, das Columbus-Haus, das Wohnhaus Sternefeld in Charlottenburg oder das Observatorium Einsteinturm in Potsdam verantwortlich zeichnete.

Absolute Ähnlichkeit in jeder Hinsicht, lautete die Vorgabe. Seine

Auftraggeber hatten es eilig. Trotz erfolgreicher Luftangriffe, die deutsche Städte in Flammenmeere verwandelten, wuchs auf Seiten der Alliierten die Frustration, weil es ihnen nicht gelingen wollte, auch in der Reichshauptstadt einen Feuersturm zu entfachen.

Ihre wissenschaftlichen Berater forderten deshalb ein Sofortprogramm, bei dem die Brandeigenschaften von Arbeiterwohnhäusern anhand exakter Abbilder getestet werden sollten. Planung und Bau wurden mit geheimen Forschungen über die Entflammbarkeit japanischer Häuser koordiniert, denn auch die simulierte Vernichtung japanischer Ziele stand in Dugway auf dem Programm.

Mendelsohns Leistung bestand in der Anonymität des Ergebnisses: sechs Versionen der typischen Mietskasernen, die Berlins Arbeitergebiete zu den am dichtesten besiedelten Arme-Leute-Vierteln Europas machten. Die Nachbauten waren zwar nicht so hoch wie ihre Vorbilder im Wedding oder in Kreuzberg, ansonsten aber handelte es sich um verblüffend genaue Duplikate.

Der deutsche Stararchitekt beschaffte den Amerikanern ausführliche Informationen über die Dachkonstruktionen in den Zielgebieten, da sie einen kritischen Faktor für den Erfolg der Brandbomben darstellten. „Erweitert und bestätigt“ wurden die Daten laut Standard Oil „von einem Angehörigen des Lehrkörpers der Harvard Architecture School, bei dem es sich um einen Experten für die deutsche Holzrahmenbauweise“ handelte.

Die Baufirmen stellten sicher, dass die in Dugway verwendeten Rahmen in Alterung und spezifischer Dichte den deutschen möglichst genau entsprachen. Die Hölzer wurden teilweise sogar aus Murmansk importiert. Weil Brandexperten einwandten, Dugways Klima sei zu trocken, sorgte Standard Oil für die richtige Feuchtigkeit: GIs mussten die Ziele ständig mit Wasser begießen, um den Berliner Regen nachzuahmen.

Mit der Inneneinrichtung wurden versierte Hollywood-Dekorateure der RKO-Studios beauftragt; sie hatten sich als Ausstatter des Films „Citizen Kane“ Lorbeeren verdient. Unterstützt von Handwerkern, die ihr Metier in Deutschland gelernt hatten, schufen sie jene billige, aber schwere Möblierung, die in den meisten Berliner Arbeiterhaushalten zur Aussteuer gehörte. Sogar deutsche Textilien wurden beschafft, um etwaige typische Eigenschaften von Bettdecken und Vorhängen bei Bränden sorgsam zu studieren.

Insassen des Staatsgefängnisses von Utah, die in großer Zahl als Arbeitskräfte verpflichtet wurden, brauchten nur 44 Tage, um German Village und das japanische Pendant (zwölf Doppel-Apartments, komplett eingerichtet mit Hinoki-Holz und Tatami-Strohmatten) fertig zu stellen. Der gesamte Komplex wurde anschließend mit Brandbomben beworfen und zwischen Mai und September 1943 mindestens dreimal vollständig wieder aufgebaut.

Mendelsohns Verantwortung für das Berliner Bauprojekt im Wilden Westen steckt voll bitterer Ironie. Der Architekt hatte ein starkes Interesse an Reformen im Wohnungsbau und an einer neuen Wohnkultur. Dennoch beteiligte er sich nie an den großen Ausschreibungen, die Ende der zwanziger Jahre von den Sozialdemokraten organisiert wurden.

Besonders rätselhaft war Mendelsohns Fehlen 1927 bei der Planung der Weißenhofsiedlung in Stuttgart, eines von Ludwig Mies van der Rohe geleiteten Vorzeigeobjekts, das der amerikanische Architekt Philip Johnson als „wichtigste Gruppe von Gebäuden in der Geschichte der modernen Architektur" bezeichnet hat. Mendelsohn-Biograf Bruno Zevi vermutet, der Baumeister sei aus antisemitischen Gründen ausgeschlossen worden.

Wenn das stimmt, war Dugway seine Rache. Die Mietskasernen wurden nachgebaut, um „dem deutschen Industriearbeiter sein Dach über dem Kopf zu nehmen", wie es die Engländer unverblümt formulierten – auch wenn die USA kurz nach ihrem Kriegseintritt immer wieder versicherten, ihre Air Force werde niemals absichtlich den „kleinen Mann auf der Straße" zum Ziel von Angriffen machen, sie sei der „sauberen" Zerstörung rein militärischer oder militärisch-industrieller Ziele verpflichtet. Doch wie die Errichtung von German Village zeigt, hat die Wirklichkeit weitaus dunklere Seiten.

Die Berliner Mietskasernen wurden im Mai 1943 auf dem Dugway Proving Ground errichtet, kurz bevor Winston Churchill im Zentrum Hamburgs orkanartige Feuerstürme entfachen ließ. Ihr Zweck bestand darin, Möglichkeiten zu erproben und Probleme zu lösen, die ganz eindeutig jenseits der moralischen Grenzen einer Punktzielbombardierung lagen. Die Bauten wurden zu einer Fachmesse für die wachsende Lobby des Feuerkriegs.

Die Planer des heraufziehenden Luftkriegs gegen Japan waren hoch interessiert daran, welche Wirkung neue Brandstoffe, darunter

Napalm und sogar eine „Fledermausbombe", die Hunderte lebender, mit winzigen Brandsätzen präparierter Fledermäuse enthielt, beim Einsatz gegen japanische Häuser haben würden.

Berlin jedoch würde „sich schwieriger gestalten als die meisten anderen deutschen Städte", urteilte der leitende Brandbombenexperte Horatio Bond vor dem nationalen Ausschuss für Rüstungsforschung der USA. „Die Bauqualität ist höher, und die einzelnen Blocks sind besser voneinander getrennt." Wie die Tests auf dem Dugway Proving Ground zeigten, war „kaum zu erwarten, dass die Flammen ungehindert von einem Gebäude auf das nächste übergreifen".

Armageddon fand in zwei Akten statt: Der erste war die „Luftschlacht um Berlin" der Royal Air Force vom November 1943 bis März 1944, der zweite die „Operation Donnerschlag" im Februar 1945. RAF-Luftmarschall Arthur Harris, der den Briten versprochen hatte, Berlin „so lange zu bombardieren, bis das Herz von Nazi-Deutschland aufgehört hat zu schlagen", schickte seine schweren Bomber am 18. November 1943 Richtung deutsche Hauptstadt. Die Lancaster machten fast ein Viertel der zentralen Stadtteile dem Erdboden gleich. Bis zu 1,5 Millionen Berliner wurden obdachlos, etwa 10 000 verloren ihr Leben.

Der zweite große Schlag traf die Stadt am 3. Februar 1945. Als an diesem Tag der bleigraue Winterhimmel endlich aufklarte, flogen – eskortiert von Hunderten von Jägern – mehr als 900 B-17 an. Es wurde nicht der große K.o.-Schlag, wie ihn sich die Engländer vorgestellt hatten, trotzdem starben noch einmal 3000 Berliner.

Diese Erinnerungen an die dunkelste Seite des „guten Krieges" hängen noch immer schwer über den giftigen Hinterlassenschaften rings um German Village – auch heute noch, da der Potsdamer Platz und die anderen offenen Wunden Berlins sich in prunkvolle Zeugen des Wohlstands im wiedervereinigten Deutschland verwandeln.

Mendelsohns einsame Mietskasernen erscheinen als Mahnmal für eine allzu selbstgerechte Bestrafung der Horte des Bösen. German Village, Berlins heimlicher Ort der Trauer, liegt unbeachtet inmitten der Wüste von Utah.

„Was für eine Idee!"

Konnten oder wollten die Alliierten Auschwitz nicht bombardieren?

VON HANS MICHAEL KLOTH

Ein trügerisches Dokument: die schwarzweiße, leicht unscharfe Luftaufnahme des Vernichtungslagers Auschwitz-Birkenau vom 13. September 1944.

Links oben fallen 500-Pfund-Bomben der Erde entgegen; unten am Boden, im Winkel eines Barackenareals amEnde von Bahngleisen, weisen Pfeile auf zwei kleine Punkte. Ihre Beschriftung lautet: „Gas Chambers II & III".

Der Angriff der Alliierten auf Auschwitz – fotografisch festgehalten, und doch eine Täuschung: Die Bomben auf dem Bild zielen nicht auf die Todesfabrik der Nazis, sie gelten Industrieanlagen wenige Kilometer weiter. Nur aus Zufall wurden auch SS-Baracken getroffen.

Warum Churchill und Roosevelt umliegende Fabriken attackieren ließen, nicht aber die Vernichtungsmaschinerie von Auschwitz, bewegt nicht nur Historiker bis heute. „Alles, was getan werden musste, war, die Bahnlinien zu bombardieren", meinte der israelische Premierminister Benjamin Netanjahu im April 1998 bei einem Besuch in Auschwitz.

Doch bis Kriegsende griffen die Alliierten nicht ein einziges KZ absichtlich aus der Luft an. Dabei wussten sie seit 1942 vom systematischen Mord an den Juden. Gerhart Riegner, Funktionär des JüdischenWeltkongresses in Genf, hatte im August Informationen nach Amerika weitergeleitet, wonach die Juden „auf einen Schlag vernichtet" werden sollten.

Im November war der polnische Offizier Jan Karski, der zuvor von der Untergrundbewegung in das Warschauer Ghetto und in die Nähe des Vernichtungslagers Belzec geschmuggelt worden war, nach England gelangt.

Doch die Schreckensnachrichten, die er überbrachte, überstiegen das Vorstellungsvermögen der Empfänger. „Denken Sie, ich lüge?", soll Karski den ungläubigen US-Verfassungsrichter Felix Frankfurter gefragt haben. „Ich habe nicht gesagt, dass Sie lügen", sei Frankfurters Antwort gewesen. „Ich habe gesagt, ich kann es nicht glauben."

Die Hitler-Gegner konnten allerdings damals nicht viel ausrichten. Himmlers Vollstrecker hatten ihre Vernichtungslager im Osten errichtet. Lediglich das Todeslager Chelmno lag für das britische Bomber Command oder die 8. U.S. Air Force von ihren Stützpunkten in England in Reichweite. Aber gegen so weit östlich liegende Ziele flogen die Briten im ganzen Krieg gerade mal drei Einsätze, die Amerikaner etwa ein halbes Dutzend.

Erst im Sommer 1944 hatte sich die Situation geändert. Immer neue Berichte über Nazi-Gräuel, etwa von den im April aus Auschwitz geflohenen slowakischen Juden Rudolf Vrba und Alfred Wetzler, erreichten Washington und London. Angesichts der Massendeportation ungarischer Juden von Mai 1944 an forderten Vertreter jüdischer Organisationen die Zerstörung der Bahnlinien nach Osten. Vor allem brachten neue Stützpunkte im befreiten Süditalien auch Oberschlesien in die Reichweite von Bombern der Alliierten.

Für deren Militärbürokraten aber war Auschwitz kein Ziel, denn seine Zerstörung hätte kaum den Krieg verkürzt. „Die effektivste Hilfe für die Opfer feindlicherVerfolgung", verordneten US-Kriegsminister Henry Stimson und sein Unterstaatssekretär John McCloy, sei „ein schneller Sieg über die Achse". Hartnäckig wehrte sich McCloy gegen jegliche Aufsplitterung der alliierten Kräfte.

Allerdings herrschte auch unter den Juden Uneinigkeit: „Es ist die Haltung des Vorstands der Jewish Agency", so ein Protokoll vom 11. Juni 1944, „den Alliierten nicht vorzuschlagen, Orte zu bombardieren, an denen sich Juden aufhalten."

Überdies gab es praktische Probleme. Die Briten beherrschten nur das nächtliche Flächenbombardement – keine gute Methode, um gezielt Gaskammern und Krematorien auszuschalten. Die Amerikaner praktizierten „precision bombing" – doch war das etwas anderes als im Laser- und Satellitenzeitalter: Die 15. U.S. Air Force, die den Angriff wohl geflogen hätte, traf im Sommer 1944 mit 21 von 100 Bomben einen 180-Meter-Radius um den Zielpunkt.

Dennoch: Die Bombardierung von Auschwitz wäre nicht schwieriger und weniger aussichtsreich gewesen als andere Angriffe im Zweiten Weltkrieg. Am 24. August 1944 zerstörten 129 amerikanische B-17-Bomber ein an den Lagerzaun des KZ Buchenwald grenzendes Rüstungswerk, dessen Lage vergleichbar mit den Krematorien in Birkenau war. 315 Häftlinge starben durch fehlgeleitete Bomben.

Ein hoher Preis. Auch ein zu hoher?

Das Zeitfenster zum Zuschlagen war klein: zwischen Juli 1944 – als eine Vielzahl von Informationen vorhanden und die Sicht für einen Präzisionsangriff gut war – und November 1944, als Himmler die Demontage der Gaskammern befahl.

Was fehlte, war ein Machtwort der Politik. US-Präsident Franklin D. Roosevelt, so schien es lange Zeit, sei von McCloy nicht voll informiert worden. Noch 1983 versicherte dieser einem „Washington Post"-Reporter, mit Roosevelt über einen Angriff auf Auschwitz „nie gesprochen" zu haben.

Erst im vergangenen Jahr publizierte der US-Historiker Michael Beschloss eine Tonbandmitschrift, in der McCloy drei Jahre vor seinem Tod 1989 ganz anderes erzählt: „Einmal sprach ich mit Mr. Roosevelt darüber, und er reagierte gereizt. Er sagte: ‚Nun hören Sie mal, was für eine Idee! ... Alles, was die Nazis tun werden, ist, das KZ nur ein kleines Stück die Straße hinunter zu verlegen.'"

Stimmt das, dann stoppten nicht Subalterne das Projekt – sondern der Präsident selbst. Roosevelt stand im November 1944 eine Präsidentschaftswahl ins Haus, und er fürchtete womöglich, die NS-Propaganda könne den Bombentod von KZ-Häftlingen ausschlachten und er von den Wählern für den Judenmord mitverantwortlich gemacht werden. Man werde die Amerikaner nur bezichtigen, „sich an diesem schrecklichen Geschäft beteiligt" zu haben, soll er jeden Gedanken an einen Angriff abgelehnt haben.

Anders verhielt sich Churchill: „Hol alles aus der Air Force raus und berufe dich auf mich, wenn nötig", hatte der seinen Außenminister Anthony Eden angewiesen, nachdem Chaim Weizmann, Präsident der Jewish Agency, bei Eden vorstellig geworden war. Doch Luftfahrt-Staatssekretär Sir Archibald Sinclair mauerte, und die Order versandete zwischen Foreign Office und Luftfahrtministerium.

Dabei konnte die Politik den Militärs durchaus ihren Willen aufzwingen. Als im August 1944 der Warschauer Aufstand losbrach, befahlen Churchill und Roosevelt die Versorgung der polnischen Patrioten aus der Luft. Die Generäle widersetzten sich, doch am 11. September stiegen schließlich die ersten Flieger auf. „Gemessen daran", urteilt Luftkriegs-Historiker Rondall Rice, „zeigen die Vorschläge für die Bombardierung von Auschwitz einen Mangel an Dringlichkeit und politischem Willen."

Doch was hätte ein Angriff auf Auschwitz gebracht? Anders als im französischen Amiens, wo die Briten im Februar 1944 mit Mosquito-Bombern ein Gefängnis knackten und 258 Insassen die Flucht ermöglichten, hätten die Überlebenden eines Angriffs auf Auschwitz, tief im Hinterland der Nazis, kaum fliehen können. Bahnlinien ließen sich reparieren, Züge umleiten.

Dennoch hätte es getan werden müssen, als moralische Tat. „Es ist heute deutlicher als 1944", so Historiker Beschloss, „dass der Klang explodierender Bomben in Auschwitz ein moralisches Zeichen für alle Zeit" gesetzt hätte.

Das geplante Inferno

Mit kalter Präzision vollzogen die Amerikaner kurz vor dem Kriegsende die Vernichtung des pommerschen Ostseehafens Swinemünde. Doch das „Dresden des Nordens" geriet in Vergessenheit.

VON WOLFGANG BAYER

Am Kaiserbollwerk in der Hafen- und Bäderstadt Swinemünde auf der Ostseeinsel Usedom haben wie an jedem anderen freien Kai des Swine-Stromes Dutzende von Schiffen festgemacht. Auf dem Oberdeck durchnässte Passagiere, dicht an dicht. Aus den Ladeluken krabbeln Frauen und Kinder. Es ist der 12. März 1945, wenige Wochen vor Kriegsende.

Auch weiter draußen vor der Mole, hin zur Pommerschen Bucht, ankern Tonnagen aller Größenordnungen, Kriegsschiffe und Verwundetentransporter wie das Panzerschiff „Lützow", die „Moltkefels" oder die „General San Martin". Auf Reede liegen umgerüstete Ausflugsdampfer und Hochseekutter, im Ganzen vier Dutzend, und manche bis zu den Decksplanken mit Tausenden von Passagieren belegt.

Pastor Hans-Werner Ohse ist einer von ihnen. Sein Dampfer liegt nun schon eine Woche da, weil dem Heizer die Kohlen ausgegangen sind und Nachschub fehlt. Das schrickt den Gottesmann nicht. Das stickige Massenquartier, das er mit 4000 Leidensgenossen teilt, erinnert ihn zwar an Maxim Gorkis „Nachtasyl". Aber er fühlt sich angesichts des nahen Hafens und des von Minen freien Fahrwegs hin zur Stadt fast „wie im Frieden".

Wie jeden Morgen sucht der Seelsorger aus dem hinterpommerschen Virchow in seinem biblischen Losungsheft nach dem aktuellen Tagesspruch und liest ihn mit getragener Stimme einer Gruppe von Gläubigen vor. Heute stammt er aus den Klageliedern des Jeremias: „Wir, wir haben gesündigt und sind ungehorsam gewesen, darum hast Du billig nicht verschont.“ Noch weiß der Pastor nicht, wie prophetisch die Botschaft in Wahrheit ist.

Zur selben Zeit stauen sich vor den provisorischen Pontons der Wehrmacht über den Swine-Strom die Planwagen eines nach Hunderttausenden zählenden Endlostrecks aus dem Osten. Auf den Fluren der Hospitäler Verwundete, die Flüchtlinge in Kinos und Wirtshaussäle gestopft. Allein in der Fontaneschule, deren Namensgeber Theodor nach Swinemünder Kindheitsjahren die „flaggenreiche Stadt“ zum Romanschauplatz um die Ehehändel seiner „Effi Briest“ macht, drängen sich 2000 der Geflohenen.

Swinemünde ist so unversehens das Nadelöhr für die Gestrandeten und Geflüchteten aus Ostpreußen, dem Raum Danzig und den Weichsel-Gebieten geworden, die sich und ein bisschen Habe vor den Russen retten konnten. Und weil die Rote Armee mit ihrer breiten Angriffsfront gerade an die 30 Kilometer entfernt ist, ist die einst viel besungene „Perle zwischen Haff und Meer“ nur noch begrenzte Zeit Stadt der Hoffnung – Zwischenetappe auf der großen Flucht gen Westen.

Der Tag hat mit grauen Wolkenschleiern begonnen. Doch es soll warm werden. Die Fleischerstochter Edith Schmidt, 10, aus der Friedrichstraße darf zu den wenige Ecken entfernt wohnenden Großeltern „zum Spielen“. Die Mutter hat ihr erstmals erlaubt, wegen der erwarteten Frühjahrstemperaturen „Kniestrümpfe zu tragen“.

Um die selbe Zeit, ein paar Kilometer entfernt, radelt an diesem Morgen Erika Assmus, 19, vom Nachbarort Ahlbeck los, um für die Tante „irgendein Papier in Swinemünde zu besorgen“. Sie ist arglos und registriert die vielen „erschöpften Frauen, Kinder, alten Leute“, die „überall“ herumhocken.

Gisela Gattow will heute ihren Geburtstag feiern. Gemeinsam mit Mutter, Schwester, Oma Wally, Tante Dorothea und deren sechs Kindern hat sie bereits mehrere Evakuierungen hinter sich. Zuletzt stand sie, Gischt und Wellen ausgesetzt, an Deck eines „Fährprahms“, der die Familienangehörigen aus dem von den Russen eingeschlossenen Kolberg an den Oderarm brachte. Nun haben sie es in einer Notwohnung am Hafen gemütlich. Zur Feier des Tages soll es Königsberger Klopse geben.

Doch zum Essen kommt es nicht mehr. Plötzlich ertönen die Sirenen, werden am Mast der Schiffssignalstelle an Land Flaggen aufgezogen mit den Buchstaben F, L und I, dem Kürzel für Fliegeralarm. Die UKW-Welle meldet: „Starke Bomberverbände im konzentrischen Anflug auf Swinemünde!"

Zur Panik besteht zunächst kein Anlass. Nur zu oft schon gab es Fehlalarm, wenn die Pulks auf dem Flug nach Stettin oder Berlin die Stadt passierten. Und auch die im Alarmfall von italienischen Verbündeten betriebene, flächendeckende Benebelung der Hafenanlagen, Sabotage oder nicht, unterbleibt an diesem Tag.

Die Uhr zeigt elf, und es sind noch eine Stunde und fünf Minuten bis zum „Inferno von Swinemünde" – der von einem amerikanischen Bombergeschwader mit kalter Präzision und praktisch ohne eigene Verluste vollzogenen Hinrichtung einer Stadt.

Seit einer Dreiviertelstunde hat die in England gestartete Angriffsformation, 661 US-Bomber der Typen B-17 („Fliegende Festung") und B-24 („Befreier"), bei der Insel Sylt die deutsche Küste erreicht und geht auf der Höhe von Rügen auf Südostkurs. Gesichert wird der Pulk durch 412 Begleitjäger vom Typ Mustang – eine stattliche Armada, für die auf Grund eines Sonderbefehls alle verfügbaren Divisionen der 8. US-Luftflotte jeweils die Hälfte ihrer einsatzbereiten Maschinen abzustellen hatten.

Die US-Majore Charles Reid und John Buié, Leiter der Mission vom 12. März, plagen nicht nur logistische Probleme. Denn die Bombenschächte müssen punktgenau geöffnet werden, weil die verbündeten Russen schon dicht vor ihrem Zielgebiet stehen.

Geflogen wird in drei Wellen. In den jeweiligen Führungsmaschinen befindet sich ein so genanntes H2X-Bordradar, das allerdings nur vage Kontraste auf einen kleinen Bildschirm projiziert: Wasser erscheint dunkel, Land hell, eine Stadt glänzend. Als die ersten Pfadfinder-Maschinen ihre Leuchtsignale setzen und die Bomber aus rund 6000 Meter Höhe in nur rund 40 Minuten ihre tödliche Fracht – mehr als 3500 der 450-Kilo-Sprengsätze – abwerfen, herrscht zudem eine „10/10-Wolkendeckung" – der Himmel ist total verhangen.

Als die ersten Bomben einschlagen, sitzt die achtjährige Isa mit Mutter und Brüdern in Hafennähe in einem Zugabteil. Die Sprengkraft biegt Schienen hoch und reißt das Dach des Waggons weg. Ihre Mutter wird die Kleine nie mehr wieder sehen. Als Retter die schwer Verletzte bergen, so gibt sie später als Erwachsene zu Protokoll, „sah ich meine Brüder dort sitzend: Ihnen fehlten die Schädeldecken. Tot!"

Kadettenanwärter Wilfried Sander, der in der Ausbildungsbatterie nahe der Küste an „aus dem Ersten Weltkrieg stammenden“ Geschützen ausgebildet wird, erlebt wie seine Kameraden das Bombardement in Einmanndeckungslöchern unweit des Kurparks. Von der einst schönen Gartenlandschaft bleibt ein Wald zerfetzter Stümpfe. Die Amerikaner haben dort, stellt Sander fest, zur Erhöhung der Wirkung auf den Menschen so genannte Baumkrepierer abgeworfen: „Das waren Feinstzünder mit Sofortexplosion.“

Der Effekt: Anders als normale Aufschlagzünder detonieren diese Sprengsätze bereits bei Baumberührung. Die Schutzsuchenden, die sich zu Boden werfen, sind nun „in voller Körpergröße den Splitterwirkungen der Baumkrepierer ausgesetzt“.

Noch tagelang müssen Bergungsmannschaften später Leichenteile aus den Baumruinen klauben. Das schlimmste Erlebnis für Sander ist „das Auffinden einer Frauenleiche, die während des Angriffs gebärt haben musste. Der Mutter hatte ein Splitter die Bauchdecke voll aufgerissen, das Kind, ein Mädchen, lag tot daneben“ – äußerlich unverletzt und noch an der Nabelschnur.

Schon die erste Angriffswelle hat rechts und links der Swine eine 1000 Meter breite Schneise geschlagen. Die an den Strandbereich angrenzenden Kurparks, Zufluchtsorte Tausender von Flüchtlingen, Anwohnern und Nachschub-Truppenverbänden, ist binnen Minuten förmlich umgepflügt. Ebenso das Kaiserbollwerk, wo einst Wilhelm II. mit seiner Staatsyacht „Hohenzollern“ zu Bädertagen am Pier lag. Volltreffer haben den abfahrbereiten Personenzug am Kai zerstört. Nun ist die Altstadt dran.

Ein ergiebiges Ziel für die Angreifer, schlecht für die Opfer. Denn hier gibt es so gut wie keine Keller. Splittergräben ersetzen den nicht ausreichend vorhandenen Luftschutzraum. Herbert Weber, auf Kinderlandverschickung im Osten, überlebt dennoch in einem fast überirdisch angelegten Schulkeller. Der Raum ist so überfüllt, dass die Kinder und ihre Betreuer im Stehen zittern müssen. Einige der Lehrer, stramme Nationalsozialisten, „beten laut“. Als eine Kirche neben der Schule nach einem Treffer in sich zusammensinkt, lockern sich die Holzstützen, welche die Decke halten – aber, sagt Weber hinterher, „die zusammengepferchten Menschen hielten die Stempel in senkrechter Lage“.

Geburtstagskind Gisela Gattow ist mit der Mutter die einzige

Überlebende aus einem Schutzkeller unter einem Trockenraum. Sämtliche Wände und die Decke sind eingestürzt.

Auch Edith Schmidt liegt, nachdem sie es im ersten Bombenhagel nach Hause geschafft hat, nahezu ungeschützt im Staub. „Wenn man das Pfeifen der Bomben hört", weiß sie von einer Flüchtlingsfrau, „sind die schon weiter weg." Jetzt hört sie kein Pfeifen, der Giebel im Haus gegenüber ist in zwei Teile zerborsten. Das Mädchen atmet „durch eine nasse Baumwollwindel".

Die spätere Sparkassenfilialleiterin in Ahlbeck, verehelichte Schäfer, kann auch heute noch immer jede Sekunde abrufen wie einen Film: Das Geräusch – „dieses Heulen, Zischen, Dröhnen, Pfeifen, Krachen". Die schrecklichen Bilder – vom „Torso eines Menschen im Maschendrahtzaun"; von der Familie aus Hinterpommern, die in der Leichenhalle „gebettelt hat nach einem Sarg", von den Zementpollern am Bollwerk, „wo wir immer Bocksprünge machten" und am Tag danach tote Babys und Kinder zum Abtransport sortiert werden. Seither kennt sie den Hauch des Todes: „Solange wie ich lebe, werde ich diesen süßen Geruch nicht los."

„Die vielen Menschen auf den Straßen", erinnert sich später Radfahrerin Assmus, „schlugen ihre Hände über die Köpfe und versuchten, auf Hauseingänge zuzurobben. Ich wurde in eine zu ebener Erde liegende Waschküche eines Mietshauses hineingezogen, besetzt mit den Bewohnern." Als die Einschläge näher kamen, fiel der Kalk von den Wänden: „Dann ging das Licht aus. Das Haus begann zu zittern und zu schaukeln."

Im Hafen lautet die Alternative derweil Verbrennen oder Absaufen. Der Monsterangriff setzt mehrere Schiffe auf Grund. Der 3000-Tonnen-Frachter „Andros" von der Levante-Linie, mit 2000 Passagieren von Pillau aus mehrere Tage ohne Wasser und Verpflegung unterwegs, hat vor nicht mal einer Stunde festgemacht. Er erhält drei Einschläge. Die erste Bombe trifft die Gangway. Die zweite setzt das Schiff in Brand und macht Frauen und Kinder zu lebenden Fackeln. Die dritte spaltet den Schiffsbug. Kurz vor dem Untergang ragt nur das Heck, sagt ein Augenzeuge, „rot glühend über das Wasser" – 570 Tote nennen die Zeitzeugen, 1948 wird der stählerne Sarg gehoben.

Mit guter Seemannschaft und einem entschlossenen Wendemanöver im engen Fahrwasser rettet Korvettenkapitän Karl Hetz 1300 Fahrgäste auf seinem Zerstörer Z34. Während der spätere Vizeadmiral der Bundesmarine den Zerstörer mit 15 Knoten seewärts in Sicherheit bringt, setzt es Bombenfontänen an der Wendestelle: Als Hetz die Außenmole passiert und Schiff und Menschen außer Gefahr sind, erscheinen zwei fröhlich lachende Flüchtlingskinder an Deck – „dies Lachen war für uns wohl der glücklichste Augenblick seit langer Zeit", erinnert sich der Mariner später.

Schnelle Flucht rettet auch das Schnellboot S 19, für Gerhard Dallmann „ein Holzkasten, längst nicht mehr kriegstauglich". Der Funker wird nicht nur Zeuge des Untergangs der Stadt, „die regelrecht in grauen, zeitweise wegstoßenden Wolken auseinanderfliegt". Nach dem Angriff sieht er auch die halb gesunkene „Cordilhera", ein als Wohnschiff eingesetztes 12 000-Tonnen-Schiff der Hamburg-Amerika-Linie. Heck und Schiffsschraube ragen in die Luft. Auf der Schraube eine Barkasse, die der Luftdruck hoch geschleudert hat. Der gelernte Optiker desertiert noch vor Kriegsende und schult um – auf Pfarrer.

Nach den Bomben, berichten Zeitzeugen, „kamen die Tiefflieger mit ihren Bordkanonen". Hugo Leckow, Teilnehmer eines Konvois aus Pribbernow nahe der Bischofsstadt Cammin, der 18 Bombentote beklagen muss, über MG-Beschuss am östlichen Swine-Ufer: „Die Tiefflieger waren die Straße bis nach Pritter entlanggeflogen und hatten Menschen und Tiere im Tiefflug vernichtet."

Dietlinde Bonnlander, unterwegs in einem aus 190 Menschen, 27 Pferden und einem Trecker bestehenden Gutskonvoi aus Fritzow: „Wir lagen da, an den Boden gepresst, als auch noch Tiefflieger begannen, sinnlos Jagd auf Menschen zu machen."

Das Einsatzziel des Geschwaders der 8. US-Luftflotte waren offiziell der Verschiebebahnhof und die Bahnhofsanlagen Swinemündes. Nach dem Krieg reichte das Hauptquartier der US-Luftwaffe in Europa nach, der Angriff sei durch eine „Aufforderung der Russen in letzter Stunde" ausgelöst worden und habe „taktische Bedeutung" gehabt. Der Ostseehafen sei „Zentrum des deutschen Nachschubs zur See" gewesen – ein Hohn, angesichts der chaotischen Verhältnisse, des Flüchtlingsstroms und der Auflösungstendenzen zu jener Zeit.

Auch mit den Ergebnissen späterer militärhistorischer Quellenstudien ließ sich die Machtdemonstration der US-Luftwaffe kaum begründen. So hatte der Seekommandant Pommern laut Kriegstagebuch der deutschen Seekriegsleitung vom 9. März 1945 zwar postuliert: „Bestmögliche Verteidigung Swinemünde (einziger noch brauchbarer Kriegshafen Ostsee neben Kiel) von ausschlaggebender Bedeutung für weitere Seekriegsführung."

Doch was nach vermeintlicher Stärke klang, war in Wahrheit ein letzter Appell, keine für die Sicherung der Stadt benötigten Spezialisten abzuziehen. Der Hilferuf des Marinebefehlshabers endete denn auch mit dem Eingeständnis, die Zuführung ursprünglich zugesagter Heerestruppen sei wohl „nicht mehr zu erwarten".

Dass der Hafen zeitgleich vor allem zur Schleuse für Verwundete und Fliehende wurde – diese Situation war den Alliierten bestens vertraut. Wegen der 40 Kilometer entfernten V 1- und V 2-Versuchsanlage in Peenemünde stand die Region unter Dauerobservation von Erkundungsfliegern.

Wie hoch der Blutzoll des Massakers von Swinemünde tatsächlich war, ließ sich nie exakt ermitteln. Die örtlichen Schätzungen gehen von 23 000 Opfern aus, das Gros Zivilisten. Wegen der Seuchengefahr, der nachrückenden Flüchtlinge und der nahen Front mussten die Toten in jenen Tagen schnell bestattet werden. Menschliche und tierische Überreste lagen zugeschüttet in Bombentrichtern. Nach Überlebenden in den Trümmern konnte kaum gesucht werden.

Nur rund 1700 Tote sind namentlich registriert und in Einzelgräbern bestattet. In endlosen Reihen dagegen wurden die sterblichen Überreste Tausender in einem anonymen Massengrab verscharrt. Es liegt auf dem Begräbnishügel Golm, südwestlich von Swinemünde, auf dem auch Marinesoldaten und Uniformierte anderer Waffengattungen bestattet sind.

In Grab 330 liegt ihr Großvater, glaubt Hannelore Jungnickel, die am Fuße der Anlage in Kamminke wohnt und mit ihrem Mann, einem Ex-Grenzer der DDR, oft Besucher betreut. Die ehemalige Poststellenleiterin („Ich sage immer, der Golm ist ein Stück von uns mit") hat seinerzeit das Bombardement in Swinemünde nur überlebt, weil sie es nicht mehr in den rettenden Unterstand geschafft hat: „Die wurden alle verschüttet." Den Großvater hat die Familie damals anhand „der Uhr und des Geldbeutels" identifiziert. Jetzt, sagt die groß gewachsene Frau, „pflegen wir auch die zwei Gräber daneben. Eins von den dreien wird es schon sein".

Es sind aber auch die gegen Kriegsende in die Diaspora getriebenen Überlebenden, die ihre Erinnerung an das Drama hochhalten. Kein „Weihnachtsbrief“, in dem nicht Walter Wunderlich, langjähriger Chef der Heimatgemeinschaft, von der „Patenstadt Flensburg“ aus an jene Zäsur von 1945 erinnert hat, mit der die „bis dahin von uns Deutschen bestimmte Entwicklung der Stadt an der Swine-Mündung jäh abgebrochen“ wurde. Gemeint ist nicht nur die physische Vernichtung.

Denn, Ironie der Geschichte, mit dem „Dresden des Nordens“ stirbt auch der Name Swinemünde. Nach dem Willen der alliierten Sieger wird die geschundene Stadt im Oktober 1945 polnisch und heißt seither amtlich Świnoujście. Die Begräbnisstätte dagegen, eine der größten Kriegsopferstätten Deutschlands, liegt diesseits der Grenze.

Um das Gedenken auf dem gepflegten Todesacker kümmert sich seit der Wende eine von Ingeborg Simon, Pastorin im Ruhestand, geleitete rührige Interessengemeinschaft. Den Seehelden und U-Boot-Kriegern dagegen widmen sich jeweils am Totensonntag rechte Kameradschaftsbünde. Sie marschieren dann mit Kränzen und Parolen („Eure Ehre heißt Treue“) auf.

Vor den Gräbern, umrahmt von einem von Johannes R. Becher entlehnten Epitaph („Dass nie eine Mutter mehr ihren Sohn beweint“), steht Jahrzehnte nach dem Bomben vom 12. März 1945 auch Zeitzeugin Assmus, diesmal nicht unter ihrem Geburtsnamen, sondern unter ihrem Schriftsteller-Pseudonym Carola Stern. Sie beschäftigt sich mit der immer noch offenen Frage: „War das Unrecht, was an diesem Tag geschah?“ Und sie hat eine Antwort parat. In Erinnerung an Joseph Goebbels' „gellende Stimme“, damals im Berliner Sportpalast, sagt sie: „Der totale Krieg schlug furchtbar auf uns selbst zurück.“

Berichte aus einem Totenhaus

In der deutschen Nachkriegsliteratur hat der Bombenkrieg zahllose Spuren hinterlassen. Aber die meisten wurden bald vergessen oder verdrängt. Die Erinnerung an das Grauen belastete nicht nur die Leser, sondern auch die Autoren.

VON VOLKER HAGE

Die Stimme kommt aus weiter Ferne. Mal ist sie klarer, mal weniger deutlich zu vernehmen. „Deutsche Hörer!“, erklingt es mit gestrengem Ton aus dem Äther. „Hat Deutschland geglaubt, es werde für die Untaten, die sein Vorsprung in der Barbarei ihm gestattete, niemals zu zahlen haben?“ Der Schriftsteller Thomas Mann spricht zu seinen deutschen Landsleuten. Es ist ein Tag im April 1942. Kurze Zeit zuvor ist seine Heimatstadt Lübeck bei einem Angriff britischer Bomber weitgehend zerstört worden, darunter auch „das Haus meiner Großeltern, das so genannte Buddenbrook-Haus in der Mengstraße“.

Die Stimme kam tatsächlich von weit her: nicht nur über den Äther, sondern über den Atlantik. Thomas Mann (1875 bis 1955), der seit 1938 im US-Exil lebte, sprach seine monatlichen Reden gewöhnlich in Los Angeles, in einem Studio der Radiostation NBC, auf Schallplatte, die dann mit dem Flugzeug nach New York gebracht, dort telefonisch nach London überspielt und schließlich von der BBC auf Langwelle ins Deutsche Reich ausgestrahlt wurde.

Die Ansprache vom April 1942 war Thomas Mann nicht leicht gefallen. Als er einige Tage zuvor im Tagebuch festhielt, London wünsche eine „special message über Lübeck“, setzte er hinzu: „Kaum tunlich.“ Er überwand dann zwar seine Bedenken, doch als er bald darauf, im Mai, vom britischen Angriff auf Köln hörte, zeigte er sich in seinen privaten Aufzeichnungen umso erschrockener. „Furchtbarer Air-Raid auf Köln, 1000 Flugzeuge“, notierte er. Die Flammen seien bis Holland sichtbar gewesen: „Vernichtung und Panik. Erschütternd, aber die Sühne beginnt.“

Thomas Manns Exilnachbar Bertolt Brecht zeigte sich während des Krieges über die harten Äußerungen des Kollegen in Bezug auf die deutsche Zivilbevölkerung empört. Im Tagebuch hielt er im August 1943 eine angebliche mündliche Äußerung des anderen fest („Ja, eine halbe Million muss getötet werden in Deutschland") und kommentierte: „Der Stehkragen sprach." Für Brecht (1898 bis 1956) waren die alliierten Luftangriffe beklemmend: „Das Herz bleibt einem stehen, wenn man von den Luftbombardements Berlins liest", heißt es. „Da sie nicht mit militärischen Operationen verknüpft sind, sieht man kein Ende des Krieges, nur ein Ende Deutschlands."

Im selben Jahr, 1943, fragt sich Brecht als Lyriker nach dem Schicksal seiner Heimatstadt und blickt auf das Wiedersehen mit Deutschland voraus. „Die Rückkehr" lautet der Titel des erst später, 1949, publizierten Gedichts, und die Leitfrage ist, wie die „Vaterstadt" für ihn überhaupt zu finden sein werde: „Wo denn liegt sie?" Antwort: „Wo die ungeheueren/Gebirge von Rauch stehn./Das in

Churchill und die „Soldaten"

Weltberühmt wurde er schon durch das erste Theaterstück „Der Stellvertreter", 1963 in Berlin uraufgeführt und unlängst auch verfilmt, eine Anklage gegen den Vatikan wegen dessen Stillschweigen zur Zeit des Holocaust. Und das Interesse am Zweiten Weltkrieg bestimmte auch Rolf Hochhuths zweites Stück „Soldaten", seinen Versuch, die Problematik internationalen Kriegsrechts (der Genfer Konvention) am Beispiel der alliierten Luftangriffe gegen die deutsche Zivilbevölkerung auf die Bühne zu bringen. Das umfangreiche Werk, 1967 wiederum in Berlin uraufgeführt und danach von London bis New York gezeigt und heftig diskutiert, macht die Überzeugung von Hochhuth deutlich, dass der „Bomberpilot zu einem der exemplarischen Sünder der Epoche wurde". Zugleich aber ist das Stück „Soldaten", vom Autor als „Tragödie" bezeichnet (Untertitel: „Nekrolog auf Genf"), auf paradoxe Weise eine Hymne auf den Gegenspieler Hitlers, den britischen Premier Winston Churchill, der die britischen Angriffe auf die deutschen Städte billigte und verteidigte. „Churchill liebe ich heute", bekräftigte der Dramatiker, der auch Prosa und Gedichte schreibt, im März 1967 in einem Brief an Golo Mann, als die Arbeit an dem Bühnenwerk weitgehend abgeschlossen war – bis heute ist das Stück der einzige Versuch geblieben, mit den Mitteln des Theaters die moralische und militärstrategische Frage des Luftkriegs zu diskutieren.

den Feuern dort/Ist sie." Und gewissermaßen an die ferne Heimat gerichtet, heißt es weiter: „Vor mir kommen die Bomber. Tödliche Schwärme/Melden euch meine Rückkehr. Feuersbrünste/Gehen dem Sohn voraus."

Ein anderer Exilnachbar, der sich allerdings – anders als die Manns – in den gastfreundlichen USA nie wohl gefühlt hatte, fuhr als einer der Ersten: Alfred Döblin („Berlin Alexanderplatz"). Er betrat im November 1945 deutschen Nachkriegsboden und ließ sich zunächst in Baden-Baden nieder, wo er für die französische Militärbehörde arbeitete. Auf ersten Reisen besuchte er 1946 Stuttgart, Mainz und Pforzheim – und er verglich das, was er sah, mit den Vorstellungen, die er und andere im Exil sich von den deutschen Zuständen gemacht hatten: „Nicht durch das Gehirn des schwärzesten Pessimisten irrte damals eine solche Phantasie, wie sie jetzt Realität geworden ist. Es gibt Städte, von denen wenig mehr als die Namen existieren. Andere sind so umgelegt worden, dass sie völlig ihren Charakter einbüßten." Aus dem Land sei eine Wüste geworden. Der Rückkehrer fühlte sich im Übrigen so wenig wahrgenommen und erwünscht, dass er im Frühjahr 1953 nach Paris übersiedelte. Für Döblin (1878 bis 1957) erwies sich die Rückkehr nach Deutschland als Sackgasse.

Ruinen, Trümmergrundstücke und Brachland bestimmten noch ein Dutzend und mehr Jahre nach 1945 in Deutschland das Bild. Für die Nachkriegskinder war der Anblick so vertraut, dass manche ihn „für eine sozusagen natürliche Gegebenheit aller größeren Städte" halten mochten – wie es später der Schriftsteller W. G. Sebald, Jahrgang 1944, formuliert hat, für den in jungen Jahren „Schutthalden, Brandmauern und Fensterlöcher" geradezu Stadt definierten.

Sebald war es auch, der mehr als 50 Jahre danach, am Ende des 20. Jahrhunderts in einer Poetikvorlesung (und danach in einem Buch) zu der Überzeugung kam, dass in der deutschen Literatur das Thema der Bombennächte weitgehend ausgespart worden sei – Grund war nach seiner Meinung „das über die äußere und innere Zerstörung verhängte Tabu". Das ist auf den ersten Blick eine verblüffende Feststellung, und von Anfang an wurde seiner These, zum Teil recht heftig, widersprochen. Doch würde man es sich mit der Position Sebalds allzu einfach machen, wollte man ihr mit dem quantitativen Argument einer Aufzählung von Gegenbeispielen entgegentreten.

Sebald wollte im Grunde auf etwas anderes hinaus: Für ihn ist die Gewinnung von „ästhetischen und pseudoästhetischen Effekten aus den Trümmern einer vernichteten Welt“ grundsätzlich fragwürdig, auch betrachtet er – „auf Grund des von so vielen miterlebten und vielleicht nie wirklich verwundenen Grauens“ – „im Nachhinein imaginierte Katastrophenpanoramen der in Flammen stehenden deutschen Städte“ mit äußerster Skepsis, alle späteren Versuche also, sich in die vom Feuersturm Betroffenen hineinversetzen zu wollen.

Also lieber davon schweigen? Der Begriff „Katastrophe“ war schon den Hamburger Zeitzeugen im Sommer 1943 nach den tagelangen Angriffen der „Operation Gomorrha“ sogleich zur Hand: Der interne Polizeibericht vom Dezember („Nur für den Dienstgebrauch!“) trug in der Anlage „Erfahrungen“ die Überschrift „Die Hamburger Luftangriffs-Katastrophe im Juli-August 1943“.

Der Schriftsteller Hans Erich Nossack nannte seinen eigenen, ebenfalls im Dezember 1943 abgeschlossenen, erst nach dem Krieg publizierten Bericht schlicht „Der Untergang“ – und er fragte sich schon damals verzweifelt, ob man das „Bild der völligen Vernichtung“, das sich ihm in seiner Heimatstadt in den Tagen nach jenen Angriffen bot, überhaupt der Nachwelt vermitteln sollte: „Wozu dies alles niederschreiben? Wäre es nicht besser, es für alle Zeiten der Vergessenheit preiszugeben?“

Der Schock saß tief, und Nossack, der mit seiner Wohnung auch fast alle Manuskripte und Tagebücher verloren hatte, konnte ihm nur begegnen, indem er wie ein Chronist, um äußerste Nüchternheit und Sachlichkeit bemüht, notierte, was er sah und hörte: „Was uns umgab, erinnerte in keiner Weise an das Verlorene. Es hatte nichts damit zu tun. Es war etwas anderes, es war das Fremde, es war das eigentlich Nicht-Mögliche.“ Der klare, unpathetische Stil macht seinen Bericht zu einem Musterfall einer auch nach Jahrzehnten noch überzeugenden Darstellung des verheerenden Luftangriffs. Besser gesagt von dessen Folgen, denn Nossack, der das eigentliche Bombardement nicht in Hamburg selbst, sondern zufällig vor den Toren der Stadt erlebte, in dem Dorf Horst (mit dessen Namen sich heute ein Autobahndreieck verbindet), lässt den eigentlichen Schrecken nur indirekt, durch die Erzählungen von anderen einfließen: „Was sie erzählen, wenn sie überhaupt davon sprechen, ist so unvorstellbar grauenhaft, dass es nicht zu begreifen ist, wie sie es bestehen konnten.“

Nossack stellte seinem Text ein Motto von Dostojewski („Aus einem Totenhaus“) voran: „Im allgemeinen sprachen sie wenig über ihre Vergangenheit, sie erzählten nicht gern und bemühten sich, wie es schien, nicht an das Frühere zu denken.“

Hat der Luftkrieg tatsächlich, wie Sebald behauptet, bei den Deutschen „kaum eine Schmerzensspur“ hinterlassen? Das gilt zumin-

Die Katakomben von Dresden

Ein Roman hat den Amerikaner Kurt Vonnegut berühmt gemacht: „Schlachthof 5“ – ein Roman, der 1969 in den USA (auf Deutsch 1970) erschien, später auch verfilmt wurde und von der Schwierigkeit handelt, als Augenzeuge einen Roman über die Bombardierung Dresdens im Februar 1945 zu schreiben. Vonnegut war zu der Zeit als Kriegsgefangener dort. Nachdem er aus dem Zweiten Weltkrieg heimgekommen war, so der Ich-Erzähler (hinter dem sich Vonnegut weitgehend zu erkennen gibt), „glaubte ich, es würde mir nicht schwer fallen, über die Zerstörung von Dresden zu schreiben, denn alles, was ich zu tun hätte, wäre zu berichten, was ich gesehen hatte“. Das erste Problem, das sich ergab: Niemand in den USA interessierte sich dafür („Es war nun, wo ich wieder in Amerika war, kein berühmter Luftangriff“) – oder man glaubte, den Erzähler darüber belehren zu müssen, dass es in Deutschland KZ gegeben habe (seine Antwort: „Ich weiß, ich weiß, ich weiß“). Über viele Jahre wird das Projekt ergebnislos vorangetrieben, erst in den sechziger Jahren, zur Zeit des Vietnamkriegs, fand Vonnegut seine Form: „kurz, wirr und schrill“ – da „über ein Blutbad sich nichts Gescheites“ sagen lasse. „Kriegsgefangene aus vieler Herren Länder kamen an jenem Morgen an einem bestimmten Ort in Dresden zusammen. Eine Anordnung lautete, hier mit dem Graben nach Leichen zu beginnen. Also begann man zu graben.“ Und so gipfelt der Roman, der eine verrückte Mischung aus amerikanischen Alltagssituationen und bruchstückhaften Erinnerungen bietet, schließlich in einer einzigen Szene aus Dresden, für Vonnegut Inbegriff seiner Erfahrung: „Eine ganze Stadt wird in Schutt und Asche gelegt, und Tausende und Abertausende von Menschen werden getötet … Irgendwo dort wurde der arme alte Hochschullehrer Edgar Derby mit einem Teekessel ertappt, den er aus den Katakomben mitgenommen hatte. Er wurde wegen Plünderns festgenommen. Er wurde verurteilt und erschossen. So geht das.“

dest nicht für zahllose Briefe und Tagebücher, die während des Krieges im Deutschen Reich geschrieben, allerdings nur zum geringen Teil nach Kriegsende veröffentlicht worden sind.

Sirenen, Radiomeldungen, Bunkergänge, Flak- und Bombenlärm, Nervenanspannung, Feuer und Rauch, Tod und Überleben: Die Notizen der Städtebewohner sind gespickt mit den Ritualen des Bombenalltags: Der war im Verlauf des Krieges mehr und mehr Routine geworden – und routiniert ist oft auch der Ton, in dem er, neben den anderen Sorgen des Lebens, festgehalten wird: „Die Sirene ist ein so vertrautes Geräusch, dass wir sie kaum noch ernst nehmen. Man streckt sich im Keller zur Ruhe", beginnt ein solcher Eintrag über einen Angriff auf Berlin im August 1943. Dann aber, kurz darauf: „Wir würgen, wir husten. Rechts brennt es, links brennt es. Von allen Seiten regnet es Feuer. Die Zeit steht still. Die Ewigkeit hat begonnen."

So steht es – in einer typischen Mischung aus Apathie und Erschrecken – in einem der gelungeneren Dokumente, im Tagebuch der Journalistin und Widerstandskämpferin Ruth Andreas-Friedrich, das erstmals 1947 publiziert wurde – und schon früh dokumentierte, dass die vom Luftkrieg Betroffenen sich keineswegs allesamt nur als Leidende empfanden.

In einem früheren Eintrag (Februar 1943) wird vom Abtransport jüdischer Nachbarn durch die SS berichtet, und am Tag darauf ist zu lesen: „Die Engländer haben die Untat gerächt. Mit einem Großangriff auf Berlin, wie er bisher nicht seinesgleichen sah." Es sind vor allem Tagebücher von Frauen, die ein genaues Bild des Kriegsalltags in den deutschen Städten zeichnen – nicht selten regimekritisch. Ebenfalls in Berlin machte die Journalistin Ursula von Kardorff regelmäßig heimlich ihre Notate: Die „Berliner Aufzeichnungen" (1962) wurden „auf Grund von Tagebucheintragungen, Notizen in Taschenkalendern und Briefen" von ihr nach Kriegsende zusammengestellt.

Die Bevölkerung habe sich damit abgefunden, notierte im Februar 1945 in Berlin auch der Schriftsteller Erich Kästner, „dass es Tag und Nacht Bomben regnet, ohne jede Gegenwehr, und dass die fremden Geschwader, auch tagsüber und bei blauem Himmel, in Paradeformation daherkommen". Man reiße blutige Witze: „Roosevelt und Hitler, sagt man, hätten die für den Rest des Krieges verbindliche Übereinkunft getroffen, dass jener die Flugzeuge und dieser den Luftraum zur Verfügung stelle."

Das Journal schien vielen als die geeignetere Form, den Schrecken und den Alltag, bisweilen auch die Faszination des Krieges festzuhalten, jedenfalls so weit man zeitweise oder gänzlich fern der Front war. Nicht alle konnten dabei – wie im Mai 1944 Ernst Jünger – von so enthobener, erhobener Position aus, nämlich vom Dach des „Raphael" in Paris, den gewaltigen Sprengwolken bei einem Luftangriff und den alliierten Geschwadern in großer Höhe zuprosten: „Beim zweiten Mal, bei Sonnenuntergang, hielt ich ein Glas Burgunder, in dem Erdbeeren schwammen, in der Hand. Die Stadt mit ihren roten Türmen und Kuppeln lag in gewaltiger Schönheit, gleich einem Kelche, der zu tödlicher Befruchtung überflogen wird. Alles war Schauspiel, war reine, von Schmerz bejahte und erhöhte Macht."

Anderen Kollegen fehlte solche Gelassenheit, sie waren nur noch gehetzt oder verzweifelt. Wie Gottfried Benn (1886 bis 1956), der als Militärarzt arbeitete und im Februar 1945 aus Berlin in einem Brief die Luftangriffe als „schauerlich" bezeichnete („kein Gas, kein Wasser, kein Telefon, nichts zu essen"). Oder wie der greise Gerhart Hauptmann (1862 bis 1946), der im selben Monat den „Terrorangriff über Dresden" erlebte: „Schüsse von gewaltigstem Ausmaß aus der von Menschen entehrten Luft. Auch dies sollte ich noch erleben." Es seien dies „Gewitterschrecken ins Dämonische, höllische, verstärkt".

Bis Anfang der sechziger Jahre erschienen in Deutschland Ost und West eine ganze Reihe von Romanen, in denen die Figuren immer wieder in Bunkern sitzen müssen, durch brennende Straßen laufen oder von Tieffliegern attackiert werden. Die Bücher tragen Titel wie „Die Galeere" (1949), „Die unverzagte Stadt" (1949), „Der Himmel war unten" (1951), „Die sterbende Jagd" (1953), „Nie war die Nacht so hell" (1953), „Am Tor des Himmels" (1954), „Wolke, Orkan und Staub" (1955), „Als die Uhren stehen blieben" (1957) oder „Die Feuer sinken" (1960). Die meisten davon sind mittlerweile längst vergessen, auch ihre Autoren kaum noch bekannt: Bruno E. Werner, Otto E. Kiesel, Hugo Hartung, Gerd Gaiser, Michael Graf Soltikow, Gertrud von Le Fort, Günther Birkenfeld, Werner Steinberg und Eberhard Panitz.

Die Novelle „Am Tor des Himmels“ von Gertrud von Le Fort (1876 bis 1971) schert im Ton aus: eine klassische Rahmenerzählung, bei der die Erzählgegenwart in einer Bombennacht, irgendwo in einer namenlosen deutschen Stadt, die eigentliche Geschichte bedrohlich und am Ende vernichtend umklammert hält. Kurz bevor der Angriff beginnt, wird nämlich dem Ich-Erzähler eine unersetzliche Handschrift aus der Zeit des Dreißigjährigen Kriegs und der Ketzerprozesse zum ersten Mal gezeigt und vorgelesen – gleichzeitig auch zum letzten Mal, denn nach dem Bombardement geht sie in den Wirren und Bränden für immer verloren. So dramatisch das Geschehen aus dem Rom der Inquisition in der Binnenerzählung dargestellt wird, so behutsam lässt die Autorin ihren Erzähler die Parallelhandlung im Zweiten Weltkrieg andeuten und die hilflose Panik im Luftschutzkeller lediglich umschreiben: „Ich übergehe die Stunden, die nun folgten, weiß ich doch nicht einmal, ob es Stunden waren – Todesängste werden nicht mit dem Zeiger der Uhr gemessen, wir waren außerhalb der Zeit.“

Damit wird zugleich vermieden, was romanhafte Schilderungen des Luftkriegs selbst bei grausamsten Szenen unweigerlich zeigen: eine große Allgemeinheit, eine verwirrende Austauschbarkeit. Es ist für den Romancier offenbar nur schwer möglich, jenem grausamen Paradox zu entgehen, das auch schon die Wirklichkeit (soweit durch Augenzeugenberichte dokumentiert) für die Betroffenen bereithält: dass nämlich das, was für den Einzelnen eine von Grund auf erschütternde Erfahrung sein kann, gleichzeitig eine Erfahrung ist, die neben ihm Millionen andere in nahezu identischer Weise durchgemacht haben. Und deshalb mag es für einen Schriftsteller am Ende gar nicht die entscheidende Rolle spielen, ob er selbst dabei war oder nicht, ob er dieses kollektive Geschehen als Augenzeuge erlebt oder ob er es sich von anderen hat berichten lassen.

Mitte der fünfziger Jahre erschien dann aber der deutsche Roman über den Bombenkrieg, der nahezu alles aufwog, was bisher von der Nachkriegsliteratur zu diesem Thema geleistet worden war. Die Eröffnungsszene zeigt eine Stadt im Bombenhagel. „Mitteleuropäische Zeit 13^{01}“, heißt es vorweg, und: „Lasset die Kindlein zu mir kommen.“ Dann: „Als die erste Bombe fiel, schleuderte der Luftdruck die toten Kinder gegen die Mauer. Sie waren vorgestern in einem Keller erstickt. Man hatte sie auf den Friedhof gelegt, weil ihre Väter an der Front kämpften und man ihre Mütter erst suchen musste ... Das war der Beginn." Frauen versuchen, sich und ihre noch lebenden Kinder in Sicherheit zu bringen. Vergebens: „Neben der Mutter stand eine Frau und brannte wie eine Fackel. Sie schrie. Die Mutter blickte sie hilflos an, dann brannte sie selbst. Von den Beinen herauf, über die Unterschenkel bis zum Leib. Das spürte sie noch, dann schrumpfte sie zusammen."

In solch gehetzt-lakonischem Stil geht es unerbittlich weiter. Dieser kalt anmutende, völlig unsentimentale, ja rabiate Ton des Romans „Vergeltung" (1956) lässt noch heute aufhorchen. Damals stand er in der deutschen Nachkriegsliteratur einzigartig dar. So klar, so hart, so unverblümt hatte vorher noch niemand vom Luftkrieg erzählt, ganz ohne Schnörkel und scheinbar ohne Pathos.

Fegefeuer der Bombennacht

Es war nicht allein das Gefühl von Angst, was manche in den Bunkern und Bombenkellern beherrschte, sondern zugleich das der Hoffnung: auf ein schnelleres Ende von Krieg und Nazi-Herrschaft. Wolf Biermann (dessen jüdischer und kommunistischer Vater Anfang 1943 nach Auschwitz gebracht und dort ermordet wurde) hat es wie kein Zweiter formuliert: sowohl in seinem 1993 geschriebenen Gedicht „Die Elbe bei Hamburg" als auch im Nachwort zu seinem Buch „Alle Gedichte" (1995), wo es heißt: „Ich verstand nichts im Luftschutzkeller, außer Luftholen und Mamas Hand. Aber meine Mutter freute sich über die englischen Bomben. Es war nur so unpraktisch, dass sie uns auf den Kopf flogen." Biermanns Fazit in Versen: „Ich hatte Glück und ward ein braves Kind mein Leben lang/Genau auf sechseinhalb blieb meine Lebensuhr da stehen." Und es gibt noch ein früheres Lied, in das die Erinnerungen an den Hamburger Feuersturm eingeflossen sind, aus dem er sich im Juli 1943 retten konnte: „Jan Gat unterm Himmel in Rotterdam", geschrieben 1988. „Jan Gat" wird vom Volksmund jene Skulptur in Rotterdam genannt, die an den deutschen Bombenangriff im Jahre 1940 erinnern soll und einen Mann zeigt, der die Arme zum Himmel reckt und ein großes Loch im Bauch hat („Gat" heißt „Loch"): „Jan Gat, ich kenne die alte Furcht/Ich komm ja aus Hamburg her", singt Biermann und erinnert sich in dem Lied an das „Fegefeuer der Bombennacht": „Und weil ich unter dem Gelben Stern/In Deutschland geboren bin/Drum nahmen wir die englischen Bomben/Wie Himmelsgeschenke hin."

Der Verfasser, Gert Ledig (1921 bis 1999), war nicht ganz unbekannt. Sein erster Roman „Die Stalinorgel“ (1955) galt, in vielen Übersetzungen verbreitet, als internationaler Erfolg und als einer der besten deutschen Romane über den Zweiten Weltkrieg.

Während das, was der Romancier Ledig an Grausamkeit von der Ostfront zu berichten wusste, Kritik und Publikum in den fünfziger Jahren als Bild vom Soldatentod noch gerade erträglich gewesen zu sein scheint, ging die blanke Schilderung der Tötung von Frauen und Kindern in diesem Buch ganz offenbar zu weit – die Kritik war verheerend. Seine Chance sollte der Roman „Vergeltung“ erst bekommen, als er mehr als 40 Jahre nach seinem ersten Erscheinen, im Herbst 1999, noch einmal ediert wurde.

Nun plötzlich wurde die „Vergeltung“ von der Kritik gefeiert und vom Publikum angenommen. Was seinerzeit Verstörung und Empörung ausgelöst hatte, „das Fehlen jeder metaphysischen Absicherung, die ungeschönte Bilderfülle der Hölle auf Erden“ – jetzt wurde es uneingeschränkt als Qualität erkannt. Gert Ledig erlebte die positive Resonanz nicht mehr, er starb, kurz bevor die Neuausgabe der „Vergeltung“ erschien: die letzte bittere Pointe einer komplizierten deutschen Autorenlaufbahn.

In den neunziger Jahren, nach der Wende, war offenbar ein neuer Blick zurück möglich geworden, ja zwingend geboten: Von den Zeitzeugen, die den Zweiten Weltkrieg als Erwachsene erlebt hatten, lebten immer weniger, und auch jene, die damals Kinder oder Jugendliche waren, kamen langsam ins Alter, vor allem jene, die zur Flakhelfer-Generation gezählt worden, die also Ende der zwanziger Jahre geboren worden waren.

Erinnerungen wurden geschrieben oder tauchten fast nebenbei in anderen Zusammenhängen auf – wie in dem Essay „Aussichten auf den Bürgerkrieg“ (1993) von Hans Magnus Enzensberger, Jahrgang 1929. Er sehe sich immer noch, heißt es da, „nach fünfzig Jahren, in einem Keller hocken, eingewickelt in eine Decke“. Das Gebell der Flak könne er bis auf den heutigen Tag vom Heulen einer Luftmine unterscheiden: „Manchmal sucht mich im Traum der auf- und abschwellende Ton der Sirenen heim, eine widerwärtige Melodie.“

Ludwig Harig, 1927 geboren, erklärte 1990 in seinem autobiografischen Roman „Weh dem, der aus der Reihe tanzt“: „Nie werde ich in den Bahnhof von Merzig einfahren können, ohne an den Tag zurückzudenken, als wir dort, von Tieffliegern angegriffen, aus dem Zug stürzten und uns kopfüber zwischen die Schienen warfen." Eine Gruppe amerikanischer Jagdbomber griff die Menschen auf dem Bahnsteig an, eine alte Frau schrie nach ihrer Tochter, die sich schützend über einen Kinderwagen werfen wollte und dabei stürzte: „Dort lag sie, ohne sich zu rühren, ich wusste nicht, ob sie schon tot war, doch dann strich eine Kugelgarbe über sie hinweg und perforierte sie der Länge nach vom linken Schulterblatt den Rücken hinunter bis zum Oberschenkel, und da wusste ich, dass ihr nicht mehr zu helfen war."

Ob Günter Kunert, Jahrgang 1929, in seinen Erinnerungen „Erwachsenenspiele" (1997) beschreibt, wie er als Halbwüchsiger zusieht, als eine Frau schreiend in den Berliner Trümmerbergen wühlt und „geschwärzte und deformierte Überbleibsel von Körpern ans Licht" zerrt, oder Günter de Bruyn, Jahrgang 1926, in „Zwischenbilanz" (1992) als Jugendlicher vor den Trümmern des Hauses steht, „in dem ich geboren und aufgewachsen war", nachdem eine Luftmine im Hof detoniert war (seine Schwester half bis zum Morgen Tote und Verwundete wegzutragen) – das Fazit ist überall das gleiche: „Meine Kindheit war nun wohl wirklich zu Ende" (de Bruyn).

In den berühmten Nachkriegsromanen dieser Generation war das alles, wenn überhaupt, nur am Rande vorgekommen: in den frühen Werken von Günter Grass, Siegfried Lenz oder Martin Walser, selbst von Walter Kempowski. Walser ließ erst 1991 in seinem Roman „Die Verteidigung der Kindheit" den Luftkrieg zum Thema werden – verfasst nach der Lebensgeschichte eines Mannes, der als Kind den Feuersturm von Dresden erlebte.

Sein Jahrgangsgenosse Grass, der im Sommer 1944 mit 16 zum Flakhelfer ausgebildet worden war und in Berlin seinen ersten Luftangriff erlebte, hatte in seiner „Blechtrommel" (1959) dafür nur eine kurze, komische Szene übrig, in der sein Zwergenheld Oskar der Liliputanerin Roswitha in dem Augenblick beiwohnt, „als über uns die Luftminen runtergingen, den Keller mit Inhalt schüttelten und verschütteten, das Licht und Notlicht wegnahmen, als alles durcheinanderlag" – und das „während eines Großangriffs auf die Reichshauptstadt ... bis die vom Luftschutz uns ausbuddelten". Erst im Herbst 2000 empfand auch Grass offenbar ein Versäumnis,

Feuersturm im „Echolot"

In Walter Kempowskis Roman „Tadellöser & Wolff" (1971), der detailliert bürgerliches Leben in einer Rostocker Familie vor und während des Krieges beschreibt und von Eberhard Fechner fürs Fernsehen verfilmt wurde, wird ein Luftangriff auf Rostock im April 1942 geschildert, erzählt freilich, wie der Autor selbst später einräumte, in launiger Weise: „Ende April stand eine Lateinarbeit bevor. Ich betete zu meiner Privatgöttin Santa Claude um Fliegeralarm. Und er kam. Und wie! ... Mich interessierte besonders, welche Kirchen und welche Kinos abgebrannt waren." Die Sicht von oben, die Perspektive der Angreifer, dokumentierte Kempowski, indem er sich für die deutsche Übersetzung der Erinnerungen eines ehemaligen US-Bomberpiloten einsetzte, der 1944 nach einem Angriff auf Hamburg über Norddeutschland abgeschossen worden war und darüber ein Manuskript verfasst hatte: „Die Feuerreiter" von Ray T. Matheny (1988). Die Edition war ein Beispiel für die Tätigkeit des Sammlers Kempowski, der schon in den siebziger Jahren damit begonnen hatte, Tagebücher, Briefe, Fotos und andere Zeugnisse von Zeitgenossen zu archivieren. Präsentiert wurde ein Teil davon erstmals 1993 in der vierbändigen Textcollage „Echolot", der ersten Lieferung des gigantischen Projekts einer kollektiven Chronik des Zweiten Weltkriegs. Schilderungen des Luftkriegs finden sich vor allem in der zweiten – ebenfalls vierbändigen – „Echolot"-Lieferung mit dem Titel „Fuga furiosa" (1999), die die Wochen zwischen dem 12. Januar und dem 14. Februar 1945 umfasst und nicht zufällig mit den Bombenangriffen auf Dresden enden. Auch hier finden sich beide Perspektiven: die aus der Luft und die am Boden. Diese eindrucksvolle und vielschichtige Dresden-Collage über die Zeit vom 13. und 14. Februar hat Kempowski auch in einer eigenständigen Edition veröffentlicht: „Der rote Hahn. Dresden im Februar 1945" (2001) – dort um drei Tage (bis zum 17. Februar 1945) und um zahlreiche Texte erweitert. Durchgängig zitiert etwa wird aus den posthum publizierten Tagebüchern des jüdischen Wissenschaftlers Victor Klemperer (1881 bis 1960), der die Nazi-Zeit in Dresden überlebte – und auch die Bombardierung, die ihn am Ende vor dem endgültigen Zugriff der Gestapo rettete.

indem er in einer Rede in Vilnius davon sprach, in der deutschen Nachkriegsliteratur habe die „Erinnerung an die vielen Toten der Bombennächte und Massenflucht" nur wenig Raum gehabt.

Inzwischen hatten sich aber auch schon die Kinder des Bombenkriegs zu Wort gemeldet, wie der 1935 geborene Dieter Forte. Die Erfahrungen der Bombennächte verarbeitete er vor allem in seinem Roman „Der Junge mit den blutigen Schuhen" (1995): „Die Sirenen jaulten, brüllten ihre eintönigen Melodien, an- und abschwellende Gesänge, lang gezogenes Wehklagen, tief aufbrummend, schnell hochsteigend in schmerzhafte Höhen, die in den Ohren lagen, ins Gehirn drangen, sich festsetzten, sich nie mehr aus dem Körper entfernten, so dass man sie auch hörte, wenn keine Sirene lief, wenn Stille war, aber das war selten." Der Roman, Mittelteil einer 1998/99 abgeschlossenen Trilogie („Das Haus auf meinen Schultern"), einer Generationen umfassenden Familiensaga, zählt in der deutschen Literatur zu den eindringlichsten Darstellungen des Luftkriegs.

Auch Ralph Giordano, Jahrgang 1923, erzählte in seinem autobiografisch gefärbten Roman „Die Bertinis" (1982), der später auch für das Fernsehen verfilmt wurde, „die Leidensgeschichte einer Familie italienisch-schwedisch-jüdischer Herkunft", wie Heinrich Böll es damals in einer begeisterten Kritik formulierte: eine Geschichte, deren Faden der Autor Ende des 19. Jahrhunderts aufnimmt und dem er bis in die Zeit nach dem Zweiten Weltkrieg folgt. Von Sizilien führt der Weg der Bertinis nach Hamburg, wo sie nach 1933 von der Gestapo bedroht werden – und später dann auch von den alliierten Flugzeugen, deren Angriffe im Sommer 1943 sie in der Lindenallee erleben, einer prächtigen Wohnstraße in Hamburg-Eimsbüttel. Danach verlassen sie die Stadt: „Ausgebombt, verschlagen in ein Dorf in der Altmark, wo sie überraschend viel Hilfe erfahren, ständig unter Todesangst" (Böll).

Der Skeptiker Sebald hat freilich gegen das Autobiografische einen grundsätzlichen Einwand geltend gemacht, indem er 1999 schrieb: „Das anscheinend unbeschadete Weiterfunktionieren der Normalsprache in den meisten Augenzeugenberichten ruft Zweifel herauf an der Authentizität der in ihr aufgehobenen Erfahrung." Dennoch hat sich inzwischen herausgestellt, dass die behauptete Lücke in der deutschen Literatur eher eine der Nachfrage als der künstlerischen Produktivität ist. Vieles wurde schnell vergessen, manches tauchte mehr als ein halbes Jahrhundert nach Kriegsende überhaupt erst auf – oder könnte sogar noch kommen.

Sebald selbst hat in einer kurzen Passage seines Buches „Luftkrieg und Literatur“ vorgeführt, dass eine erzählerische Annäherung auch dem Nachgeborenen möglich ist: Ohne den distanzierten Blick aufzugeben, taucht er hinein in die Hölle der Vergangenheit und zeichnet den Hamburger Feuersturm eindrucksvoll nach. Es sind nur wenige Seiten, auf denen Sebald, der Ende 2001 ums Leben kam, vom Theoretiker des Luftkriegs zum Erzähler wird, aber sie zeigen doch, was vielleicht auch hinter seinen Thesen von der unzureichenden Nachkriegsliteratur steht: der Wunsch, selbst über dieses Thema zu schreiben. Dazu ist er in größerem Maßstab nicht mehr gekommen.

Vielleicht aber hätte die Trostlosigkeit solcher Szenen ihn auch, wie andere, vorzeitig erschöpft. In einem Gespräch sagte er: Man könne sich „mit all diesen Dingen“ nicht sehr lange beschäftigen, „ohne Schaden zu nehmen, auch an der eigenen Gesundheit“. Selbst wenn man nur versuche, „das zu skizzieren“, sei das eigentlich mehr, „als man aushalten kann“.

Wie die Bomber Hitler halfen

VON HANS MOMMSEN

Mit dem Feuersturm in deutschen Städten wollten alliierte Luftkriegsplaner Widerstand gegen Hitlers System schüren. Das ging nicht auf – im Gegenteil: Unter den Bomben entstand Durchhalte-Stimmung, NS-Organe konnten sich als Nothelfer inszenieren und banden das Volk ans Regime.

Der alliierte Bombenkrieg gegen Deutschland gehört zu den meist verdrängten Kapiteln der Geschichte des Dritten Reiches, vergleichbar nur mit der Wahrnehmung der Shoah durch die Deutschen. Die traumatischen Erfahrungen der Bombennächte, der Zerstörung fast aller größeren Städte im Reich, der unerwartete Tod, der die eigenen Familien, die Nachbarn, die Mitbürger erfasste, der plötzliche Verlust von Wohnung und Eigentum, das Gefühl völliger Wehr- und Hilflosigkeit, trafen einen immer mehr anwachsenden Teil der Bevölkerung, als der Luftkrieg auch das platte Land erfasste und die Tieffliegerangriffe der Alliierten jeden Einzelnen bedrohten. Sie lösten Apathie, Verzweiflung, seelische Schocks aus, wurden aber von den meisten weitgehend verdrängt

In der Stunde unmittelbarer Bedrohung und unvorstellbaren Grauens trat der Überlebenstrieb in den Vordergrund. Er befähigte die Einzelnen zu ungeheuren physischen Leistungen und die Gemeinschaft zu einer nie wiederkehrenden Solidarität und Hilfsbereitschaft. Erst heute, ein halbes Jahrhundert danach, treten die Ereignisse des Bombenkrieges wieder ins Bewusstsein, und es drängt sich die Frage auf, wie die Bevölkerung politisch und sozialpsychologisch auf sie reagiert hat.

Das britische Bomberkommando gab sich bekanntlich der Vorstellung hin, durch die Massenbombardements den Widerstandswillen der deutschen Bevölkerung aushöhlen und sie zu Gegnern der NS-Diktatur machen zu können. Erst in zweiter Linie versprach es sich davon entscheidende Einschnitte in die deutsche Industrieproduktion. In der Direktive des britischen Luftfahrtministeriums zum „Area Bombing" vom 14. Februar 1942 hieß es, das „Hauptziel" müsse sein, durch Flächenbombardements auf die deutschen Großstädte „die Moral der Zivilbevölkerung, insbesondere die der Industriearbeiterschaft" zu zerstören. Diese vor allem von Luftmarschall Harris vertretene Linie blieb auch bestehen, als sich die U.S. Air Force in immer größerem Umfang an den Bombenangriffen auf das Reich beteiligte, obwohl sie der Zerstörung von Industrieanlagen und rüstungswichtigen Einrichtungen den Vorzug gab, während die Briten es darauf anlegten, mit Großangriffen auf Wohngebiete gerade die zivile Bevölkerung zu treffen.

Nach den vernichtenden Angriffen auf Lübeck am 28./29. März 1942 und auf Rostock vom 23. bis zum 27. April, dem am 31. Mai der erste schwere Luftangriff auf Köln folgte, verschwand dieses Thema nicht mehr aus der informellen öffentlichen Meinung. Goebbels' Propaganda sah sich mit wachsendem öffentlichen Protest gegen Schönfärberei in der Presse und falschen Prognosen konfrontiert. Diese hatten übersteigerte Erwartungen bei der Bevölkerung ausgelöst, dass auf die Ankündigung der Vergeltung Taten folgen würden. Es entstand eine regelrechte „Vergeltungspsychose", wobei „Vergeltung" mit dem Eintreten des „Endsiegs" gleichgesetzt wurde. Als Hitler vor den Alten Kämpfern am 8. November 1943 betonte, dass „die Stunde der Vergeltung" kommen werde, wurde dies, wie der Sicherheitsdienst der SS (SD) berichtete, mit größter Erleichterung aufgenommen. In dem Maße freilich, in dem das Ausbleiben der „Vergeltung" zur Gewissheit wurde und die Zerstörungskraft der alliierten Luftoffensive nahezu ungehindert zunahm, drängte sich der Eindruck auf, dass Deutschland militärisch nicht mehr in der Lage sei, den Krieg zu gewinnen.

Der Luftkrieg bewirkte bei immer mehr Menschen eine generelle atmosphärische Belastung: Das blinde Vertrauen in die NS-Führung ging deutlich zurück; die durch die Bombenangriffe geschaffene Lage lockerte teilweise den Zugriff der Gestapo und ermöglichte mehr oder minder deutliche Kritik an der Regierung (die allerdings die Person Hitlers ausnahm). Die Verwendung des Hitler-Grußes nahm sichtlich ab, die Parteiabzeichen verschwanden. Die Einsicht, dass es gegen die alliierten Luftangriffe kein wirksames Gegenmittel gebe und dass am Ende die totale Zerstörung des Reiches stehen werde, konnte durch noch so große Propaganda-Anstrengungen nicht ausgeräumt werden. Goebbels musste sich zu der Einsicht durchringen, dass die „Stimmung" alles andere als rosig war, und er wies an, zwischen der „Stimmung" und der „Haltung" der Bevölkerung zu unterscheiden.

In der Tat reagierten die Betroffenen auf den Bombenkrieg mit Disziplin und Entschlossenheit und zeichneten sich durch ein Maß von Hilfsbereitschaft und Solidarität aus, das die Behörden überraschte. „In ihrer äußeren und inneren Haltung zeigen die meisten Menschen ein Bild, wie man es vor nicht langer Zeit nicht für möglich gehalten hätte", berichtete der Generalstaatsanwalt Darmstadt Anfang 1944, „die Deutschen sind im Begriff, eine wahre Volksgemeinschaft zu werden".

Der angestaute Missmut, der angesichts des Versagens der militärischen Führung und ausbleibender „Vergeltung" entstand, wirkte politisch ambivalent. Die Stimmungsberichte aus der Bevölkerung, die der SD regelmäßig verfasste, konstatierten, dass die anfänglich überschäumenden Hassgefühle gegen England zurücktraten und die Gegenpropaganda des Regimes, welche die Briten verteufelte, ihre Wirkung einbüßte. Die Ernüchterung, ja Enttäuschung erstickte jedoch in Resignation. Bemerkenswert war, dass in Umkehrung der Propaganda, wonach Washington, London und Moskau gleichermaßen Werkzeuge des Weltjudentums waren, die Bombardements manchem als Vergeltung für die Ermordung des Judentums erscheinen mochten.

Die alliierten Flugblätter, die von der Bevölkerung durchaus wahrgenommen wurden, gingen von der Erwartung aus, dass es möglich sei, vor allem bei der Arbeiterschaft Widerstand gegen das NS-System ins Leben zu rufen. Da die großstädtische Bevölkerung angesichts des Bombenkriegs damit befasst war, die Voraussetzungen des bloßen Überlebens zu sichern, dies neben überlangen Arbeitstagen und in den Bunkern verbrachten Bombennächten, war an kollektive politische Reaktion kaum zu denken. Dies galt um so mehr, als infolge der Mobilisierungsmaßnahmen des Regimes, die durch den Bombenkrieg eskalierten, eine Zerstörung der Primärbindungen und der sozialmoralischen Milieus eintrat, die der späteren „Ohne-mich-Mentalität" vorausging.

In besonderem Maße galt das für die Industriearbeiterschaft. Dass die Bombardierungen von Industrieanlagen nur selten zu Totalausfällen führten, dass es vielmehr gelang, die Schäden – wenngleich unter ständiger Improvisation – auszubessern, hing auch mit der Bereitschaft der Belegschaften zusammen, selbst nach schweren Angriffen unverzüglich in die Betriebe zurückzukehren, so dass die Ausfälle an Arbeitsstunden begrenzt blieben und in der Regel nicht über 15 Prozent lagen. In der Tat lobten die NS-Behörden immer wieder die Disziplin der deutschen Arbeitskräfte und mussten widerwillig eingestehen, dass dies auch für die Zwangsarbeiter galt.

Karl Ferdinand Werner untersuchte in seinem Buch „Bleib übrig!" die Lage der „Arbeiter in der nationalsozialistischen Kriegswirtschaft" (Untertitel) gerade unter den Zwängen des Bombenkrieges. Er zeigt, dass nicht Loyalität zum Regime, vielmehr der Reflex der Perspektivlosigkeit, in der sie sich befanden, ihr Verhalten bestimmte. Was sollten sie unter den desolaten Verhältnissen tun – ihre schwer beschädigten Wohnungen aufsuchen, auf die nächsten Luftangriffe in den Sammelstellen warten?

Angesichts der Orientierungslosigkeit blieb der Betrieb der einzige feste Bezugspunkt. Wurde der zerstört und stillgelegt, konnten die Beschäftigten ihre bis dahin verbriefte Unabkömmlichkeit in der Rüstungsproduktion („UK-Stellung") einbüßen – Versetzung an die Front drohte. Überdies waren ans Werk zusätzliche Lebensmittelzuteilungen gebunden, und es allein konnte Hilfe zur Reparatur der ausgebrannten Wohnungen gewähren. So verstärkte sich die materielle Abhängigkeit der Belegschaften von den Unternehmen. Angesichts der verzweifelten politischen und militärischen Gesamtlage vollzog die Industriearbeiterschaft auch aus psychologischen Gründen eine „Flucht in die Arbeit". „Das Festhalten am Betrieb als einer der letzten Ordnung verheißender Institutionen" und das „Fehlen einer gangbaren Alternative", betont Werner, veranlasste „die deutsche Arbeiterschaft zu den Höchstleistungen bei der Rückkehr in die Betriebe und deren Wiederaufbau".

Die Leistungsbereitschaft der Industriearbeiterschaft stieß jedoch dort an eine Grenze, wo die Zumutungen des Staates den Familienzusammenhalt in Frage stellten; Zwang zur Gemeinschaftsverpflegung oder Urlaubsverweigerungen sorgten für Empörung. Alle staatlichen Versuche, die von den Evakuierungsorten zurückströmenden Ehepartner zur Rückkehr zu bewegen, erwiesen sich als wirkungslos. Nur noch mehr Unmut schürten absurde amtliche

Bestrebungen, die Schulpflicht der Kinder als Hebel zu benützen, um Mütter in den Ausweichquartieren festzuhalten (wo doch Hitler selbst die Abhaltung von Schulunterricht in den Evakuierungsgebieten gerade untersagt hatte). Die Hartnäckigkeit, mit der die Arbeiterschaft „die Familie als eine der letzten Institutionen mit intakter Sozialbindung zu erhalten suchte"(Werner), lässt auf eine verstärkte Ablösung vom NS-Regime schließen.

Andererseits konnte das Regime, die Notlage der Ausgebombten plakativ ausnutzen, um die im Lande weitgehend diskreditierte NSDAP wieder ins Spiel zu bringen. So wies Martin Bormann, Hitlers ranghöchster Vollzugshelfer, die Nationalsozialistische Volkswohlfahrt (NSV) an, ausschließlich im Namen der NSDAP tätig zu werden, und schaltete die privaten Fürsorgeverbände von den anstehenden Betreuungsaufgaben aus. Die Partei sicherte sich zugleich maßgebenden Einfluss auf die für die Bereitstellung von Wohnraum und Hausrat zuständigen Behörden. Nahezu 80 Prozent der Bevölkerung im Altreich wechselten den Wohnsitz, davon mindestens sieben Millionen Bombengeschädigte. Sie wurden damit von der NSV und dem mit Fürsorgeaufgaben betrauten lokalen Parteiapparat abhängig. Die positivere Einschätzung der NSDAP entsprang daher nicht einfach opportunistischen Motiven.

Die Aktivierung der Partei als Helfer im Bombenkrieg erfolgte keineswegs spontan. Schon im Dezember 1942 hatte Goebbels den Vorsitz des „Ausschusses für die zentrale Lenkung der Maßnahmen zur Beseitigung von Luftkriegsschäden" an sich gezogen und fungierte seit dem 21. Dezember 1943 als „Reichsinspekteur für zivile Luftschutzmaßnahmen". Damit verschaffte er der Partei ein propagandistisch bedeutsames Tätigkeitsfeld zurück. Die Bombengeschädigten hatten in allen Angelegenheiten mit Hoheitsträgern der Partei zu tun, und das stärkte deren Ansehen. „Diesen Tatsachen gegenüber", hieß es in einem Bericht aus Dortmund vom 23. Juli 1943, „hört das Gerede von den ‚braunen Bonzen', ‚Goldfasanen' u. dergl. auf". Damit endete die notorische Kritik an der Korruption und Untätigkeit der Partei keineswegs, aber Bormann, der als Reichsorganisationsleiter – zusammen mit Robert Ley – um eine Regenerierung der NSDAP als politische Kraft bemüht war, hatte doch einen wichtigen Schritt getan, um die Partei als Massenverband wieder in das Zentrum der Macht zurückzuführen.

Diese Entwicklungen unterstreichen die Zwiespältigkeit der Flächenbombardements. Das gilt auch für den Produktionsbereich. Durch die Einsatzbereitschaft der Arbeitnehmer gelang es in den meisten Fällen, die unterbrochene Produktion ohne größere Unterbrechung wieder anzufahren, zumal bei den großen Industrieanlagen die Schäden häufig wesentlich geringer ausfielen, als es das äußere Ausmaß der Zerstörungen vermuten ließ.

Produktivitätseinbußen wurden zusätzlich noch durch umfassende Rationalisierungsanstrengungen überdeckt, so dass Rüstungsminister Albert Speer bis Anfang 1944 signifikante Produktionssteigerungen verzeichnen konnte. Dies beruhte großenteils darauf, dass längerfristige Investitionen und der Ausbau neuer Anlagen gestoppt und das Schwergewicht auf die Endfertigung verlegt wurde.

Andererseits wirkte sich der schließlich weite Teile des Reichsgebietes erfassende Luftkrieg auf die Dauer verheerend aus. Er zwang die deutsche Kriegswirtschaft zu ständiger Improvisation, führte zu nachhaltigen Störungen in der Rohstoffversorgung der Betriebe und der Zulieferung von Einzelteilen, zugleich einem weiteren Rückgang der Arbeitsproduktivität und bewirkte einen schrittweise erfolgenden Zusammenbruch des Systems. Die Verlagerung wichtiger Anlagen in weniger gefährdete Gebiete und schließlich weithin unter Tage musste auf mittlere Sicht zu extremen Produktionseinbußen führen – bevor noch die Angriffe der Alliierten auf zentrale Ziele wie Hydrierwerke oder Verkehrswege die Rüstungswirtschaft dann schließlich zum Erliegen brachten.

Die systematischen Flächenbombardements, denen die deutschen Großstädte zum Opfer fielen, waren jedoch nicht von kriegsentscheidender Bedeutung. Zwar banden sie beträchtliche industrielle Kapazitäten der Rüstungsindustrien und Arbeitskräfte. Aber diese Ressourcen wären auch zu Abwehr der Präzisionsangriffe der Alliierten aufzuwenden gewesen. Jedenfalls war das Area Bombing kein Beitrag zur vorzeitigen Kriegsbeendigung, der den materiellen und personellen Kräfteeinsatz auf alliierter Seite aufgewogen hätte.

Die Zielsetzung der alliierten Luftoffensive, den „Widerstandswillen der Deutschen“ auszulöschen, scheiterte auf der ganzen Linie. Die Auflösung des gesellschaftlichen Gefüges schloss kollektive Reaktionen, die sich gegen das NS-Regime hätten richten können, aus. Die Flugblätter, in denen die Einwohner des Ruhrgebiets aufgefordert wurden, das Revier zu verlassen, verkannten deren fehlende Handlungsspielräume, die infolge der Bombenangriffe einmal mehr von den staatlichen Organen eingeengt wurden. Die Luftangriffe erlaubten es Martin Bormann, das ramponierte Ansehen der Partei zu verbessern und machten sie zum Nutznießer der spontan zu Stande gekommenen Notgemeinschaft. Deren politisch-psychologischer Effekt trug nicht zu einer Schwächung des Durchhaltewillens bei, sondern verstärkte – jedenfalls vorübergehend – den inneren Zusammenhalt des Regimes.

„Sind wir Bestien?"

Die Mehrheit der Briten hält den Luftkrieg gegen Nazi-Deutschland auch heute noch für legitim. Doch es gab von Anfang an eine heftige Diskussion, ob die Flächenbombardements militärisch sinnvoll und moralisch vertretbar waren.

VON MICHAEL SONTHEIMER

Als er 1943 sein Mathematikstudium in Cambridge unterbrach, um beim Bomber Command der Royal Air Force seinen Kriegsdienst anzutreten, war Freeman Dyson gerade mal 19 Jahre alt. Dort hatte der später weltbekannte Physiker die Ergebnisse der britischen Luftangriffe gegen Deutschland zu analysieren – wie etwa die in den Augen seines Vorgesetzten Arthur Harris so erfolgreiche Attacke auf Hamburg im Juli 1943.

Dyson allerdings, zu dessen Vorbildern der indische Pazifist Mahatma Gandhi zählte, litt unter dem Wissen um den gewollten, grausamen Tod von Zivilisten, das die Regierung so sorgfältig vor der Öffentlichkeit verbarg. Beständig habe er gedacht, schrieb er 40 Jahre nach Kriegsende, dass er moralisch dazu verpflichtet sei, „auf die Straße zu rennen und dem britischen Volk zu erzählen, welche Torheiten in seinem Namen begangen werden".

Doch Dyson fand nicht den Mut dazu; er blieb in seinem Büro sitzen und schwieg. „Bis zum Schluss" habe er sorgfältig errechnet, „wie man am kostengünstigsten weitere hunderttausend Menschen ermorden konnte". Dabei stellte sich der von Skrupeln geplagte Engländer sogar auf eine Stufe mit den SS-Männern, die den Holocaust planten. Diese hätten in ihren Büros gesessen und kalkuliert, wie man effizient Menschen ermorden könne – „genauso wie ich. Der wesentliche Unterschied war der, dass sie ins Gefängnis gesteckt oder aufgehängt wurden, während ich ein freier Mann blieb."

Freeman – nomen est omen – Dyson ist keineswegs repräsentativ für die Engländer, doch er war auch nicht der einzige Brite, der bereits während des Luftkriegs gegen Nazi-Deutschland dessen moralische Rechtfertigung in Zweifel zog. Andere Zeitgenossen, Politiker und Kirchenmänner, kritisierten den von Winston Churchill im Mai 1940 befohlenen Bombenkrieg öffentlich.

Obgleich die patriotischen Heldenepen von furchtlosen Bomberbesatzungen die britische Historiografie dominieren, gab es von Anfang an eine Debatte darüber, ob die systematische Zerstörung deutscher Städte moralisch und rechtlich vertretbar sei.

Die kontroverse Diskussion dauert bis heute an. „Mehr als ein halbes Jahrhundert später", so die BBC-Website, „nagt der strategische Bombenfeldzug noch immer am Gewissen der Nation."

Zuletzt entfachte Jörg Friedrich im November 2002 den Streit auf ein Neues mit seinem Buch „Der Brand". Kaum waren in der „Bild"-Zeitung Auszüge dieser umfassenden Darstellung des Bombenkriegs der Alliierten gegen Deutschland in den Jahren 1940 bis 1945 erschienen, stürzten sich britische Journalisten auf den Berliner Historiker. Und früher oder später stellten sie stets die Frage: „Wie kommen Sie dazu, Winston Churchill als Kriegsverbrecher zu beschreiben?"

Friedrich erklärte dann beständig, dass er sich in seinem Buch eines Urteils über Churchill enthalten habe. „Er kann außerdem schon deshalb kein Kriegsverbrecher im juristischen Sinne sein", sagt Friedrich, „weil Sieger, auch wenn sie Kriegsverbrechen begangen haben, nicht dafür angeklagt werden."

Solche Töne hören die meisten Briten gar nicht gern, schließlich wurde Winston Churchill Ende vergangenen Jahres vom Millionenpublikum einer BBC-TV-Sendereihe zum „Größten Briten" aller Zeiten gewählt. Und – was verschärfend hinzukommt: Von einem „German" wollen sich Engländer schon gar nicht vorrechnen lassen, dass ihr Nationalheld „Winnie" über eine halbe Million wehrloser deutscher Zivilisten zu Tode bomben ließ.

Experte Friedrich ist mit seinem Buch – ohne dies geplant und vorausgesehen zu haben – in Großbritannien auf vermintes Gelände geraten. Denn viele Engländer haben auch 58 Jahre nach dem Ende des Zweiten Weltkriegs kein unbefangenes Verhältnis zu den Deutschen gefunden. „Das letzte gesellschaftlich akzeptierte Vorurteil", beobachtete unlängst ein Kolumnist des „Guardian", „sind antideutsche Gefühle."

Kein Wunder, dass der konservative „Daily Telegraph“ sofort Alarm schlug und Friedrichs Buch als „noch nie dagewesenen Angriff auf die Kriegsführung der Alliierten“ geißelte. In der rechten „Daily Mail“ schäumte der Historiker Correlli Barnett, der deutsche Kollege habe sich dem „Haufen gefährlicher Revisionisten“ angeschlossen und versuche eine „moralische Gleichwertigkeit zwischen Churchills Unterstützung für Flächenbombardements und den unsäglichen Verbrechen“ der Nazis zu konstruieren. Das sei „niederträchtiger und gefährlicher Unsinn“.

Die Debatte griff auch auf den „Daily Mirror“ über, mit über zwei Millionen Auflage die drittgrößte Tageszeitung der Insel. „Seit ich Bremen sah, war ich zerrissen von dem, was wir getan haben“, schrieb ein Kriegsveteran in dem linken Boulevardblatt. Die populäre Labour-Politikerin Mo Mowlam dagegen verteidigte Churchill: „Er musste ein Ungeheuer sein, um das Land, das er liebte, vor Hitler zu retten.“

Churchill – durch und durch ein Krieger – war ein schillernder Politiker. So verlangte der charismatische Premier zunächst „vernichtende“ Angriffe gegen deutsche Städte. Aber als er später Filme von brennenden Stadtlandschaften sah, fragte er: „Sind wir Bestien? Gehen wir zu weit?“

Gleichzeitig war es niemand anderes als Churchill selbst, der – ebenso wie Hitler und Stalin – alle wichtigen militärischen Entscheidungen an sich gezogen hatte und die ständige Eskalation des Bombenkriegs zumindest billigte. Sein Vorgänger Neville Chamberlain hatte Anfang 1940 noch Luftangriffe gegen Deutschland abgelehnt. „Wie weit auch andere gehen mögen“, befand der konservative Premier, „die Regierung Seiner Majestät wird niemals aus reinem Terrorismus absichtlich Frauen, Kinder und andere Zivilisten angreifen.“

Chamberlain stützte sich dabei auf die Haager Landkriegsordnung des Jahres 1907. Dieses entscheidende Dokument des Kriegsvölkerrechts „untersagt, unverteidigte Städte, Dörfer, Wohnstätten oder Gebäude, mit welchen Mitteln auch immer, anzugreifen oder zu beschießen“.

Doch nachdem Hitlers Truppen Dänemark und Norwegen überfallen hatten und die deutsche Offensive im Westen begann, musste Chamberlain, der mit seiner Appeasementpolitik so offenkundig gescheitert war, zurücktreten. Sein Nachfolger Winston Churchill gab schon einen Tag nach seinem Einzug in 10 Downing Street, am 11. Mai 1940, mangels militärischer Alternativen der Royal Air Force den Befehl, Ziele in Deutschland zu bombardieren.

Im August 1941 wurde allerdings eine Untersuchung bekannt, nach der nur ein Drittel der Bomber, deren Besatzungen berichteten, sie hätten ihre Ziele getroffen, tatsächlich so erfolgreich war. Im Februar 1942 kam es zu einer Debatte im Unterhaus, in der der Physiologie-Professor und Nobelpreisträger Archibald Vivian Hill – streng utilitaristisch – den Luftkrieg kritisierte. „Wir wissen jetzt, dass es durchschnittlich drei Tonnen britischer Bomben bedarf, um einen einzigen deutschen Zivilisten zu töten." Der Bombenkrieg, so Hills Fazit, sei „nicht nur nutzlos, sondern verschwenderisch".

Sir Stafford Cripps antwortete für die Regierung, das Bomben sei die einzige Möglichkeit gewesen zurückzuschlagen, aber jetzt, nachdem sich die Kriegslage verändert habe, werde man die Strategie überdenken. Doch Cripps, ein ehemaliger Pazifist, wurde von Churchill auf den Posten des Ministers für Flugzeugbau abgeschoben.

Im Februar 1942 war eine Direktive an das Bomber Command ergangen, nach der die Angriffe sich „auf die Moral der feindlichen Zivilbevölkerung, besonders der Industriearbeiter" konzentrieren sollten. Eine Woche darauf wurde Arthur Harris zum Chef des Bomber Command ernannt, der sich ausschließlich auf Flächenbombardements zur Demoralisierung der Deutschen konzentrierte.

Die britischen Politiker wussten sehr genau, dass sie mit den Flächenbombardements das Kriegsvölkerrecht brachen. Als im Oktober 1942 Luftwaffen-Stabschef Charles Portal einen Plan ablieferte, nach dem in den nächsten zwei Jahren bis zu einer Million Deutsche durch Bomben umgebracht und 25 Millionen obdachlos gemacht werden sollten, wies ihn ein Beamter des Luftfahrtministeriums zurecht: „Es ist unnötig und unerwünscht, in irgendeinem Dokument über unsere Bombenstrategie diesen Aspekt zu betonen, der im Widerspruch zum internationalen Recht steht."

Bis heute gibt es neben nationalistischer Heldenverehrung der Bomberpiloten auch ein tief sitzendes Unbehagen über den Luftkrieg. „Natürlich ist eine Strategie, der 75 000 Kinder zum Opfer fielen, moralisch verstörend", sagt der Oxforder Historiker Adrian Gregory. Selbstkritisch attestiert er zudem seinen britischen Kollegen, „dass sie zwar intensiv über den Bombenkrieg geforscht haben", aber ihr Interesse gewöhnlich an dem Punkt endete, „an dem die Flugzeuge ihre Bomben abgeworfen hatten".

In Großbritannien war und ist der Bombenkrieg schon deshalb ein Dauerthema, weil viele Engländer – weniger die Schotten, Waliser und Nordiren – sich noch immer geradezu obsessiv mit dem Zweiten Weltkrieg und Hitler beschäftigen. Antony Beevor, dessen Buch „Berlin: The Downfall 1945" im Jahr 2002 monatelang die britischen Bestsellerlisten anführte und mehr als 160 000-mal verkauft wurde, diagnostiziert dabei eine generationsspezifische Fixierung.

Die Kriegsgeneration konnte es demnach schwer ertragen, dass die westdeutsche Republik schon 14 Jahre nach Kriegsende Großbritannien wirtschaftlich überholte. Die Briten hatten den Krieg gewonnen, aber im Frieden verloren. Sie romantisierten ihre Kriegshelden und überhöhten – wie die Amerikaner und auch die Franzosen – ihre eigene Rolle im Krieg gegen Hitler. Es dauerte lange, bis sie etwa die immensen Anstrengungen und Opfer der Sowjetarmee zur Kenntnis nahmen. Der amerikanische Beitrag zum gemeinsamen Sieg wird auf der Insel bis heute unterschätzt.

Bei den Nachgeborenen haben Comics, Fernsehserien und Filme ein bizarres Feindbild kreiert. Stets brüllen da Nazi-Schergen „Marsch", „Achtung" oder „Jawohl, mein Führer" – Vokabeln, die verlässlich auf den Sportseiten der Boulevardblätter auftauchen, sobald deutsche und englische Fußballer gegen denselben Ball treten.

Schon angesichts dieser anhaltenden Beschäftigung mit dem Zweiten Weltkrieg lässt sich den Briten nicht nachsagen, dass sie den Luftkrieg – wie die Deutschen bislang – weitgehend weggeschoben und verdrängt hätten. Schließlich waren die Bombenangriffe bis zur Landung in der Normandie ihr entscheidender Beitrag zum Kampf der Alliierten, und die Aufwendungen für die Royal Air Force machten rund die Hälfte der britischen Kriegskosten aus. Zudem begaben sich die Angehörigen des Bomber Command beständig in Lebensgefahr; 44 Prozent der Besatzungen kamen bei Einsätzen ums Leben.

Die große Mehrheit der Briten hielt das Bomben für gerechtfertigt. „Oft im Leben", so der Erzbischof von York, Cyril Garbett, „gibt es keine klare Wahl zwischen dem absolut Richtigen und Falschen." Manchmal, so der Kirchenmann, müsse man von zwei Übeln das geringere wählen. „Und es ist das geringere, das kriegsliebende

Deutschland zu bombardieren, als das Leben unserer Landsleute zu opfern, die sich nach Frieden sehnen."

„Bomben ist nicht besonders unmenschlich", argumentierte auch der sozialistische Schriftsteller George Orwell. Krieg sei unmenschlich, „und das bombende Flugzeug, das verwendet wird, um Industrie und Verkehr zu lähmen, ist eine relativ zivilisierte Waffe."

Solch klassisch-englischer Common Sense hielt Abweichler wie den Labour-Abgeordnete Richard Stokes aus Ipswich nicht davon ab, die Regierung immer wieder mit kritischen Anfragen im Unterhaus zu belästigen. „Ich kann versichern", antwortete dann ein Regierungssprecher, „dass wir nicht mutwillig die deutschen Frauen und Kinder bombardieren." Letztlich wurde Stokes stets mit nichts sagenden Antworten oder Lügen abgespeist.

Der eloquenteste Kritiker des strategischen Bombenkriegs war der Bischof von Chichester, George Bell. Es müsse, forderte der Geistliche im Februar 1944 im Oberhaus, „eine Verhältnismäßigkeit zwischen den eingesetzten Mitteln und dem erreichten Zweck bestehen". Die Alliierten, so Bells Credo, stünden für etwas Größeres als Macht. „Die Hauptinschrift auf unserem Banner heißt Recht."

Bells Aufsässigkeit kostete ihn freilich die Ernennung zum Erzbischof von Canterbury, dem höchsten Würdenträger der anglikanischen Staatskirche.

Erst die Zerstörung Dresdens im Februar 1945, die in der amerikanischen Presse hohe Wellen schlug (die britische Regierung hatte Berichte über das Ausmaß des Infernos zunächst zensiert), brachte Churchill dazu, sich geschickt vom Luftkrieg gegen Deutschlands Städte und seinem fanatischen Exekutor Arthur Harris abzusetzen.

Der Premier, dem Sebastian Haffner eine „Überschätzung der Luftmacht" attestierte, schrieb an die Luftwaffenführung: „Es scheint mir, dass der Moment gekommen ist, die Frage, deutsche Städte nur deshalb zu bombardieren, um den Terror zu erhöhen, zu überprüfen." Für Churchill war dies freilich keine moralische, sondern eine ganz praktische Überlegung. „Oder wie sollten wir sonst", so der Premier weiter, „ein übermäßig zerstörtes Land unter Kontrolle bekommen."

Arthur Harris rechtfertigte sich zwei Jahre nach Kriegsende so: „Trotz allem, was in Hamburg geschah, hat sich Bomben als vergleichsweise humane Methode erwiesen. So rettete sie die Blumen der Jugend dieses Landes und unserer Verbündeten davor, auf dem Schlachtfeld niedergemäht zu werden, so wie in Flandern im Krieg 1914 bis 1918."

Auch offizielle Militärhistoriker wie etwa Noble Frankland, damals Direktor des Imperial War Museum, legitimierten die Flächenbombardements damit, dass diese die Nazis gezwungen hätten, militärische Kapazitäten zur Abwehr bereitzustellen, und so wichtige deutsche Ressourcen banden. Sie begründeten das Bomben schlicht mit militärischer Notwendigkeit – nicht anders hatten sich Göring und Kesselring vor dem Kriegsverbrechertribunal in Nürnberg zu verteidigen versucht.

Somit blieb es zunächst Außenseitern überlassen, den Bombenkrieg zu hinterfragen. „In der wahllosen Bombardierung von Zivilisten", schrieb etwa der rechtsextreme Frederick Veale im Jahr 1948, habe „eine beispiellose Rückkehr zur primären, zur totalen Kriegsführung" stattgefunden. Und 1963 landete ein damals 25 Jahre alter Amateurhistoriker – David Irving – einen sensationellen Erfolg mit dem Buch „The Destruction of Dresden".

Es dauerte Jahrzehnte, bis auch unumstrittene Experten kritische Darstellungen veröffentlichten. Der konservative Autor Max Hastings kam in seinem 1979 publizierten Buch „Bomber Command" zu dem Schluss: „Die Auslöschung deutscher Städte im Frühjahr 1945 ist ein bleibender Schandfleck."

Mark Connelly, Luftkriegsexperte an der University of Kent, schlug inzwischen sogar vor, die britische Regierung möge ihr Bedauern für die Tötung von Zivilisten ausdrücken. Doch trotz solch selbstkritischer Anwandlungen oder der rührigen Bemühungen des Dresden Trust, der das Kuppelkreuz für den Wiederaufbau der Frauenkirche spendete, sieht die überwältigende Mehrheit der Briten nach wie vor keinen Anlass zu Selbstzweifeln.

Im populären Urteil haben die „Germans" ihr Schicksal schlicht selbst verschuldet. Daran wird sich so schnell nichts ändern – wenn überhaupt jemals. „Die Deutschen haben angefangen", befand der Kolumnist David Aaronovitch in der liberalen Tageszeitung „Independent" während der Debatte über das Buch von Jörg Friedrich.

Die Briten könnten sich deshalb bei den Indern und Afrikanern, bei „allen Rassen, die wir unterjocht haben", für ihre Untaten entschuldigen – „aber nicht bei den Deutschen".

HUGO JAEGER/TIMEPIX

Von der Luftwaffe zerstörtes Rotterdam (1940)

CORBIS

Deutscher Bomber über London (1940)

FOTOS: DER SPIEGEL

Bilder der deutschen Legion Condor vom zerstörten Guernica

AKG

Brennende Lübecker Altstadt (1942)

Eine Botschaft des Oberbefehlshabers der Britischen Kampfflugzeuge an das deutsche Volk

NOCH nie hat der Mann, der die Bombenangriffe auf eine Land leitet, eine Botschaft an die Bevölkerung dieses Landes gerichtet. Ich, Luftmarschall Harris, Oberbefehlshaber der britischen Kampfflugzeuge, die Deutschland angreifen, habe mich entschlossen, diese Botschaft an das deutsche Volk zu richten.

Wir in England haben zur Genüge erfahren, was Luftangriffe bedeuten. Zehn Monate hindurch hat uns eure Luftwaffe mit Bomben belegt. Zuerst bei Tage. Als wir das abgestellt hatten, kam sie bei Nacht. Ihr hattet damals eine starke Luftwaffe. Eure Flieger schlugen sich gut. Zweiundneunzig Nächte hintereinander haben sie London gebombt; Coventry, Plymouth, Liverpool und andere britische Städte haben sie schwer angegriffen. Der Schaden, den sie anrichteten, war beträchtlich; 43 000 britische Männer, Frauen und Kinder sind dabei ums Leben gekommen; viele historische Bauten, die uns lieb und teuer waren, sind zerstört.

Damals glaubtet ihr, — denn Göring hatte es euch versprochen — das ihr selber vor Bomben sicher seid. Und tatsächlich konnten wir nur mit wenigen Flugzeugen antworten. Jetzt sind die Rollen vertauscht. Jetzt kommen nur ab und zu ein paar deutsche Maschinen zu uns; und wir bomben Deutschland nach Noten.

Warum wir das tun? Nicht aus Rachsucht — obwohl wir Warschau, Rotterdam, Belgrad, London, Plymouth Coventry nicht vergessen. Wir bomben Deutschland, eine Stadt nach der andern, immer schwerer, um euch die Fortführung des Krieges unmöglich zu machen. Das ist unser Ziel. Wir werden es unerbittlich verfolgen. Stadt für Stadt: Lübeck, Rostock, Köln, Emden, Bremen, Wilhelmshaven, Duisburg, Hamburg,— und die Liste wird immer länger. Lasst euch von den Nazis mit ins Verderben reissen, wenn ihr wollt. Das ist eure Sache.

* * *

IST das Wetter gut, dann kommen wir bei Nacht. Schon jetzt fliegen tausend Bomber eine Stadt wie Köln an und zerstören innerhalb einer Stunde ein Drittel von ihr. Wir wissen das, denn wir haben die Luftaufnahmen. Ist der Himmel bewölkt, so kommen wir bei Tag und bomben eure Fabriken und Docks; Danzig, so weit entfernt es auch ist, weiss Bescheid. Wir kommen bei Tag und bei Nacht; kein Teil des Reiches ist sicher.

In Köln, im Ruhrgebiet, in Rostock, Lübeck od[…] Emden mag man der Ansicht sein, dass wir mit uns[…] Bombern schon allerhand geleistet haben. Wir […] anderer Ansicht. Was ihr bisher erlebt habt, wird […] zu vergleichen sein mit dem was kommt, sobald […] Produktion von Bombenflugzeugen erst zu einer […] anschwillt und die amerikanische sich verd[…] vervierfacht.

Ich möchte ganz offen darüber sprec[…]

[…]nzelne militärische Ziele angreifen oder ganze Städte. […]lbstverständlich bomben wir lieber eure Fabriken, Docks und Eisenbahnen; das trifft Hitlers Kriegsmaschine am schwersten. Aber die Arbeiter, die in diesen Werken beschäftigt sind, wohnen dicht um sie herum. Deshalb fallen unsere Bomben auf eure Wohnhäuser und — auf euch.

Wir bedauern, dass das notwendig ist. Die Arbeiter des Dieselmotorenwerks Humboldt-Deutz in Köln z.B., von denen eine Anzahl in der Nacht des 30. Mai umkam, mussten die Gefahren des totalen Kriegs auf sich nehmen, genau wie die Seeleute unserer Handelsflotte, gegen welche die (mit Motoren von Humboldt-Deutz ausgerüsteten) U-Boote ihre Torpedos abgefeuert hätten. Waren die Arbeiter der Flugzeugwerke von Coventry, ihre Frauen, ihre Kinder nicht auch „Zivilbevölkerung" ganz wie die Arbeiter der Rostocker Flugzeugwerke und deren Familien? Aber Hitler hat es so gewollt!

* * *

ES stimmt, dass eure Abwehr unseren Bombern Verluste zufügt. Eure Führer erzählen euch zu eurem Trost, diese Verluste seien so schwer, dass wir unsere Luftangriffe bald nicht mehr würden fortsetzen können. Wer das glaubt, wird bitter enttäuscht werden. Ich, der die britischen Kampfflugzeuge befehligt, will euch sagen, wie gross unsere Verluste sind: nicht einmal 5 v. H. der Bomber, die wir über Deutschland schicken, gehen verloren. Eine solche Verlustrate kann kaum den ständigen Zuwachs verzögern, der durch die steigende Produktion unserer eigenen und der amerikanischen Fabriken sichergestellt ist.

* * *

AMERIKA greift erst jetzt in Europa ein. Die ersten Geschwader, Vorläufer einer ganzen Luftflotte, sind aus U.S.A. in England eingetroffen. Ist es euch klar, was es bedeutet, wenn die auch Deutschland angreifen? Allein aus einem einzigen amerikanischen Betrieb, den neuen Fordwerken in Willow Run, Detroit, rollt schon jetzt alle zwei Stunden ein neuer viermotoriger Bomber heraus, der vier Tonnen Bomben nach jeder deutschen Stadt tragen kann. Und Willow Run ist nur ein Betrieb unter Dutzenden. An diese Anlagen könnt ihr nicht heran. Auch eure U-Boote können die amerikanischen Bomber nicht am Herüberkommen verhindern; denn die *fliegen* über den Atlantik.

Bald werden wir jeden Tag und jede Nacht erscheinen bei Regen, Sturm und Schnee — wir und die Amerikaner. Ich war gerade acht Monate drüben, und so weiss ich genau, was bevorsteht. Wenn ihr uns dazu zwingt, werden wir das Dritte Reich von einem Ende zum andern heimsuchen. Ihr könnt uns nicht hindern, und ihr wisst das.

Ihr habt keine Chance. Ihr habt uns 1940 nicht schlagen können, als wir waffenlos waren und allein standen. Eure Führer waren dann so verrückt, auch noch Russland und Amerika anzugreifen (aber eure Führer *sind* eben verrückt — das weiss die ganze Welt, ausser Italien). Wie könnt ihr jetzt auf einen Sieg hoffen, da wir, mit Russland und Amerika, immer stärker werden, während euch die Kraft mehr und mehr ausgeht? Nein, ihr habt keine Chance.

* * *

VERGESST Eines nicht: wie weit eure Armeen auch vormarschieren, sie können nie bis nach England kommen. Sie konnten schon nicht herkommen, als wir waffenlos waren. Sie können siegen, soviel sie wollen, — den Luftkrieg müsst ihr dann immer noch mit uns und den Amerikanern ausfechten. Den könnt ihr nie gewinnen — aber wir gewinnen ihn bereits.

Und nun noch ein letztes Wort:

Es steht bei euch, mit Krieg und Bomberei Schluss zu machen. Stürzt die Nazis, und ihr habt Frieden! Es ist nicht wahr, dass wir einem Rachefrieden planen. Das ist eine deutsche Propagandalüge. Aber wir werden es ganz gewiss jeder deutschen Regierung unmöglich machen, noch einmal einen totalen Krieg anzufangen. […] das nicht ebenso euer Interesse wie das unsere?

[…] Harris
Air Marshal
RAF.

Über Deutschland abgeworfenes britisches Flugblatt (1942)

BAYERISCHE STAATSBIBLIOTHEK

Trauerfeier für Bombenopfer in München (1942)

AKG

Hamburger Wohnviertel nach der alliierten Bombardierung vom Sommer 1943

Brennender Straßenzug in Hamburg

LANDESBILDSTELLE HAMBURG

Der bombardierte Hamburger Hafen

LANDESBILDSTELLE HAMBURG

FOTOS: BRUNSWIG | FEUERWEHR HAMBURG

Erschöpfte Helfer

Getöteter Meldehelfer

LANDESBILDSTELLE HAMBURG

Getroffenes Wohnhaus in Hamburg

Ausgebombte
auf dem Sammelplatz
Moorweide

FOTOS: BRUNSWIG | FEUERWEHR HAMBURG

FEUERWEHR HAMBURG

Englische Luftaufnahme der Bombenkrater nach einem Angriff auf Hamburg (1945)

BERUFSFEUERWEHR KÖLN/ARCHIV MICHAEL FOEDROWITZ

Kriegszerstörungen in Köln

AP

US-Bomber beim Angriff auf ein Eisenbahnareal (1945)

DER SPIEGEL

KARL HÖFFKES

Englischer Angriff auf Pforzheim im Februar 1945

KARL HÖFFKES

Leichenbergung in Dresden (1945)

Bombenopfer in Dresden (1945)

KARL HÖFFKES

KARL HÖFFKES

Leichenverbrennung in Dresden (1945)

STADTFEUERWEHR SWINEMÜNDE

Massengrab in Kassel

STADTARCHIV KASSEL

Swinemünde nach dem Bombenangriff der 8. US-Luftflotte (1945)

ULLSTEIN BILD

Deutscher Kampfflieger (1940)

Heinkel-Bomber der Legion Condor

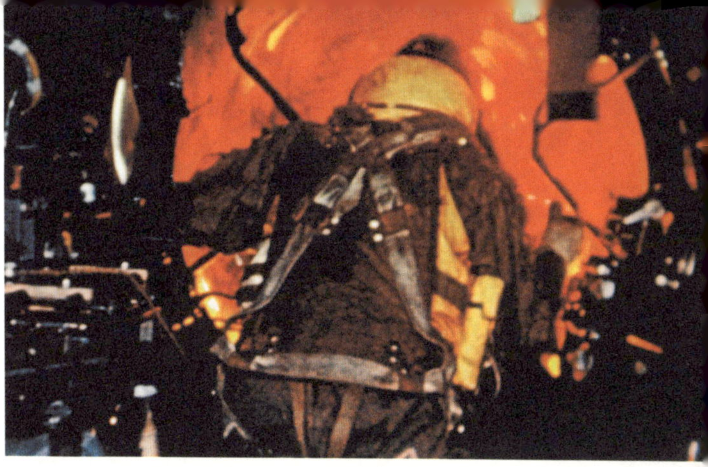

Bombenschütze über brennender deutscher Stadt

KARL HÖFFKES

Bordschütze einer Avro Lancaster

DER SPIEGEL

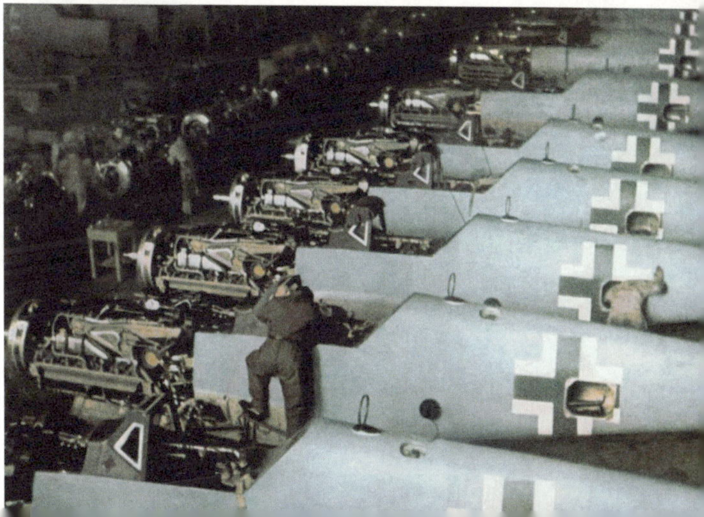

Serienproduktion von Messerschmidt-Abfangjägern

GALERIE BILDERWELT

ULLSTEIN BILD

Deutsche Flakstellung (1940)

Beim Angriff auf Merseburg abgeschossener B-17-Bomber

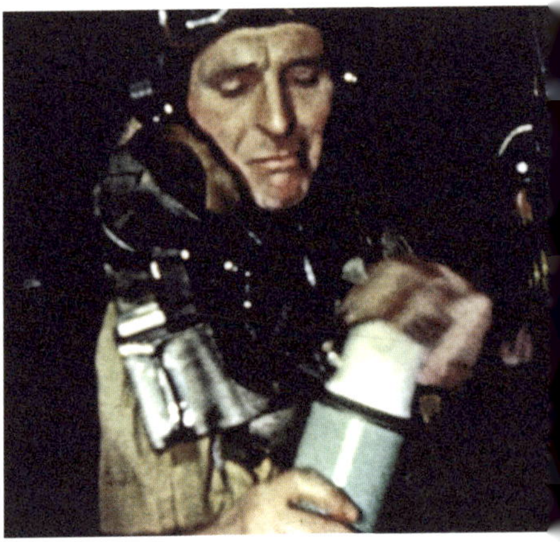

KARL HÖFFKES

Englischer Bombenflieger

Britischer Großbomber Avro Lancaster

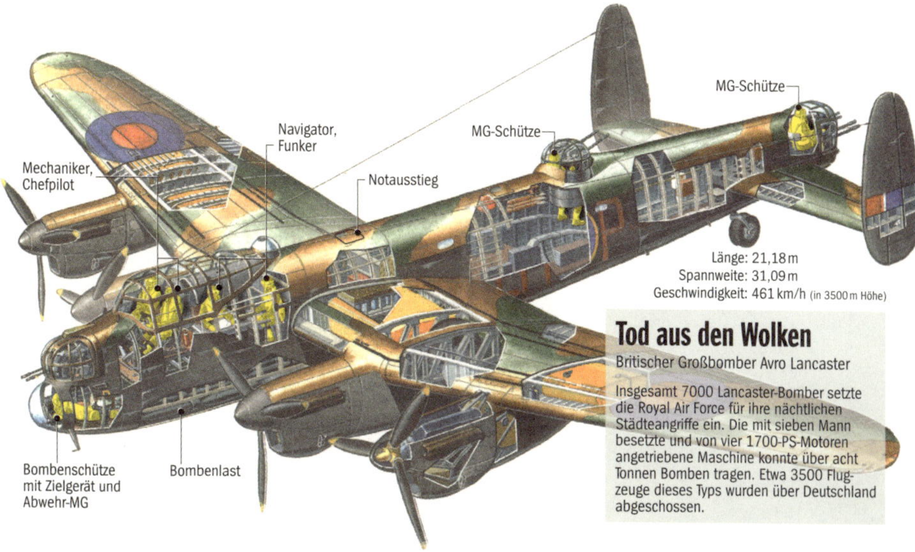

ULLSTEIN BILD

Flugabwehrfeuer über einer deutschen Stadt

DER SPIEGEL

Kinder in Köln (1945)

INTERFOTO

Zivilbevölkerung nach Bombenangriff

SÜDDEUTSCHER VERLAG

Warnschild

FOTOS: FRIEDRICH UNKEL/STADTARCHIV KASSEL

Kassel nach einem Bombenangriff (1943)
Kasseler Feuerwehr bei Einsatz (1943)

INTERFOTO

Luftschutzübung (1942)

ULLSTEIN BILD

Wasser-Notversorgung

ULLSTEIN BILD

Wassergasse

SÜDDEUTSCHER VERLAG (oben) | BPK

INTERFOTO

NS-Propaganda-Plakat

Gegenüberliegende Seite:
Luftschutzkeller in Berlin
Nachtleben in Berlin

Schwarzhandel
in Hamburg

HANS SCHALLER/DER SPIEGEL

Schwarzmarkt
in Berlin (1945)

GALERIE BILDERWELT

Berliner
Bombenflüchtlinge
(1945)

ULLSTEIN BILD

Abreise von Berliner Kindern
bei der Kinderlandverschickung

Fanatischer Krieger

Churchills Chefbomber Arthur Harris war Zeit seines Lebens eine umstrittene Figur.

VON MICHAEL SONTHEIMER

Als Arthur Harris während des Krieges einmal von einem Polizisten aufgehalten wurde, da sein Auto eine stark überhöhte Geschwindigkeit hatte, ermahnte ihn der Ordnungshüter: „Sir, Sie hätten jemanden umbringen können." Harris antwortete nur: „Junger Mann, ich bringe jede Nacht Tausende von Leuten um."

Das war nur geringfügig übertrieben. Als „Commander in Chief" des „Bomber Command" der Royal Air Force plante und exekutierte Harris vom Februar 1942 bis zum Kriegsende für Winston Churchill die Flächenbombardements gegen Nazi-Deutschland. Vor allem wegen der Zerstörung Dresdens im Februar 1945 ist „Bomber Harris" der einzige unter den führenden britischen Militärs des Zweiten Weltkriegs, der bis heute wirklich umstritten ist.

In seinem Buch „A History of Bombing" charakterisiert der schwedische Publizist Sven Lindquist Harris so: „Keine Hobbys. Las nie ein Buch. Mochte keine Musik. Lebte für seinen Job."

Sonderlich gebildet war Harris in der Tat nicht. Der am 13. April 1892 als Sohn eines Kolonialbeamten in Cheltenham, in der Grafschaft Gloucestershire, geborene Arthur galt schon seinen Eltern als der am wenigsten intelligente ihrer drei Söhne.

Mit 16 flüchtete er aus der Privatschule, die er widerwillig besucht hatte, und schiffte sich nach Rhodesien ein, wo er als Goldgräber, Taxifahrer und Tabakpflanzer sein Glück versuchte. Kurz nach Beginn des Ersten Weltkriegs meldete er sich als Freiwilliger und diente bald im Royal Flying Corps, aus dem 1918 die Royal Air Force (RAF) hervorging.

Während in Europa die Waffen schwiegen, übte Harris sich zunächst im heutigen Pakistan, dann bis 1924 im Irak als RAF-Staffelkommandeur. Seine Piloten – wobei er es sich nicht nehmen ließ, regelmäßig auch selbst zu fliegen – ließen Brandbomben auf Dörfer regnen, deren strohgedeckte Häuser und Hütten wie Zunder brannten. Die Araber und Kurden „wissen jetzt“, stellte Harris zufrieden fest, „was wirkliches Bomben bedeutet“.

Harris hegte – wie auch Luftwaffenoffiziere anderer Länder zwischen den beiden Weltkriegen – einen geradezu religiösen Glauben an die „Luftmacht“, die militärische Potenz von Flugzeugen als den entscheidenden Waffen der Zukunft. Der fanatische Luftkrieger versprach tatsächlich, dass sein Bomber Command bereits im Jahr 1943 ohne den Einsatz von Bodentruppen Deutschland zur Kapitulation bomben würde.

Bei seinen Untergebenen genoss Harris einen widersprüchlichen Ruf. Die Piloten, die ihn nie zu Gesicht bekamen, verehrten ihn. Diejenigen hingegen, die direkt unter ihm arbeiteten, respektierten und fürchteten ihn, doch sie mochten ihn nicht. Er trat undiplomatisch und verletztend auf; was andere über ihn dachten, interessierte ihn wenig.

Der „großartige Sinn für Humor“, den ihm Jacqueline Assheton, seine Tochter aus zweiter Ehe attestierte, war wohl eher etwas für Sarkasmus-Liebhaber. „Butcher“, wie ihn seine Mitarbeiter in Anlehnung an das englische Wort für „Schlächter“ nannten, trat meist grob und beleidigend auf; keine Spur der sprichwörtlichen englischen Höflichkeit. „Guten Morgen, Abrahams“, grüßte er einen hohen Beamten im Luftfahrtministerium, „was haben Sie heute schon für die Kriegsanstrengung getan?“

Dabei opferte er sich selbst ohne Rücksicht auf Verluste für seinen Job und den Kampf gegen Hitler auf: In den über drei Jahren als Chef des Bomber Command gönnte er sich nur an zwei Wochenenden Urlaub. Harris litt an Magengeschwüren, rauchte dennoch unablässig filterlose Camel oder Lucky Strike.

Sport und andere physische Betätigungen lehnte er wie sein Meister Churchill strikt ab. Der pflegte jeden Morgen in High Wycombe, der Kommandozentrale des Bomber Command, anzurufen, um sich über den Erfolg des Zerstörungswerks der vergangenen Nacht informieren zu lassen. „Ich habe die Angriffe auf Köln satt“, grummelte der Premier einmal. Und Harris bellte zurück: „Die Kölner ebenfalls.“

Getrieben war „Bomber Harris“ von seiner Mission, die einzigartige Überlegenheit der strategischen Luftmacht zu beweisen, wobei er gegen Kritik an dieser eindimensionalen Auffassung vollständig resistent war. Damit, dass er sich mit Claqueuren und Jasagern umgab, tat er sich auf die Dauer keinen Gefallen.

Den Wendepunkt in seiner Karriere brachte die Zerstörung Dresdens, die er bis zu seinem Tod im Jahr 1984 als militärisch notwendig rechtfertigte. Ursprünglich sollte er nach seinem Abschied aus der RAF mit dem Posten des Gouverneurs auf Bermuda bedacht werden, doch der Labour-Premierminister Clement Attlee lehnte diese Idee seines Vorgängers Churchill ab. Als einziger wichtiger Militär wurde Harris auch nach dem Krieg nicht zum Lord geadelt und ins Oberhaus berufen.

Dabei war er schon verbittert genug darüber, dass die Veteranen des Bomber Command im Gegensatz zu denen aller anderen Waffengattungen keinen eigenen Verdienstorden bekommen hatten. Harris ging nach Südafrika, wo er – der Navy-Offiziere stets gehasst hatte – einer Schiffslinie als Direktor vorstand.

Im Jahr 1947 veröffentlichte er unter dem Titel „Bomber Offensive“ einen detaillierten Rechenschaftsbericht. „Ich möchte nur sagen“, schrieb er darin, „dass der Angriff auf Dresden damals von sehr viel bedeutenderen Leuten, als ich es bin, für eine militärische Notwendigkeit gehalten wurde.“ Das war wohl wahr, brachte aber seine Kritiker nicht zum Schweigen.

Seit 1992 dräut „Bomber Harris“, mit 2,70 Metern überlebensgroß in Bronze gegossen, vor der RAF-Kirche im Zentrum Londons. Mit Spitzbauch, Schnurrbart und Mütze erinnert er an Charles de Gaulle. Gegen die Aufstellung des Denkmals hatten im Vorfeld etliche deutsche Politiker Einspruch erhoben – ohne Erfolg.

Als Queen Mum, die Deutsche Zeit ihres langen Lebens gern „Hunnen“ nannte, das Monument – just am 50. Jahrestag des ersten „Tausend-Bomber-Angriffs“ auf Köln – feierlich enthüllte, pries sie Harris als „inspirierenden Führer“. Seine Verehrer sangen: „He was a jolly good fellow.“

Doch es waren auch Hunderte von Pazifisten erschienen. Sie protestierten gegen die königliche Referenz und skandierten: „Massenmörder, Massenmörder!“

Eine Frage der Mode

Wie Churchill den Einsatz von B- und C-Waffen gegen Deutschland vorbereiten ließ

VON JOCHEN BÖLSCHE

So wie das monströse Ausmaß der NS-Vernichtungsmaschinerie erst nach 1945 publik wurde, so haben Historiker erst im Nachhinein erfahren, an welchen Waffen die Angloamerikaner insgeheim für den Fall arbeiteten, dass sich der Krieg weiter hinschleppen würde.

Einige der Vorhaben wirken, so makaber sie anmuten, eher kurios. So versuchten US-Forscher Fledermäusen beizubringen, kleine Brandsätze in Wohnhäuser zu transportieren.

Andere Fundsachen in den Militärarchiven der Alliierten aber lassen selbst Kriegswissenschaftler erblassen.

Nachdem im Frühsommer 1944 deutsche Raketen in und um London mehr als 2000 Tote gefordert hatten, verfasste Winston Churchill am 6. Juli ein Memorandum. Darin forderte er seine zaudernden Stabschefs auf, sich auf den Einsatz von Giftgas gegen Deutschland vorzubereiten.

In dem Dokument, das der verstorbene Berliner Historiker Olaf Groehler zu den „erschreckendsten Aufzeichnungen" aus der Feder des Kriegspremiers zählte, heißt es unter anderem:

„Ich wünsche von Ihnen, dass Sie sehr ernsthaft über das Problem, Gas einzusetzen, nachdenken. Es ist absurd, dieses Thema von der moralischen Seite zu betrachten, da es im letzten Krieg jeder, ohne irgendeinen Einspruch der Moralisten oder der Kirche, benutzt hat.

Andererseits sah man die Bombardierung ungeschützter Städte im letzten Krieg als verboten an. Jetzt tut es jeder, als ob es sich um eine Selbstverständlichkeit handeln würde. Es ist ganz einfach eine Frage der Mode, die hier genauso wechselt wie zwischen langen und kurzen Frauenkleidern.

Falls die Bombardierungen Londons wirklich zu einer schweren Plage werden sollten und Raketen mit weit reichenden und verheerenden Auswirkungen auf viele Regierungs- und Arbeiterzentren niedergehen sollten, so müsste ich darauf vorbereitet sein, alles zu unternehmen, was den Feind am empfindlichsten treffen würde.

Ich muss Sie natürlich bitten, mich bei der Anwendung von Gas zu unterstützen. Wir können die Städte an der Ruhr und viele andere Städte Deutschlands derart überschütten, dass der größte Teil der Bevölkerung eine ständige medizinische Betreuung benötigt. Wir können sämtliche Aktivitäten der fliegenden Bomben zum Erliegen bringen.

Ich sehe nicht ein, warum wir immer die ganzen Nachteile des Gentlemans in Kauf nehmen sollen, während sie sich der ganzen Vorteile des Schurken erfreuen. Es gibt Zeiten, in denen es so sein darf, aber nicht jetzt.

Ich bin völlig damit einverstanden, dass es einige Wochen oder sogar Monate dauern kann, bis ich Sie bitten werde, Deutschland mit Giftgas zu durchtränken; und wenn wir es tun sollten, dann sollte es hundertprozentig sein.

Ich wünsche, dass die Angelegenheit in der Zwischenzeit von vernünftigen Leuten kaltblütig durchdacht wird und nicht von diesen psalmensingenden uniformierten Miesmachern, die einem hin und wieder über den Weg laufen."

Bei einer zwei Tage später anberaumten Besprechung referierte RAF-Oberbefehlshaber Charles Portal, am besten ließen sich Gasbomben in einer Mischung mit Sprengbomben im Verhältnis eins zu fünf anwenden.

Allerdings äußerte sich Portal skeptisch zu der Frage, ob sich bei Flächenangriffen eine hinreichende Gaskonzentration erzielen lasse. Die Stabschefs gaben daraufhin weitere Expertisen über Chemie- und Biowaffen in Auftrag, die am 26. Juli 1944 vorgelegt wurden.

Eine dieser Studien ging von der Annahme aus, das Erstickungsgas Phosgen werde über 20 ausgewählten deutschen Städten abgeworfen. Auf diese Weise verwendet, könne es eine Todesrate von „fünf bis zehn Prozent" bewirken.

Der klebrige Kampfstoff „Lost" wiederum, so eine andere Untersuchung, verspreche enorme Auswirkungen, wenn er gegen 60 Städte (darunter Rostock, Erfurt, Dresden und Leipzig) eingesetzt werde:

„Groß angelegte Gasangriffe auf Städte würden Hautverletzungen in solchem Ausmaß verursachen, dass eine Massenevakuierung notwendig wäre, die den Weg für einen nachfolgenden Brandbombenangriff ebnet …

Die Anwendung der chemischen Kriegführung gegen die deutsche Bevölkerung würde eine große Verwirrung hervorrufen, die sich in den unmittelbar betroffenen Gebieten wahrscheinlich zu einer Panik ausweiten würde."

Weil die Militärs jedoch für den Fall einer Anwendung von C-Waffen entsprechende deutsche Gegenschläge befürchteten, plädierten sie eher für den Einsatz von biologischen Waffen: etwa Milzbrandbomben, Deckname, „N" oder „Braddock". Über die Vorzüge dieser Waffe – die zuletzt im Gefolge der Terrorangriffe vom 11. September 2001 in den USA für Schrecken sorgte – urteilte eine britische Militärexpertise:

„Es scheint kaum bezweifelt zu werden, dass die Anwendung der biologischen Kriegführung in den betreffenden Gebieten schwere Verluste, Panik und Verwirrung hervorrufen würde. Dies könnte zu einem Zusammenbruch der Verwaltung führen, der einen entscheidenden Einfluss auf den Ausgang des Krieges haben würde."

Die Produktion der Milzbrandwaffe übernahmen, nach britischen Plänen, die Amerikaner. Churchill hatte bereits am 8. März 1944 eine halbe Million Exemplare geordert: „Wir sollten es als eine erste Lieferung betrachten."

Zwei Monate später wurden 5000 N-Bomben über den Atlantik transportiert.

Churchills Berater Lord Cherwell, ein in Deutschland als Frederick Lindemann geborener Emigrant, empfahl dem Premier das Teufelszeug als „eine Waffe mit beängstigendem Wirkungsvermögen". Die N-Bombe sei „beinahe gewaltiger, da sie unendlich viel einfacher herzustellen ist als ‚tube alloy'" – das war der Tarnname für das Atombombenprojekt der Anti-Hitler-Koalition.

Wenn rund 50 000 Milzbrandbomben-Bündel über Städten wie Aachen, Wilhelmshaven, Stuttgart, Frankfurt und Berlin abgeworfen würden, ließen die Militärs Churchill wissen, sei dort mit einem Todesrisiko von 50 Prozent zu rechnen.

Allerdings: Bei der geplanten Bodeninvasion, so gaben britische Experten zu bedenken, würden die tödlichen Anthrax-Sporen die eigenen Truppen gefährden.

Bei einer abschließenden Besprechung am 28. Juli 1944 gaben die

Stabschefs ihre Ansicht zu Protokoll, auf dieses Massenvernichtungsmittel solle vorerst verzichtet werden – zu Gunsten von überwältigenden, möglichst finalen Brandangriffen, wie sie dann in der Tat auf Städte wie Berlin oder Dresden geflogen wurden.

Churchill zeigte sich von dem Vorschlag, die Anthrax-Bomben im Depot zu lassen, alles andere als begeistert. Er notierte:

„... ich kann natürlich nicht gegen Pfarrer und Krieger gleichzeitig vorgehen. Die Angelegenheit soll weiterhin überprüft und dann wieder zur Sprache gebracht werden, wenn sich die Lage verschlechtert."

Die Lage besserte sich. Die B- und C-Waffen blieben in den Depots. Die A-Waffe aber, „tube alloy", abgeworfen im Sommer 1945 auf Hiroschima und Nagasaki, vernichtete über 300 000 Menschenleben.

„Eine kochende Wolke"

US-General Paul Tibbets über den Abwurf der Atombomben auf Hiroschima und Nagasaki 1945

INTERVIEW VON AXEL FROHN UND GERHARD SPÖRL

SPIEGEL: Herr General, Sie haben im August 1945 die erste Atombombe in der Menschheitsgeschichte auf Hiroschima abgeworfen. Wie sind Sie zu diesem Auftrag gekommen?
TIBBETS: Mitte September 1944 habe ich die Anweisung bekommen. Ich sollte eine Einheit zusammenstellen und den Abwurf von Atomwaffen trainieren. Die Ziele sollten zur gleichen Zeit Europa und Japan sein. Unsere Führung wollte ein Überraschungsmoment nutzen.
SPIEGEL: Europa hieß Deutschland. Wissen Sie, welche Städte in Deutschland in Betracht kamen?
TIBBETS: Im Mai 1945 sollten die Ziele festgelegt werden. Da war der Krieg mit Deutschland aber schon vorbei. Also haben wir über Deutschland gar nicht weiter nachgedacht. Es gab da einen Norweger, eine Koryphäe für die Bestimmung der Luftmassen. Er gab uns Anfang Juli 1945 einen Überblick über die Verhältnisse dort oben über den japanischen Städten. Dabei lernten wir, dass im August die besten Sichtverhältnisse herrschen würden, um die Bombe fallen zu lassen. So schälten sich der 6. und der 9. August als günstige Termine heraus.
SPIEGEL: Was konnten Sie so gut, dass Sie für diese Mission auserkoren wurden?
TIBBETS: Ich hatte ziemlich viel Flugerfahrung mit der B-17, und die Air Force hatte ziemlich viele Schwierigkeiten mit der B-29, mit der die Bomben dann geflogen wurden. Ich habe die B-29 in Wichita Tag und Nacht als Testpilot geflogen, es war ein Graus, sie machte jede Menge Schwierigkeiten mit dem Motor, dem Radar. Aber ich wusste gleich nach dem ersten Flug: Das wird eine tolle Maschine.
SPIEGEL: Wussten Sie von Anfang an, was Sie fliegen sollten?

TIBBETS: Nein. Wir gehörten zum „Manhattan Project", das so geheim war, wie nur irgendetwas geheim sein kann. Wissenschaftler und andere Fachkräfte wurden in Los Alamos zusammengezogen, um die Bombe zu bauen. Sie brauchten zusätzlich ein Flugzeug und jemanden, der es fliegen konnte.

SPIEGEL: Und Sie mussten Flugzeuge und Mannschaften bereitstellen?

TIBBETS: Wir haben vor allem an den ballistischen Voraussetzungen gearbeitet, damit wir die Bombe zum Ziel fliegen konnten. Ich habe bei Übungsflügen 15 Attrappen dieser verdammten Dinger abgeworfen, meine Leute noch einmal 40.

SPIEGEL: Die Bomben, die Hiroschima und Nagasaki trafen, nannten Sie „Little Boy" und „Fat Man". Nach welchen lebenden Vorbildern?

TIBBETS: Leslie Groves, der Leiter des gesamten „Manhattan Project" war beleibt, er war „Fat Man". Robert Oppenheimer, der Chef des Atombombenbaus, war ein jungenhafter, schlanker Mann – „Little Boy".

SPIEGEL: Ihre B-29 tauften Sie „Enola Gay"...

TIBBETS: ... nach meiner Mutter, die mit Mädchennamen Enola Gay Haggard hieß. Mein Vater war entschieden dagegen gewesen, als ich 1937 Pilot werden wollte. Meine Mutter dagegen unterstützte mich.

SPIEGEL: Wie lange dauerten die Vorbereitungen der Flüge?

TIBBETS: Wir haben 15 Monate das Fliegen geübt und die Detonationen getestet. Die Bombe sollte rund 500 Meter über dem Erdboden explodieren, denn das war der Durchmesser des Feuerballs, und der Feuerball richtete mehr Schaden an als die Wucht der Explosion. Die Erde fing an zu brennen, der Feuerball verschlang die Luft im ganzen Umkreis. Die unglaublich schnell nachströmende Luft verursachte einen Feuersturm.

SPIEGEL: Sie haben die Leute für Ihre Mission ausgesucht und ausgebildet. Was wussten sie von der Mission?

TIBBETS: Sie erfuhren nichts, aber sie hatten ja Augen und konnten sich ihren Reim auf die Dinge machen. Ich habe ihnen gesagt: Wir machen da etwas ganz Wichtiges, was den Krieg beendet, wenn wir Erfolg haben. Redet nicht drüber, und wir kriegen das hin. Das Wort „Atom" haben wir nie benutzt.

SPIEGEL: Wurden Ihre Leute damals schon Sicherheitsüberprüfungen unterzogen?
TIBBETS: Natürlich hat das Militär zu Hause beim Polizeichef nachgefragt, ob was vorliegt. Major Unna, der für die Sicherheit zuständig war, sagte mir: Zu deinen Leuten gehören zwei verurteilte Mörder und drei wegen Totschlags verurteilte Verbrecher. Was willst du mit ihnen anstellen? Ich habe mir die Namen geben lassen – es waren gute Männer, sie konnten Sachen, die sonst keiner konnte. Mit jedem Einzelnen von ihnen habe ich gesprochen. Ich habe ihnen gesagt: Wenn der Krieg vorbei ist, und ihr habt einen guten Job verrichtet, bekommt ihr eure Papiere und könnt sie verbrennen.
SPIEGEL: Wie viele Crews gab es eigentlich?
TIBBETS: 15 Crews für 15 Flugzeuge. Ich wusste nicht einmal genau, wie viele Bomben in den 15 Monaten gebaut worden waren. Sie haben es mir nicht gesagt. Als der August-Termin nahe rückte, wollten die Wissenschaftler ein paar Informationen von mir. Schön, habe ich gesagt, ich will auch etwas von euch. Seid so gut, und sorgt für Flugzeuge über allen drei Städten, die als Ziel genannt werden – Hiroschima, Nagasaki, Niigata –, und gebt mir einen ganz genauen Wetterbericht für 30 000 Fuß Höhe.
SPIEGEL: Hätten Sie denn das Ziel eigenmächtig ändern können, je nach Wetterlage?
TIBBETS: Die Überlegung war ja nicht nötig. Hiroschima klarte exakt in der Minute auf, die der Wetterbericht vorhergesagt hatte. Unser Funker bekam die Nachricht: Hiroschima hat gute Sicht.
SPIEGEL: Nach Hiroschima sind Sie von Tinian gestartet. Wie sah Ihre B-29 aus?
TIBBETS: Ich hatte alle Geschütze ausbauen lassen. Alles, was schwer war, musste raus. Ich hatte lediglich das Maschinengewehr im Heck belassen. Vor den Japanern hatte ich keine Angst. Anders als die Deutschen besaßen sie ja kein präzises Artilleriefeuer. Wir flogen auf 35 000 Fuß, die japanischen Granaten explodierten oft weit unter uns oder gingen vorbei.
SPIEGEL: Wie lange dauerte der Flug?
Tibbets: Von Tinian nach Hiroschima und zurück 12 Stunden und 3 Minuten.
SPIEGEL: Wie war die Bombe befestigt?

TIBBETS: Sie war im vorderen Bombenschacht an einer Spezialvorrichtung aufgehängt. Das Ding wog knapp 10 000 Pfund.

SPIEGEL: Was haben Sie von der Explosion unten in Hiroschima mitbekommen?

TIBBETS: In Japan wurden in diesen Tagen die Häuser anders gebaut als in Deutschland oder Europa. Sie hatten keine Stahlträger, sie hatten keine Schutzvorrichtungen. Die Fabrikarbeiter wohnten gleich bei den Fabriken. Wir haben aber nicht gesehen, was die Bombe anrichtete. Wir sahen eine schwarze kochende Wolke tief dort unten. Mehr kann ich nicht sagen.

SPIEGEL: Wie machte sich die Explosion in Ihrem Flugzeug bemerkbar?

TIBBETS: Als die Bombe explodierte, waren wir zehneinhalb Meilen weg. An Bord waren Beschleunigungsmesser, die Kräfte maßen, die der zweieinhalbfachen Erdbeschleunigung entsprachen. Ein ziemlich gewaltiger Schlag.

SPIEGEL: Haben Sie sich nach Hiroschima moralische Fragen gestellt?

TIBBETS: Als ich in Europa Bombeneinsätze flog, überkamen mich so lange Zweifel, bis ich mir sagte: Wenn ich mir solche Probleme zu Eigen mache, werde ich ganz schön zu tun haben, sie zu kurieren. Ich habe sie dann nicht mehr zugelassen. Ich habe Aufträge erfüllt, die man mir gestellt hat. Nicht ich habe den Krieg angefangen.

SPIEGEL: Besaßen die Amerikaner noch Atombomben nach Hiroschima und Nagasaki?

TIBBETS: Wir hatten noch eine „Fat Man". Ich weiß das, weil mich General Curtis LeMay anrief, als die Japaner mit der Kapitulation zögerten. Er sagte: Sie und Ihre Crew müssen die dritte Bombe auch noch fliegen. Wir holten sie nach Kalifornien, aber dann war der Krieg in Fernost vorbei. Wir haben sie danach nach Wendover zurückgebracht.

SPIEGEL: Sind Sie nach 1945 je nach Hiroschima gereist?

TIBBETS: Nein, ich hatte kein Verlangen. Nagasaki war ohnedies aus unserer Sicht wichtiger. General Groves wollte, dass unsere Leute so schnell wie möglich dorthin gehen sollten, um Studien über die Wirkung der „Fat Man" zu treiben. Das war die Bombe der Zukunft. So habe ich zwei C-54 Skymaster voll geladen, und ab ging es nach Nagasaki.

SPIEGEL: Wie sehen Sie die Dinge im Nachhinein – waren die Bomben auf Japan gerechtfertigt?

TIBBETS: Es stellte sich doch nur eine Frage: Handelt es sich eindeutig um militärische Ziele? Unsere Leute sagten Ja.

SPIEGEL: Und wenn Sie heute mit Ihren 88 Jahren zurückblicken auf die vielen Kriege in Ihrer Lebenszeit und natürlich vor allem auf den Zweiten Weltkrieg: Worüber machen Sie sich dann Gedanken?

TIBBETS: Ich denke an den General William Tecumseh Sherman, der für den Norden im amerikanischen Bürgerkrieg focht. Er sagte, Krieg ist die Hölle. Krieg ist Wahnsinn, und ich sähe es gern, wenn er abgeschafft würde, aber er wird es nicht. Es liegt in der selbstsüchtigen Natur des Menschen, dass er Kriege führen will. So denke ich jetzt darüber.

„Bombenkrieg macht alle gleich"

Berlin 1943, Bagdad 2003. Experten debattieren Parallelen zwischen der Bombardierung Deutschlands und dem Irak-Krieg – im Mittelpunkt die Frage: Wieweit darf ein Verbrechersystem mit seinen eigenen Mitteln bekämpft werden? „Der Bombenkrieg gegen die Deutschen – ein Lehrstück für die Gegenwart?" war der Titel eines SPIEGEL-Forums während der Leipziger Buchmesse 2003.

ES DISKUTIERTEN DIE BERLINER AUTORIN CAROLA STERN, DIE BIELEFELDER TRAUMA-THERAPEUTIN LUISE REDDEMANN UND DER THEOLOGE RICHARD SCHRÖDER VON DER BERLINER HUMBOLDT-UNIVERSITÄT.
DAS GESPRÄCH MODERIERTE SPIEGEL-REDAKTEUR STEPHAN BURGDORFF.

SPIEGEL: Das Kriegsgeschehen vor 60 Jahren ist plötzlich wieder aktuell geworden und interessant ist, dass in Bezug auf den Irak nun ähnliche Fragen gestellt werden, wie damals zum Bombenkrieg der Alliierten gegen die Deutschen. Damals wurde gefragt, ist es gerechtfertigt, mit terroristischen Mitteln gegen einen Terroristen vorzugehen? Wo liegen die Grenzen? Was ist erlaubt? Darum geht es auch im Irak wiederum. Hat man also gar nichts gelernt aus den Ereignissen von vor 60 Jahren oder was wären die Unterschiede?
STERN: Also zuerst müsste man natürlich sagen, es gibt überhaupt keine Parallelen, denn wir sind uns alle darüber einig, der Krieg der Alliierten gegen Deutschland war ein Verteidigungskrieg. Es ging darum, einen totalitären Herrscher zu besiegen und dessen Truppen aus den besetzten Ländern zu vertreiben. Außerdem ging es um ein schnelles Ende des Krieges. Parallelen bestehen dennoch: Zum modernen, zum totalen Krieg im 20. Jahrhundert gehört der Krieg aus der Luft. Und wieder geht es um die Frage, ob der Zweck die Mittel heiligt.

SPIEGEL: War Ihrer Ansicht nach der damalige Bombenkrieg durch das Völkerrecht gedeckt?
STERN: Ich würde das so allgemein nicht beantworten. Ich habe den Bombenkrieg gegen Swinemünde im März 1945 miterlebt. Innerhalb von einer Stunde sind da 23 000 Menschen, hauptsächlich Flüchtlinge, ums Leben gekommen. Das jedenfalls scheint mir doch ein schweres Unrecht gewesen zu sein, dessen Sinn ich nicht einsehen kann.
SCHRÖDER: Geltendes Völkerrecht zur Zeit des Zweiten Weltkriegs verlangte die Schonung der Zivilbevölkerung im Krieg. Und der damalige Bombenkrieg ist nicht vorrangig gegen Panzerfabriken konzipiert worden, sondern als Krieg gegen die Zivilbevölkerung. Man hat gesagt: Wir werfen die Bomben dorthin, wo es am besten brennt. Und dies ist schlechterdings völkerrechtlich nicht abgedeckt gewesen.
SPIEGEL: Und im Irak?
SCHRÖDER: Natürlich ist Gewaltanwendung im internationalen Bereich als Notwehr erlaubt. Aber die Völkerrechtler sind sich weitestgehend einig, dass Amerika für diesen Krieg nicht die Notwehr in Anspruch nehmen kann, da die Grundbedingung, dass ein Angriff anders nicht abgewendet werden kann, natürlich nicht zutrifft. Auch kein amerikanischer Politiker glaubt, dass nächstens eine Rakete aus dem Irak in New York landen könnte; das Szenario, dass vom Irak geschickte Agenten Giftkanister in der New Yorker U-Bahn öffnen, hat ebenfalls keinen konkreten Hintergrund. Die andere Legitimation internationaler Gewaltanwendung, ein Beschluss des Sicherheitsrates, ist bekanntlich auch nicht gegeben. Nein, das amerikanische Bombardement von Bagdad ist völkerrechtlich sicherlich nicht abgedeckt.
STERN: Zu den Methoden ist zu sagen, dass es damals wie heute kaum gelingen kann, in den Städten nur die Industrieanlangen oder die Munitionsfabriken zu treffen. Da macht der Bombenkrieg die Menschen gleich – er unterscheidet nicht zwischen Tätern und Opfern, mit den Kombattanten werden auch Frauen, Kinder, Greise getroffen.
SPIEGEL: Es gibt ein paar wesentliche Unterschiede zwischen beiden Bombardierungen …
STERN: Natürlich, allerdings auch nicht nur im Positiven. Wissen

Sie, im Irak konnte es keinen 8. Mai 1945 geben. Es konnte keinen Tag geben, an dem das Ende des Krieges verkündet wird, weil alle Ziele erreicht sind. Heute ist der totale Krieg nicht mehr begrenzbar. Wir erleben das in Afghanistan. Am Anfang hat man uns gesagt, dort werden die Frauen befreit. Jetzt sehe ich in den TV-Berichten aus diesem Land immer noch die Frauen im Schleier. Dann hat man uns gesagt, es werden die Taliban- und al-Qaida-Leute ausgeschaltet. Jetzt war zu hören, dass gleichzeitig mit dem Beginn des Irak-Krieges eine neue militärische Offensive gegen eben diese Leute begonnen hatte. Ich sehe, dass auch in Serbien angesichts der Ermordung von Djindjić die Probleme offenbar nicht gelöst sind. Das heißt, es gibt kein wirkliches Ende des Krieges mehr, sondern er wird weitergehen, und er wird sich äußern in neuem Terrorismus und neuen Verwerfungen. Die Probleme werden nicht, wie am 8. Mai 1945, radikal gelöst. Das scheint mir auch ein wichtiger Unterschied zu sein.

SPIEGEL: Was bewirkt eigentlich Bombenterror bei den Menschen? Wie ist es zu erklären, dass im Zweiten Weltkrieg das Ziel der Engländer, die Moral der Deutschen zu brechen und sie zum Aufstand gegen Hitler aufzufordern, nicht erreicht worden ist? Im Irak war das sogar gleich zum Kriegsbeginn eingeplant und hat so nicht funktioniert. Was geht da vor in den Menschen?

REDDEMANN: Da kann ich nur Vermutungen anstellen. Es gibt ja darüber in meinem Fach überhaupt noch keine Untersuchungen. Auf jeden Fall haben die Menschen sich total ohnmächtig gefühlt. Und Ohnmacht ist das, was wir am allerschlechtesten verkraften können. Selbstverständlich haben sie auch Todesangst ausgestanden. Diese Ohnmachtserfahrung, das ist etwas, das Menschen einfach wegzuschieben versuchen. Sie wollen sich nicht ohnmächtig fühlen. Es ist unerträglich.

SPIEGEL: Welche Auswege werden gesucht?

REDDEMANN: Ich habe es auch in dem Buch von Friedrich gelesen, wie stark die Menschen Racheimpulse gegenüber abgestürzten alliierten Fliegern entwickelt haben, wie es zu Lynchjustiz kam. Meine Hypothese ist, dass die Menschen auf jeden Fall irgendwas machen wollten. Natürlich regt diese Ohnmacht in vielen auch enorme Wut und Hass an. Und das wird dann eben ausgelebt. Deswegen denke ich, dass sie sich zusammenschlossen und geschworen haben:

Das lassen wir nicht mit uns machen! Menschen werden dadurch, dass sie sich in Ohnmacht hineingetrieben sehen, nicht friedlich. Sie werden entweder taub, innerlich taub und es ist ihnen alles egal. Oder manche werden eben zu Bestien.

SPIEGEL: War das US-Kalkül, die Iraker würden unter dem Eindruck der Bombenschläge Saddam stürzen, nach den alten Erfahrungen nicht eine Illusion?

REDDEMANN: Ich würde vermuten, dass es das war, bezogen auf die Reaktionen von ganz vielen dieser betroffenen Menschen, eben wie früher hier in Deutschland.

SPIEGEL: Könnte es sein, dass die Deutschen sehr frühzeitig gegen den Krieg im Irak waren, weil sie die Erfahrungen aus dem Zweiten Weltkrieg hatten?

REDDEMANN: Also es ist schon auffällig, wie stark die Bewegung gegen den Krieg war. Ich vermute, dass das tatsächlich sehr stark auf die vielen unverarbeiteten Dinge im Zusammenhang mit dem letzten Krieg zurück geht. Man weiß aus der Forschung, dass die zweite und dritte Generation durchaus auch noch betroffen ist, also dass die Traumatisierung von Eltern, Großeltern weiter geht an die nächste Generation und auch an die Enkelgeneration. Das ist überwiegend an den Holocaust-Opfern erforscht worden. Aber selbstverständlich gilt es auch für andere Traumaopfer und deren nachfolgende Generationen. Da haben viele ja das alles immer noch nicht verarbeitet, nicht gelöst.

SPIEGEL: Aber es war doch jahrzehntelang Zeit, sich damit auseinander zu setzen.

REDDEMANN: Aus psychologischer Sicht kann man sagen, dass dies vielfach unterblieb, weil die Erinnerung zu schrecklich war und weil das Bewusstsein herrschte, dass wir das Tätervolk waren. Das ist ganz wichtig. Man kann sich sehr schwer mit Trauma und Traumafolgen auseinander setzen als Täter. Das wissen wir auch aus der individuellen Psychotherapie. Aber nun auf einmal gibt es ja sehr viel Literatur. Jetzt wird das genauer angeschaut, denn es ist genügend Zeit verstrichen. Deshalb denke ich, ist es auch kein Zufall, dass das Buch von Jörg Friedrich von so vielen gelesen wird. Denn jetzt sind wir in der Lage, uns den Ereignissen zu stellen.

STERN: Übrigens finde ich sehr interessant, dass es ausgerechnet mit dem Ende des Ost-West-Konflikts und der Einheit Deutschlands eine ganz neue Sicht auf die Vergangenheit gibt. Und das beschränkt sich nicht nur auf den Bombenkrieg, wenn ich etwa an die SPIEGEL-Serie und an die TV-Serien über die Vertreibungen denke. Und natürlich an das Buch von Grass. Wir haben eine ganz neue Tendenz in der Zeitgeschichte. Ich zähle im absolut positiven Sinne auch die Versuche dazu, sich mit der Verstrickung und dem Verhalten der Väter und Mütter im Zweiten Weltkrieg auseinander zu setzen. Ich denke an das Buch von Gisela Heidenreich, die ein Lebensborn-Kind war. Oder an das Buch von Herrad Schenk über ihren Vater, der Leiter des Sicherheitsdienstes in Galizien gewesen ist. Da versucht man – nicht beschönigend, aber menschlicher als es die '68er gemacht haben – mit der Vergangenheit umzugehen.

REDDEMANN: Ja, eben, aber das ist eigentlich eine Bestätigung für das, was ich vorhin meinte. Natürlich hat es Menschen gegeben, die schon gleich nach Ende des Zweiten Weltkriegs einen Trauerprozess durchmachen konnten, aber ganz viele Menschen konnten es nicht. Gut, ich sehe natürlich auch immer die, die irgendwann krank geworden sind. Wir haben jetzt Kontakt mit alten Menschen, die sich bei uns melden und verzweifelt sind über das, was wir eine posttraumatische Belastungsstörung nennen. Die 50, 60 Jahre lang keine Probleme hatten. Und jetzt sind alte Menschen auf einmal überwältigt von Erinnerungen und sagen: Ich halte es nicht mehr aus, helfen Sie mir. Das ist schon sehr auffällig. Das war vor Jahren nicht so.

STERN: Sind es hauptsächlich Täter, etwa Soldaten, die an Massenerschießungen teilgenommen haben, oder sind es Opfer?

REDDEMANN: Beides.

SPIEGEL: Herr Schröder, ist die Vergangenheit in der DDR anders aufgearbeitet worden als in Westdeutschland?

SCHRÖDER: Ja, sie ist zweifellos anders aufgearbeitet worden. Zwei Punkte standen ganz vorne. Der eine, dass von den „anglo-amerikanischen Bombenangriffen" die Rede war, was, wenn ich es richtig sehe, nationalsozialistische Terminologie übernahm und den Akzent hatte: Das waren die anderen, die immer noch unsere Feinde sind. Gewissermaßen fand hier eine Selbstidentifikation mit den Opfern statt und es wurde auf die „Anglo-Amerikaner" gezeigt, die so was Schlimmes gemacht haben. Und der andere Punkt: Die Ausgelöschten waren ganz zweifellos unschuldige Opfer. Bei so viel Zu-

stimmung in den Prämissen wurde es dann in der DDR tatsächlich schwer, deutlich zu machen, warum dieses anklagende Zeigen nach Westen was Unangemessenes haben sollte.
STERN: Die Welt war nach Moskauer Lesart in zwei große Lager geteilt. Das Lager des Friedens, angeführt von der Sowjetunion und das Lager des Krieges, angeführt vom amerikanischen Imperialismus, der einen dritten Weltkrieg vorbereitet. Das hat ja in der DDR-Propaganda eine ungeheure Rolle gespielt.
SPIEGEL: Fühlen sich manche Menschen in Ostdeutschland durch das Vergehen der USA nicht neuerdings doch wieder bestätigt und sagen: Na, da hat der Marxismus-Leninismus doch was Wahres gehabt? Oder glauben Sie, dass dieser Reflex ganz weg ist?
SCHRÖDER: Nein, nein, das ist nicht ganz weg. Aber diese Logik vom amerikanischen Imperialismus, der sowieso eigentlich zumindest seit 1945 nur Unglück in die Welt gebracht hat, ist doch auf der anderen Seite in Westdeutschland, jedenfalls in der Generation der '68er, ebenso stabil, wenn auch mit etwas anders gearteter Akzentuierung. Da wird auf Vietnam hingewiesen und auf Chile. Also wissen Sie, man kann doch nicht sagen, dass im alten Westen die Protestler sagen wollen: Liebe Amerikaner, ihr macht hier was falsch! Die Tonart, die ich hier vielfach höre, drückt aus: Die Amerikaner verhalten sich so, wie wir sie immer kannten.
SPIEGEL: Frühe und umfassende Darstellungen zum Luftkrieg hat der DDR-Historiker Olaf Groehler veröffentlicht. Lag es am DDR-Konsens über die Westalliierten, die bombardiert haben, dass dieses Thema in der DDR leichter zu bearbeiten war als im Westen?
SCHRÖDER: Selbstverständlich. Die DDR hatte sich ja selbst auf die Seite der Sieger der Geschichte geschlagen. Und da war es natürlich klar – das habe ich vorhin schon gesagt – der Bombenkrieg, das war ganz und gar Sache der anderen. Das konnte man gut behandeln. Die Darstellung konnte so schlimm geraten wie sie wollte, ideologische Schwierigkeiten mit der SED bekam man bei dem Thema nie! Je schlimmer, um so besser!
REDDEMANN: So lange das Böse immer ganz bei den anderen ist, geht es einem gut. Aber wenn man anfängt, differenzierter hinzuschauen, wie es zum Beispiel Herrad Schenk in ihrem Buch über den Nazi-Vater macht, dann wird man traurig. Und man fühlt auch Ohnmacht. Man merkt nämlich, dass man so viele Dinge so schwer

ändern kann. Das alles braucht einfach Zeit, auch dieser Prozess, in dem man sich zutraut, wirklich differenziert mit diesen entsetzlichen Dingen umgehen zu können.

SPIEGEL: Wir möchten gern wieder zu den Kriegen und ihren Parallelen zurückkehren. Kann es nicht doch gerechtfertigt sein, gegen einen Diktator mit einem Bombenkrieg vorzugehen? Befürworter verweisen darauf, dass man weitere Opfer und Schäden verhindert, wenn man Gewalt anwendet, um einen Gewalttäter zu stoppen. War das gegen Hitler nicht wenigstens moralisch gerechtfertigt?

SCHRÖDER: Die Frage, ob es Situationen gibt, in denen Gewaltanwendungen im zwischenstaatlichen Bereich gerechtfertigt sind, beantworte ich unumwunden mit ja. Grundsätzlich ja. Ich muss sagen, mich bedrückt es immer wieder, dass in einem sich entfesselnden Bürgerkrieg in Ruanda 800 000 Tote zu beklagen waren, weil keine Intervention erfolgt ist, die mit Sicherheit vielen Menschen das Leben gerettet hätte. Wenn ich höre, dass ...

SPIEGEL: Also war die Intervention im Kosovo ein positives Beispiel?

SCHRÖDER: Mit Blick auf die Zahl der Todesopfer gewiss, ansonsten nicht ohne Einschränkung. Es gab kein „Ende der Vertreibung“, denn die Albaner vertreiben die Serben, die Bereitschaft der Kosovo-Albaner zu rechtsförmigem Verhalten und zum Aufbau der Demokratie ist niedrig, die Mafia ist mächtig. Aber nach wie vor meine ich, dass mit Nichtstun die Dinge noch schlimmer geworden wären.

Und deswegen habe ich auch etwas Hemmungen, Afghanistan hier einfach unter dem Gesichtspunkt der Negativbeispiele zu erwähnen. Da gibt es eine deutliche Verbesserung. Natürlich ist es sehr gefährlich, die Anwendung von militärischer Gewalt – also das Töten von Menschen – unter den Gesichtspunkt zu stellen: Wie viele wären sonst gestorben? Da können missbräuchliche Maßstäbe gesetzt werden. Aber ich wehre mich gegen eine Geschichtsbetrachtung oder eine Gegenwartssicht, die immer wieder den Eindruck erweckt, wenn mit militärischen Mitteln irgendwo eingegriffen wird, gibt es Opfer, die es sonst nicht gegeben hätte.

STERN: Für mich ist eigentlich das überzeugendste Beispiel das Eingreifen der Amerikaner im Korea-Krieg. Da ging es wirklich

darum, die Ausweitung des kommunistischen Machtbereichs zu stoppen. Und das ist gelungen.
SPIEGEL: Das war dann der „gerechte Krieg"?
STERN: Mir fällt es sehr schwer, hier lang und breit darüber zu diskutieren, wann vielleicht unter welchen Umständen doch ein Krieg gerechtfertigt sein könnte. Ich will Ihnen mal sagen, wir befinden uns in einem Zeitalter, in dem die Selbstvernichtung der Menschheit möglich geworden ist, durch die Atombomben. Und ich fürchte, dass ein Krieg wie der im Irak andere Staaten dazu verleiten könnte, sich möglichst bald Atombomben anzuschaffen, damit sie unangreifbar werden. Ich kann in diesem Zeitalter der Atombombe von einem gerechten Krieg nur noch schwerlich sprechen.
SPIEGEL: Aber wenn ein Staat wie Nordkorea eine Atombombe entwickelt hat und wenn er droht, diese einzusetzen?
STERN: Ich glaube, dass wir uns daran gewöhnen müssen, der Politik weitaus mehr Verantwortung und weitaus mehr Krisenmanagement zuzuweisen, als es bisher geschehen ist.

Ich habe Amnesty International mit gegründet und finde, das ist das Vernünftigste, was ich in meinem Leben gemacht habe. Wir sind doch nicht auf den Gedanken gekommen, zu sagen, die Menschenrechte müssen durch Bomben verwirklicht werden, sondern wir haben angefangen, mit friedlichen Mitteln und mit großer Energie und mit großer Ausdauer daran zu arbeiten, Menschenrechte durchzusetzen. Und wir haben auch was erreicht. Ich denke, wenn wir Menschenrechte und Gerechtigkeit in der ganzen Welt durch Krieg herstellen wollen, dann müssen wir 20, 30 Kriege anfangen.
SCHRÖDER: Jetzt muss ich aber mal darum bitten, dass wir uns die Frage im Blick auf die internationale Rechtsordnung genauer anschauen. Ich bin der Auffassung, dass eine funktionierende internationale Rechtsordnung, die wir ansatzweise haben, einer vollziehenden Gewalt genauso bedarf, wie eine nationale Rechtsordnung ohne Polizei nicht funktioniert. Die UNO und der Sicherheitsrat haben diese vollziehende Gewalt nicht. Sie beauftragen jemanden damit. Denn es gibt ja nicht die Struktur, es gibt keine Weltpolizei. Natürlich ergeben sich daraus eine Vielzahl von Problemen. Also ist mir nicht plausibel, wenn jemand sagt: Im nationalen Bereich funktioniert ein Recht zwar nicht ohne Durchsetzung, aber im internationa-

len Bereich werden wir eine Ordnung schaffen, bei der die Rechtsbrüche durch gutes Zureden aufhören.

Schließlich enthält auch die UNO-Charta das berühmte Kapitel VII „Zwangsmaßnahmen". Da wird vollziehende Gewalt als Teil der hier konstituierten internationalen Rechtsordnung vorgesehen. Allerdings, wenn die Amerikaner einfach sagen: Hört mal zu, weil ihr die Polizei nicht schickt, machen wir das jetzt – da gibt es auch für mich große Probleme

SPIEGEL: Wer soll denn die Weltordnung gewährleisten? Die USA akzeptieren noch nicht einmal den Internationalen Gerichtshof.

SCHRÖDER: Mehr Geduld! Klar, dass wir noch nicht weit genug vorangekommen sind. Aber die Richtung stimmt. Die Schaffung des Internationalen Gerichtshofes, den nun die Amerikaner nicht anerkennen, wäre uns doch vor 30 Jahren als eine absurde Forderung erschienen. Also gehen wir voran.

STERN: Ein positives Beispiel ist Südafrika. Dort hat die Apartheid geherrscht, furchtbare Unterdrückung, furchtbarer Terror. Und es ist gelungen, weil die Weltgemeinschaft sich einig war, gegen Südafrika vorzugehen und durch Sanktionen etwas zu erreichen. Natürlich beeindruckt mich das, was Herr Schröder sagt. Nur ich sage mir, jetzt haben wir den Mugabe in Simbabwe, der unterdrückt seine eigenen Leute und die Farmer. Müssen wir da nun also mit Waffen vorgehen? Wir haben zahlreiche Diktaturen auf der Welt. Wo wollen wir anfangen?

Ich denke auch oft an Willy Brandt, der immer wieder gesagt hat: So, und jetzt müssen wir daran gehen, den Nord-Süd-Konflikt auf friedliche Weise zu lösen. Und das heißt auch, indem wir mehr Gerechtigkeit in die Welt bringen. Das scheint mir so wichtig zu sein. Terrorismus entsteht ja auch durch Ungerechtigkeit.

REDDEMANN: Tatsächlich müsste man dann auch ein bisschen genauer schauen, wo Gewalt herkommt. Die Täter, mit denen ich es zu tun habe, das sind in der Regel Menschen, die vorher einiges erlitten haben. Ich denke, wir müssen die Wurzeln untersuchen. Es ist schließlich sogar vorstellbar, dass man auch im politischen Bereich dahin kommt, wie in der Tätertherapie frühzeitig gewaltarme Lösungen im Kleinen zu finden.

SCHRÖDER: Das ist völlig richtig, aber trotzdem wird doch niemand so schnell auf die Idee kommen, zu sagen: In Erwartung des

Verschwindens der Kriminalität können wir schon mal jetzt die Ausstattung der Polizei mit Schusswaffen einstellen. Wer fragt, „wie wird die Welt besser?" muss sich erst noch ein funktionierendes internationales Sanktionssystem ausdenken, das zugleich auch die Zivilbevölkerung schont.

SPIEGEL: Frau Reddemann, Frau Stern, Herr Schröder, wir danken Ihnen für die Teilnahme an dieser Diskussion.

Mit dem Rechen des Todes

Trotz erbitterter Luftabwehr konnten die Alliierten Deutschland zertrümmern. Als die riesige US-Bomberflotte die Rüstungsindustrie lahm legte, war Hitlers Niederlage besiegelt.

VON CHRISTIAN HABBE

Das Unternehmen „Skate“ war hoch geheim. Nach der Einsatzbesprechung wurden alle Tore der Militärbasis verriegelt, die Telefonleitungen nach draußen blockiert.

Es war am Nachmittag des 14. Oktober 1944. Auf mehreren Fliegerhorsten der 5. Bomber-Group in der ostenglischen Grafschaft Lincolnshire machte die Royal Air Force eine Flotte von 233 Maschinen des Typs Lancaster startklar.

7500 Liter Flugbenzin strömten in die Tanks jeder Maschine. Dann wurden Flüssigkeitsbomben geladen, ganze Schüttkästen voll Stabbrandbomben und je Flugzeug eine Luftmine, Gewicht: eine Tonne. Derweil griffen sich die siebenköpfigen Crews ihre Monturen mitsamt den Notfall-Accessoires: Fallschirme, Landkarten vom Feindgebiet und teils sogar Schnürsenkel mit versteckten Sägeblättern – für die Gitterstäbe eines Gefangenenlagers.

Spätnachmittags startete die Flotte, formierte sich westlich von London zu Pulks und schwenkte dann Richtung „Skate“ (deutsch: Rochen). Im RAF-Zielverzeichnis, in dem die deutschen Städte Fischnamen trugen – eine Referenz an den angelversessenen Luftmarschall Robert Saundby –, stand Rochen für Braunschweig.

Über der nachtdunklen Stadt kurvte als Erster unbemerkt der Wetterbeobachter ein, der seine Windmessungen zur Justierung der Zieldaten funkte. Dann begann der „Master-Bomber“ seine Beobachtungsschleifen zu ziehen, die „Pfadfinder“ erhielten Order, die Markierungsbomben zu setzen. Mit ihren „Christbäumen“ – Leuchtbomben, die minutenlang am Fallschirm herabsanken und farbige Signalkörper ausspien – steckten sie das Zielgebiet ab.

Nun erst trat die 5. Group in Aktion. Um das ganze Areal abzudecken, schwärmte der Bomberstrom fächerförmig auseinander. Die Zielgeräte der Maschinen waren so eingestellt, dass beim Abfliegen vorbestimmter Sektoren die Bomben in Abständen zwischen 8 und 21 Sekunden aus den Schächten fielen. Binnen weniger Minuten wurden 900 Tonnen geworfen, die Krater bildeten breite Schneisen im Stadtbild.

Am nächsten Tag verdunkelte ein riesiger Rauchpilz den Himmel, die Toten mussten im Dämmerlicht gezählt werden. Helfer registrierten überall „verkohlte Leichen, merkwürdig klein“. In dieser Nacht starben insgesamt 561 Menschen. Von Braunschweig waren 150 Hektar weitgehend vernichtet, darunter auch die ganze Altstadt.

Der Bombenfächer, eine Innovation des Group-Commander Ralph Cochrane, hatte sich in dieser Nacht erstmals über einer deutschen Großstadt bewährt – so gründlich, dass „Braunschweig kein weiteres Mal angegriffen wurde“, wie es im Tagebuch des britischen Bomberkommandos hieß.

Viereinhalb Jahre nach dem Beginn hatte der Bombenkrieg im Herbst 1944 seine grausige Perfektion erreicht. Über dem ganzen Land tauchten jetzt die Flugzeugpulks der Alliierten auf. Tagsüber glitzerten ganz oben am Himmel die Maschinen der 8. US-Luftflotte in der Sonne, Hunderte winziger Silberkreuze mit Bahnen aus Kondensspuren wie makabre Stars and Stripes. Die nächtlichen Anflüge der Royal Air Force waren zwar kaum zu sehen, doch durch das Dröhnen von Tausenden schwerer Flugmotoren umso schauerlicher.

Tag für Tag erlitten die Deutschen nun „die Wucht und Schwere des modernen Krieges mit allen seinen Schrecken und Leiden“, wie der amerikanische Schlussbericht „United States Strategic Bombing Survey“ es später beschrieb.

Stärkste Waffe in dem Luftkrieg, der alle Dimensionen sprengte, war die englische Lancaster. Mit 30 Tonnen Abfluggewicht – so schwer wie ein heutiger Regionaljet – übertraf sie Amerikas Großbomber an Tragfähigkeit. Der containerförmige Rumpf der Lancaster konnte alle Bombentypen der Royal Air Force aufnehmen, bis hin zum sechs Tonnen schweren Bunkerknacker „Tallboy“.

Gegen Angriffe der deutschen Jäger konnten sich die plumpen Maschinen oft nur schwer verteidigen. Alle Abschüsse aber wurden im Nu von der auf Hochtouren laufenden Rüstungsindustrie ersetzt.

7000 Maschinen baute die britische und kanadische Flugzeugindustrie, und als Rolls Royce nicht mehr genügend Motoren liefern konnte, halfen Amerikas Packard-Werke mit mehr als 16 000 Triebwerken aus.

Die US-Großbomber vom Typ Liberator und Boeing B-17 waren nicht ganz so leistungsstark wie die Lancaster, dafür aber in gut doppelter Anzahl unterwegs.

Insgesamt setzten die Westalliierten in Europa bis zu 30 000 Flugzeuge ein, die bei anderthalb Millionen Einsätzen fast doppelt so viele Tonnen Bomben abwarfen.

Ursprünglich flogen auch die Engländer tagsüber Angriffe, dabei erlitten sie aber hohe Verluste. Beim allerersten Angriff auf eine

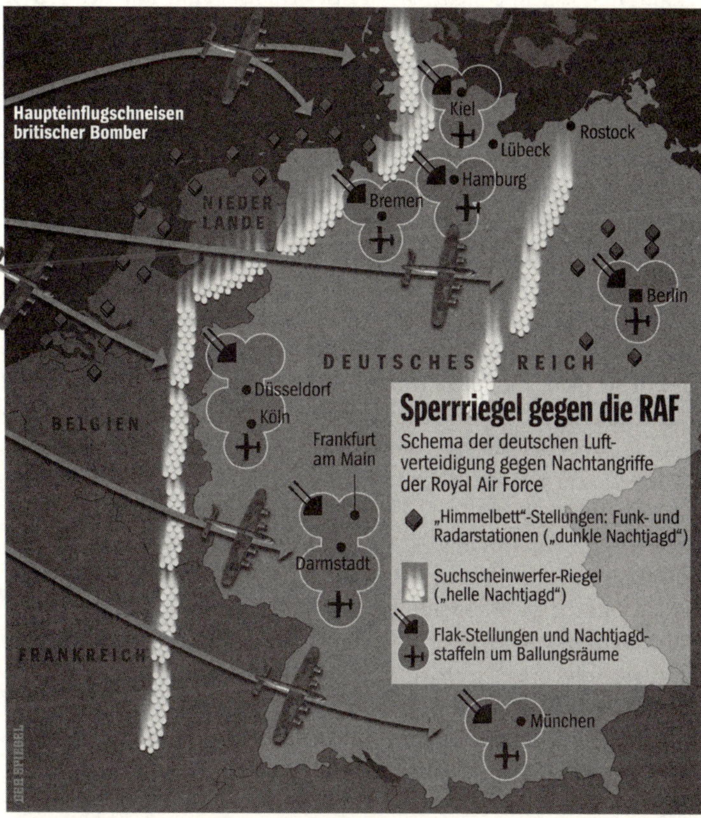

deutsche Stadt – Mönchengladbach im Mai 1940 – waren am Boden vier Zivilisten tödlich getroffen worden (darunter eine ortsansässige Engländerin), aber auch drei Bomber stürzten ab. So sah das Bomber Command keine Alternative zum nächtlichen Flächenangriff. Schließlich ging es auch darum, dem eigenen Volk Mut zu machen – „indem wir zeigten: Wir schlagen zurück" (RAF-Marschall Beetham).

Die grausigen Folgen ihres Jobs waren den Crews in den Flugzeugkanzeln bewusst. Doch sie verdrängten Gedanken an „die Leute, die in kleine Fetzen zerrissen werden", erinnert sich der RAF-Navigator Harold Nash, „allein die große Höhendistanz zu dem allen erlaubt dir, es zu tun".

Es half den Fliegern aber auch, dass sie einen „ruchlosen Feind bekämpften". Schließlich hatte Hitler-Deutschland mit dem Krieg und dem Terror aus der Luft begonnen. „Wie viele unschuldige Zivilisten starben denn in Stalingrad, vor Moskau, in Leningrad?", fragte – wie viele seiner Mitkämpfer – der RAF-Flieger John Curtiss.

Die flächendeckenden Bombardements der deutschen Wohnquartiere durch die RAF verbreiteten Angst und Schrecken unter der deutschen Bevölkerung, den Kriegsverlauf beeinflussten sie jedoch nicht wesentlich. Selbst die Hoffnungen der Amerikaner auf das „Präzisionsbombardieren" – durch Schläge auf militärische Ziele sollten die Nazis im Schnellgang besiegt werden – hatten sich als eine der „größten Fehleinschätzungen des Krieges" entpuppt (so der US-Ökonom John Kenneth Galbraith).

Denn je mehr Bomben fielen, desto mehr produzierten Hitlers Waffenschmieden. 1944 fertigten sie trotz der Bombenteppiche die kaum vorstellbare Anzahl von 40 000 Flugzeugen. Die Panzerfabriken stießen im gleichen Jahr monatlich 1500 Tanks aus, dreimal so viele wie 1942 – vor allem mit Hilfe „Tausender von Sklavenarbeitern", wie Rüstungsminister Albert Speer in seinen Memoiren einräumte.

Auch traf die „Combined Bomber Offensive" auf unerwartet viel Widerstand. Denn die Flugabwehr, für die zeitweise bis zu 900 000 Deutsche aufgeboten wurden, arbeitete bis Mitte 1944 sehr effizient.

Für die aus England anfliegenden Bomberflotten lag gleich hinter der Kanalküste des besetzten Frankreich eine Barriere: „Himmelbett" nannte die deutsche Luftabwehr ihre tief gestaffelte, hoch integrierte Linie aus Flakposten, Scheinwerferbatterien und Jägerleitstellen. Zudem erfasste der Horchdienst der Luftwaffe den Funkverkehr der Bomber schon auf den englischen Startplätzen. So flogen die Angreifer jedes Mal in ein waffenstarrendes Bollwerk.

Die Geschwader versuchten sich gegenseitig abzuschirmen. Dabei bestand die wirksamste Formation aus je neun Sechsergruppen, also insgesamt 54 Maschinen, die sich zu einem eng gestaffelten Block („combat box") zusammenschlossen, um Jägern weniger Angriffsfläche zu bieten.

Vor allem die US-Bomber waren schwer zu knacken. Der viermotorige Boeing-Bomber B-17, „Fliegende Festung" genannt, konnte aus sechs Kanzeln an Rumpf, Bug und Heck um sich schießen. „76 Maschinengewehre aus 38 MG-Türmen", so ein amerikanischer Bordschütze, „waren manchmal auf den Jäger gerichtet."

Gleichwohl gelangen den Jagdfliegern der Luftwaffe eine Menge Abschüsse. Bei Dunkelheit mischten sich die Nachtjäger – meist vom Typ Junkers Ju 88 und Messerschmitt Me 110 – in die Geschwader. Von den durch Scheinwerfer angestrahlten Wolken – dem „Leichentuch", wie es im Kasinojargon hieß – hoben sich die Bomber als konturenscharfe Objekte ab. Die wurden dann auch mit der Technik „Schräge Musik" bekämpft, dem tödlichen Angriff von unten, bei dem der Jäger die schlecht geschützte Unterseite des Bombers durch eine schräg nach oben zielende Spezialkanone aufriss.

Allein im Jahr 1943 schossen Nachtjäger rund 1800 englische Bomber ab und sorgten dafür, dass die Insassen sich, so ein RAF-Pilot, „wie sitzende Enten" fühlten. Allerdings verlor auch die Luftwaffe im gleichen Jahr 1012 Abwehrmaschinen – von alliierten Bordschützen oder Jägern abgeschossen, oft genug auch von der eigenen Flak oder Teilen explodierender Bomber getroffen.

Die Erfolge der Nachtjäger endeten jäh, als die alliierten Invasionstruppen Frankreich eroberten. Denn mit dem Verlust der vorgeschobenen Frühwarnposten war das Projekt „Himmelbett" fast wertlos.

Schon ein Jahr zuvor war für die vereinigte Luftoffensive der Alliierten eine Direktive mit dem Namen „Pointblank" (deutsch: Fangschuss) beschlossen worden: systematische Angriffe auf 76 Einzelbereiche der Kriegsproduktion, Benzinherstellung und Infrastruktur. Ziel war die „Zerstörung und Desorganisation des deutschen militärischen, industriellen und wirtschaftlichen Systems" sowie die

„Untergrabung der Moral des deutschen Volkes bis zu einem Punkt, an dem seine Fähigkeit, bewaffneten Widerstand zu leisten, tödlich getroffen ist".

Fortan gab es eine klare Aufgabenteilung: Die US-Luftflotte sollte gezielt die militärisch-industriell wichtigsten Objekte bombardieren, das britische Bomber Command nächtens die Wohngebiete drum herum.

Dass die USA tagsüber angriffen, hatte vor allem technische Gründe. Ab 1943 hatten ihre Mustang-Jäger, wahlweise mit Zusatztanks ausgestattet, bis zu 2000 Kilometer Reichweite. So konnten sie die US-Bomberkonvois auch auf langen Strecken gegen deutsche Jäger verteidigen. Außerdem waren die Liberators und Boeings mit hoch entwickelten Bombenzielgeräten von ungeahnter Präzision bestückt – man könne „notfalls in ein Gurkenfass" treffen, renommierten US-Flieger.

Hohe US-Militärs opponierten allerdings auch aus humanitären Gründen gegen die nächtlichen Flächenangriffe der Engländer. Er wolle nicht verantwortlich dafür sein, „den Mann auf der Straße strategisch zu bombardieren", äußerte etwa General Ira Eaker, Kommandeur der 8. US-Luftflotte. Krieg gegen Zivilisten widerspreche „unseren nationalen Idealen", sagte auch General Laurence Kuter, Vize-Planungschef der US-Luftwaffe.

Einem Großbombardement Berlins verweigerte die US-Flotte die Unterstützung, weil das Kommando rügte, die RAF wolle die Amerikaner „für die Folgen dieser schrecklichen Bombardierung mitverantwortlich machen".

Manche US-„Präzisionsangriffe" unterschieden sich freilich kaum von den englischen Flächenbombardements. Im Februar 1945 etwa rissen 1000 B-17-Maschinen der 8. Flotte, die nach offizieller Lesart in Berlin „Verwaltungszentren und Bahnhöfe" treffen sollten, rund 3000 Stadtbewohner in den Tod. Beim Angriff auf Eisenbahnanlagen in Münster hatte die 8. US-Luftflotte auch auf ein Wohngebiet von Reichsbahnarbeitern gezielt. „Gedanken über die Moralität" solcher Aktionen mache er sich nicht, äußerte der verantwortliche General Curtis LeMay – „da müsste ich verrückt sein".

Englands nächtliche Attacken waren schrecklich genug, aber erst der Einstieg der 8. US-Luftflotte, „Mighty Eighth" genannt, brachte 1943 den Luftkrieg auf den Höhepunkt.

Zu den Befehlshabern der „Mighty Eighth" zählten knorrige Haudegen von Hollywood-Format – wie Flottenkommandeur Carl „Tooey" Spaatz, Flieger-Ass aus dem Ersten Weltkrieg und einer von der ganz alten Schule wie auch sein Vorgesetzter, Air-Force-Chef Henry „Hap" Arnold. Dieser noch vom Flugpionier Orville Wright ausgebildete Veteran war ein gefürchteter Mann der Tat – auf seinem Schreibtisch war einmal ein lautstark gerügter Major buchstäblich zu Tode erschrocken niedergesunken.

Auch General Curtis LeMay war aus ziemlich hartem Holz. Später, als Air-Force-Stabschef zu Beginn des Vietnamkriegs prägte er den Krieg geradezu sprichwörtlich mit – durch seinen zum geflügelten Unwort gewordenen Spruch, das asiatische Land „in die Steinzeit zurückzubomben".

Die Oberen der „Mighty Eighth" bombten großflächig. Bei der „Big Week" im Februar 1944 blieb kaum einer der wichtigsten deutschen Standorte der Flugzeugindustrie von vernichtenden Schlägen verschont. Ende des Jahres schalteten amerikanische Großeinsätze auch die „Ölziele" aus, Hitlers Treibstofffabriken, die bis dahin besonders hartnäckig verteidigt und nach Treffern stets wieder schnell in Stand gesetzt worden waren.

Es brauchte laut US-Bilanz allerdings insgesamt 22 Luftangriffe, um die Hydrieranlage Leuna dauerhaft zu zerstören. Insgesamt 6552 Flugzeuge warfen dabei bis zum Kriegsende 18 328 Tonnen Bomben.

Die US-Strategie hatte einen hohen Preis, oft genug endeten großkalibrige Unternehmen in großen Desastern. „Tidal Wave" (Flutwelle), ein Angriff auf Rumäniens Ölproduktion, kostete 57 Maschinen, ein Drittel der Angriffsformation. Bei „Frantic II" praktizierten Pulks der 15. US-Flotte eine neue Angriffstechnik namens „shuttle bombing" – aus England kommend bombardierten sie Ziele in Deutschland und flogen weiter, um in der Sowjetunion für neue Angriffe aufzutanken. Unbemerkt waren ihnen jedoch Luftwaffeneinheiten gefolgt und zerstörten auf dem Landeplatz im ukrainischen Poltawa 47 geparkte US-Bomber.

Blutiger Tiefpunkt der amerikanischen Luftoffensive: Der Angriff auf Kugellagerfabriken in Schweinfurt im Oktober 1943, der als „Black Thursday" in die Annalen der U. S. Air Force einging.

Die Luftwaffe hatte ein Rekordaufgebot von 400 Jägern eingesetzt und wütete nahezu drei Stunden lang unter den Fliegenden Festungen. 60 schwere B-17-Bomber wurden abgeschossen, ein Dutzend kehrte schrottreif zurück, einige stürzten noch bei der Landung ab, und jene 121 Boeings, die stark reparaturbedürftig die Heimkehr schafften, hatten eine Vielzahl Tote und Verletzte an Bord.

Die amerikanische Schlagkraft konnten solche Verluste jedoch nicht mindern, Air-Force-Chef „Hap“ Arnold kommandierte schließlich weltweit 60 000 Maschinen.

Eine wahre Vorstellung von den riesigen Verbänden hatten – beim eingeschränkten Sichtfeld ihrer Cockpitfenster – nicht einmal die Piloten. Während der Weihnachtsangriffe 1944 bat ein MG-Schütze den Kapitän seiner „Liberator“ in die oberste Schießkanzel. So etwas hatte Pilot Robert W. Vincent noch nie gesehen – „überall am Himmel, so weit das Auge reichte, US-Bomber, die alle in Richtung Deutschland flogen“. An diesem Tag hatten die Amerikaner 2900 Flugzeuge über Deutschland aufgeboten.

Neben der Menge des eingesetzten Materials bestimmte der technologische Fortschritt den Luftkrieg, vor allem in der Funkmesstechnik. Zu Beginn verwendeten Deutsche und Engländer ähnliche Peilsysteme, um ihre Kampfflugzeuge erst annähernd, dann immer genauer ins Ziel zu bringen. Später setzten beide Seiten Radartechnik ein – die englischen Bomber wurden mit Elektronik gespickt, und die deutschen Jäger trugen Antennen-Gestänge, die aussahen wie Geweihe.

Beim Showdown der Flugelektroniker konnten die Deutschen allerdings nie völlig Schritt halten. Mit Verzögerung zogen sie zwar fast immer nach; am Ende konnten Nachtjäger sogar die englischen Bomber auf einem bordeigenen Radarschirm sehen. Aber die anderen hatte die besseren Ideen immer etwas eher – auch die ganz einfachen – wie das Abwerfen von Stanniolstreifen, um auf deutschen Radarschirmen statt einzelner Maschinen diffuse Metallwolken erscheinen zu lassen.

Es war, konstatierte der Fachautor Georg Hentschel, ein „Verfolgungsrennen mit überlegenem Sieg der Engländer“. In seinem Buch über die deutsche Luftrüstung liefert der ehemalige Luftwaffeningenieur viele Belege und vor allem einen womöglich entscheidenden Grund: Durch Gleichschaltung hatte Hitlers Zwangsstaat auch die Kreativität seiner technischen Intelligenz blockiert – und wurde somit ein Opfer des eigenen Systems.

Im NS-Reich führten oft Hofschranzen das Wort wie der für Luftkriegstechnik verantwortliche „Generalluftzeugmeister" Erhard Milch, ein gernegroßer „Führer"-Satrap, den seine Mitarbeiter in der dritten Person Plural („Herr Feldmarschall haben entschieden") anzureden hatten.

Milch hatte keinen Sinn für die Pionierrolle, die eine kreative Tüftlerszene bei der Entwicklung der Funktechnik zu spielen vermochte. Im Gegenteil: Freie Amateurfunker standen im NS-Land unter Generalverdacht, „zu 99 Prozent Moskau-Jünger" zu sein (Erhard Milch). Ein schwerer Denkfehler, den am Ende auch Hermann Göring, einer der Hauptverantwortlichen, bereute: „Wir haben diese Bastlergemeinschaften zerstört und zerschmettert", lamentierte Hitlers Vize.

Die wichtigsten Fehlentscheidungen fällte Hitler persönlich. Er stoppte die effizienten Nachtjägerangriffe auf englische Bomberbasen, zog Techniker von einem serienreifen Boden-Luft-Raketenprojekt ab, um den Bau der „Vergeltungswaffe" V2 zu forcieren. Auch die Weiterentwicklung des ersten Strahljägers Me 262 stellte der „Führer" zurück, Vorrang bekam ein Düsenbomberprojekt für Racheflüge gegen England.

Als das Kriegsende näher rückte und die Nazi-Oberen die letzte Rettung doch wieder in der Abwehr der alliierten Bombenmaschinerie suchten, lahmte die Jägerproduktion bereits – auch wenn Milch seinen Planern neues Effizienzdenken abforderte: „Die Russen haben in Spanien ihr Fahrgestell mit Bindfaden hochgeholt. Das ist nicht schön, aber es geht auch."

1944 kam der Düsenjäger Me 262 doch noch und schreckte alliierte Bombercrews – „ein Klecks, der eine Dampfspur hinterließ" und schneller als alles war, was er je gesehen hatte, beschrieb ein Bordschütze beeindruckt seinen ersten Sichtkontakt mit dem Phantom.

Doch das Gros der insgesamt noch 1500 ausgelieferten Exemplare musste am Boden bleiben. Geeignete Piloten dafür gab es nach den Verlusten der vergangenen Monate kaum noch, und vor allem fehlte es an Sprit. Dabei wurde der Hightech-Jet, um Treibstoff zu sparen, oft schon von Hand zum Start geschoben; Adolf Galland, lange Zeit Hitlers Lieblingsflieger, dessen Me-262-Einheit am Schluss noch über 50 US-Bomber zerschoss, ließ am Boden sogar Kühe vorspannen – groteskes Symbol für das Endstadium eines Luftkriegs, in dem die Nazis sich technologisch unbesiegbar wähnten.

Am 16. März 1945 bekam das Finale dann ein Datum, Rüstungsminister Albert Speer erklärte Hitler: „In vier bis acht Wochen bricht unsere Produktion unausweichbar zusammen." Den Himmel über Deutschland beherrschten nun die Alliierten. Einen grausigen Höhepunkt kurz vor Schluss sollte noch einmal die 5. Bomber-Group setzen. Mit 244 Lancasters brachte sie am 13. Februar ihren seit der Nacht von Braunschweig gefürchteten Bombenfächer von neuem aus, es war die erste Welle des Angriffs auf Dresden.

Wie diese Stadt sahen nun auch viele andere aus. Dem amerikanischen Bomberpiloten Lewis Lyle kam es beim Blick aus dem Cockpitfenster auf Berlin so vor, „als hätte man einen Rechen hindurchgezogen".

Zweifel am Sinn der monströsen Bomberschlacht kamen jedoch weder Lyle noch den meisten seiner Mitstreiter aus Royal Air Force und US-Luftflotte – nicht einmal Lyles Landsmann Melvin Larsen, obwohl der Geistlicher war. Larsen schwankte zwar öfter, ob er dem Gebot „Du sollst nicht töten" gehorchen solle oder eher der Psalterstelle: „Herr, wie lange sollen die Gottlosen prahlen?" Doch immer wenn er es als Flieger betrachtete, war er ganz sicher, dass jeder Bombentag „uns dem Ende des Krieges näher brachte".

Alptraum vom Reißbrett

Mit immer extremeren Entwicklungen prägte die Bombentechnik den Luftkrieg. Brand und Zerstörung waren das Werk von Ingenieuren.

VON CHRISTIAN HABBE

Am Planschbecken seines Londoner Gartens stand ein reiferer Gentleman und schoss mit einer Kinderzwille ins Wasser, eine alberne Szene, aber mit ziemlich ernsthaftem Hintergrund: Flugzeugkonstrukteur Barnes Wallis probierte soeben aus, in welchem Winkel und mit wie viel Drall eine Murmel die Oberfläche treffen muss, um dort zu hupfen wie ein Kieselstein. Schließlich hatte er den richtigen Dreh heraus. So wurde aus dem spielerischen Einfall das Konzept einer bizarren Wunderwaffe: Genau so, mit einer über das Wasser springenden Bombe von gewaltiger Sprengkraft, musste endlich gelingen, was bis dahin unerreichbar erschienen war – die stark bewachten und armierten Staudämme deutscher Talsperren frontal und tödlich zu treffen.

Gemäß ihrem Zweck hieß die 1943 schließlich produzierte vier Tonnen schwere Bombe „Upkeep" (deutsch: aufräumen). Das zylindrisch geformte Monstrum wurde unter dem Rumpf seines Transportflugzeugs auf ein Achsgestell quer zur Flugrichtung montiert, wo es sich zum Einsatz rasend schnell, mit 500 Umdrehungen pro Minute, gegen die Flugrichtung drehte. Wenn der Bomber seine Last bei Marschtempo (350 km/h) aus genau 18 Metern Höhe rund 400 Meter vor dem Damm auslöste, glitschte der kreiselnde Sprengkörper übers Wasser wie Barnes Wallis' Zwillengeschoss. Alles war bereit zur „Operation Chastise", deutsch: Züchtigen.

Am Abend des 16. Mai 1943 nahmen 19 mit „Upkeep"-Bomben beladene Lancaster der 617. Squadron Kurs aufs Ruhrtal und unterflogen in niedriger Höhe das deutsche Abwehrsystem. Zwar gingen dabei acht von 19 Maschinen durch Abschuss verloren, doch zwei fanden ihr Ziel – die durch Schutznetze und viel Beton gesicherten

Staudämme von Eder und Möhne. Jeweils dreimal setzten die rotierenden Zylinder auf dem Wasserspiegel auf, überwanden alle Sperren und trafen auf die Staumauern. Dort kullerten sie herab und detonierten in neun Metern Tiefe.

Die Abwehr war wie gelähmt. In den Wassermassen, die anschließend durch breite Breschen schossen und sich in die Flusstäler ergossen, starben in dieser Nacht 1300 Menschen, darunter 800 Insassen eines Zwangsarbeiterlagers. Die Raffinesse, mit der die Planer des Bombenkriegs zu Werke gingen, war vor aller Augen brutal und drastisch belegt.

Auch die Technik der Flächenbombardements hatten kreative Ingenieure ausgeklügelt. Die Vernichtungskraft dieser Angriffe entfaltete sich streng berechnet in zwei Stufen. Auf exakt zugewiesene Sektoren fielen erst einmal Teppiche aus Sprengbomben, jede einzelne zwischen 50 und 10 000 Kilo schwer. Die wurden je nach Konstruktion durch Höhenzünder noch in der Luft oder durch Verzögerungszünder nach dem Aufprall zur Explosion gebracht und rissen Hausdächer sowie Mauern weg.

Auf diese Weise fanden die Brandbomben, die in der zweiten Angriffswelle fielen, umso schneller ihre Nahrung. Zahllose kleine Brandherde waren dabei so dicht verteilt, dass allein die schiere Anzahl die Löschtrupps überforderte. Die lodernde Fläche ließ 1000 Grad heiße Luft emporschießen wie in einem Hochofen. Der gewaltige Sog, den ein solcher Höllenkamin erzeugte, riss immer weitere Frischluftmassen nach, deren Sauerstoff den Brandherd nährte – so wütete nun ein Feuersturm von kaum je gesehener Gewalt in den Städten.

Noch in der nüchternen Zahlenbilanz lassen sich die Schrecken von Angriffen, wie sie in der Endphase des Kriegs ganz gewöhnlich waren, bis heute spüren.

Beispiel Mainz, 27. Februar 1945: RAF-Verbände warfen dort an diesem Tag mehr als 600 Tonnen Sprengbomben und fast 1000 Tonnen Brandbomben ab, zusammen exakt 1572,78 Tonnen Todestechnik. 98 40-Zentner-Luftminen waren dabei, 371 20-Zentner-Bomben (teils mit extra hoher Explosivität, teils mit starker Splitterwirkung), dazu 37 zehn Zentner schwere US-Bunkerknacker – und dann noch das ganze Feuerwerk: Über 510 000 Stabbrandbomben, die mit Thermit, Magnesium und kautschukhaltigen Brennmitteln gefüllt waren, setzten den Trümmerhaufen in Flammen. Nur

40 Prozent der Mainzer Wohngebäude standen nach Kriegsende noch.

Um solche Perfektion in der Vernichtung zu erreichen, mussten die Angreifer langen Anlauf nehmen. Die am Anfang hauptsächlich verwendeten 20-Kilo-Brandbomben mit Flüssigfüllung beispielsweise versagten allzu oft beim Aufschlag. 400 000 Stück davon musste die Royal Air Force verschrotten, dann wurde die Produktion radikal geändert: Hauptwaffe waren ab 1942 kleine Magnesiumbomben von knapp zwei Kilo Gewicht.

Mehr als 3000 Stück davon, gepackt in kleine Blechbehälter vom Typ SBC („small bomb container"), konnte eine Lancaster an Bord nehmen. Aus der Marschhöhe von fünf bis sechs Kilometern ließen die Angreifer ihre Last herabregnen, flächendeckend und in astronomischen Mengen. Nachteilig dabei war, dass solche Vierpfünder oft genug in tiefer fliegende Maschinen des eigenen Verbands einschlugen; wegen der großen Abwurfhöhe und dem geringen Bombengewicht verwehte es den Feuerregen außerdem meist weit über das Ziel hinaus.

Eine Lösung des Problems versprachen „Cluster-Bomben". Das waren Kanister mit 100 bis 250 Brandkörpern, die punktgenau abgeworfen werden konnten, und ihre Ladung erst dicht über dem Boden verteilten. Die US-Luftwaffe entwickelte diese Angriffstechnik dann auch zu schauerlicher Effizienz. Bei der „M 69"-Bombe stießen die Brandsätze in rund 900 Meter Höhe aus dem Container; stabilisiert durch lang hinterherwehende Stofflappen jagten sie mit dem Zünder voran zu Boden und schossen dort einen Strahl aus Napalmfeuer heraus. Die amerikanischen Napalmbrenner sorgten vor allem im Pazifikkrieg für Schrecken – durch sie starben allein in Tokio im März 1945 fast 90 000 Einwohner an einem Tag.

Allerdings war diese Clustertechnik für Flüssigkeitsbomben der US-Bauart konstruiert, was den britischen Luftmarschall Arthur Harris verdross. Der setzte nämlich auf die seiner Ansicht nach weit überlegene Verwüstungskraft der kleinen Magnesiumbomben und sorgte dafür, dass es da, wo die RAF bombte, auch weiterhin Vierpfünder regnete – wenn auch mehr massenhaft als zielgerichtet.

Mangelnde Treffgenauigkeit war die gesamte Kriegszeit über das Hauptproblem der Bombardierer. Das galt besonders für die instrumentengesteuerten Nachtanflüge der Engländer, denen Präzisionstreffer lange Zeit nur ausnahmsweise gelangen. Bei den Angriffen auf die Zivilbevölkerung wirkte sich diese Schwäche nicht aus. Die Wohnquartiere boten immer noch genügend Zielfläche für die von der RAF gelegten Teppiche von Sprengbomben aller Größen, darunter allein eine halbe Million 5-Zentner-Brecher.

Doch bei Zielangriffen war die Fehlerquote spektakulär. Beispielsweise erreichten von den etwa 30 000 Tonnen, die die Royal Air Force insgesamt auf die deutschen Spritfabriken in Leuna, Ludwigshafen und Zeitz warfen, lediglich 13 Prozent überhaupt nur das Werksgelände. Drei Prozent der Bombenlast trafen Gebäude, Anlagen und andere Ziele – mit unterschiedlicher Zerstörungsrate.

Denn die Auswerter klagten auch über mangelnde Zuverlässigkeit der Bomben. Nennenswerte Mengen detonierten nicht wie vorgesehen. So lagen schließlich bei Kriegsende Hunderttausende Blindgänger über Deutschland verteilt (siehe Seite 229). Dabei hatten sich manchmal die Ausfälle geradezu grotesk gehäuft. Als einmal in Castrop-Rauxel eine Fabrik für Synthese-Benzin mit 500-Pfund-Bomben übersät wurde, schlugen sieben Stück davon allein im Reaktorgebäude ein, doch keine detonierte.

Besonders die „Cookies“, zwei Tonnen schwere Minen, enttäuschten die Erwartungen der Angreifer in der Praxis lange Zeit erheblich. Die tonnenförmigen Blockbuster taumelten allzu schwer dirigierbar dem Ziel entgegen. Für Angriffe auf Wohnquartiere war die Waffe höllisch genug, gegen Militärziele aber ziemlich stumpf. Dort funktionierten „Cookies“ in der Regel nur bei Direkttreffern, also mehr zufällig.

Der Dortmund-Ems-Kanal, immerhin ein riesiges Ziel, überstand verschiedene Angriffe mit Riesen-„Cookies“ von bis zu sechs Tonnen Gewicht. Auch eine Eisenbahnbrücke in Südfrankreich widerstand, obwohl drei Attacken mit Großbomben geflogen wurden; selbst beim letzten Versuch blieb sie noch stehen, als – entsprechend späterer Auswertung – eine 6-Tonnen-Mine lediglich fünf Meter neben dem Bauwerk explodiert war.

Abhilfe kam schließlich wiederum vom „Upkeep“-Ingenieur Barnes Wallis. Der konstruierte einen schlanken, torpedoartigen Flugkörper namens „Tallboy“. Die gut sechs Meter lange Bombe hatte speziell geformte Heckflossen, die das Geschoss in Drehung brachten und so seine Flugbahn stabilisierten.

Sechs Tonnen wog das Trumm. Es raste mit Schallgeschwindigkeit ins Ziel, war dabei genauer dirigierbar als alle bisherigen Bomben und hieß auch „deep penetration bomb", weil es sich vor der Explosion weit in den Boden bohrte und deshalb über 20 Meter tiefe Krater riss. Auch gutgesicherte Zielobjekte nahe der Einschlagstelle fielen der gewaltigen Erschütterung zum Opfer.

Ganz zufrieden waren die Bombenmacher aber auch mit „Tallboy" noch nicht. Die schwere Waffenlast machte die Trägerflugzeuge noch anfälliger gegen Jägerangriffe – beim „Tallboy"-Angriff auf den Eisenbahntunnel von Saumur im Juni 1944 gingen fünf von acht Trägerbombern verloren. Auch der Versuch, einen Eisenbahn-Viadukt bei Bielefeld zu zerstören, scheiterte als 3000 Tonnen vergebens abgeworfen wurden und auch „Tallboy" nicht half.

So musste Wallis Mitte 1944 noch einmal nachlegen. „Grand Slam" hieß die Antwort und war mit zehn Tonnen schwerer als jedes andere Wurfgeschoss des Zweiten Weltkriegs. Nur umgebaute Lancaster-Bomber ohne Schachtklappen konnten das Schwergewicht mühsam schleppen.

Dafür verdiente sich die Konstruktion den Gruseltitel „Erdbebenbombe". Nur 41 Stück des monströsen Kampfgeräts kamen in den letzten sechs Kriegswochen noch an den Feind, mit schauerlicher Effizienz. In Bremen durchschlug eine „Grand Slam" die sieben Meter dicke Stahlbetondecke eines U-Bootbunkers, ehe sie detonierte. Die Explosion riss dann das ganze Gebäude auseinander.

Auch Bielefeld fiel schließlich noch. Am 14. März 1945 brachte „Grand Slam" immerhin zwei Pfeiler des widerspenstigen Viadukts zum Einsturz.

Armee von der Schulbank

Mit den Luftwaffenhelfern begann Hitler den Kampf bis zum letzten Kind.

VON JÜRGEN DAHLKAMP

Natürlich sieht man seinen Händen an, dass Helmut Klug jetzt 74 ist, die faltigen Finger eines alten Mannes und in jedem Glied schon die Ahnung kommender Kraftlosigkeit. Nur nicht am Klavier. Da verwandeln sie sich immer noch in junge Hüpfer, tanzen auf den Tasten, fliegen durch die Viervierteltakte alter Marika-Rökk-Schlager.

Klug hatte es: eine hundertstel Sekunde Glück, vor 59 Jahren. Sonst hätte man nie erfahren, wie gut er auf dem Instrument ist.

Bruno Rüll hatte es nicht. Das Bild von ihm muss kurz vor seinem Tod entstanden sein. Auf dem Foto blickt ein ernstes Pennälergesicht in eine unbestimmte Ferne, die Endstation Sehnsucht liegt irgendwo hinter dem Zackenrand der Schwarzweißaufnahme. Er wollte Theologie studieren, die Seele zu Gott, den Menschen ein Tröster, Retter, Ratgeber.

Bruno Rüll hatte eine hundertstel Sekunde Pech, vor 59 Jahren. Man wird nie mehr erfahren, ob er ein guter Priester geworden wäre.

Eine hundertstel. Am 29. Januar 1944, kilometerhoch über der Flakbatterie 1/681 Neu-Isenburg, in einer Maschine der 8. US-Luftflotte mit Tagesziel Rhein-Main, ist das die Entscheidung, ob die Bombe unten ein paar Meter weiter rechts oder links fällt, wer leben wird, wer sterben muss. Mittags um halb zwölf schießen unten die abkommandierten Sekundaner der Offenbacher Hindenburg-Oberschule aus sechs 8,8-Zentimeter-Rohren Gruppenfeuer Nordnordost.

Oben, über der grauen Wolkendecke, klinkt eine der 763 Maschinen Bomben aus, es pfeift, es sirrt, dann schlägt eine ein: genau in den Betonsockel des Geschützes „Emil". Dort, wo Bruno Rüll steht. Und nur 50 Meter entfernt von Geschütz „Frieda", wo sein Klassenkamerad Helmut Klug herumgewirbelt wird, aber überlebt.

Rüll und Klug waren erst 15, als die Bombe fiel. Zwei von rund 56 000 Luftwaffenhelfern im fünften Kriegsjahr 1944, in dem der Endsieg nur noch die letzte Lüge war, in dem Gymnasiasten und Lehrlinge die zur Front geschickten Flaksoldaten ersetzen mussten, in dem der Kommandierende General des zuständigen Luftgaus VII, Emil Zenetti, den Kinderkrieg vor den Eltern mit dem „eisernen Zwang" rechtfertigte, „auch das Letzte für die Verteidigung auszunützen".

Mit einer Parole sollte dieser General tatsächlich Recht behalten: Der Dienst am Kruppstahl formte an die 200 000 Jungen der Jahrgänge 1926 bis 1929 „frühzeitig zu reiferen Menschen", ließ sie „körperlich und seelisch härter" werden. Es war die Art Härte, die aus halben Kindern alte Männer machte, wenn sie die Leichenteile ihrer Mitschüler nach dem Volltreffer von Neu-Isenburg einsammeln mussten, die Art von Schockreife, die Überlebende wie Helmut Klug heute noch sagen lässt, er gehöre zur Luftwaffenhelfer-Generation: „Der Einsatz dauerte nur ein Jahr, aber er beschäftigt uns ein Leben."

Es zählt zu den Eigenheiten beim Blick zurück, dass Schwarzweißbilder aus jener Zeit allesamt den Schwarzweißklischees von jener Zeit zu entsprechen scheinen, auch die Fotos, die Klugs Schulfreund Ottmar Mantz sorgfältig auf Pappe geklebt hat. Gruppenfotos von scharf gescheitelten Schlaksen, lässig posierend in ihrer Uniform oder im Sommer mit nacktem Oberkörper an der 8,8-Zentimeter-Kanone. Bilder, die so wirken, als hätte es für die Jungs nichts Schöneres geben können, als im Glauben an Führer, Volk und Vaterland in den Krieg zu ziehen.

Mantz und Klug, der eine pensionierter Internist, der andere Handelsvertreter im Ruhestand, beteuern beide, dass die Bilder trügen. Denn als die zehnte Klasse am 11. Januar 1944 mit der Tram von der Hindenburgschule in die Baracken der Flakstellung Neu-Isenburg abrückte, wussten die meisten Schüler schon, dass der Krieg verloren war. Mantz war sogar aus der HJ ausgeschlossen worden, weil er das zu laut gesagt hatte; die Achselklappen hatten sie ihm dafür öffentlich abgeschnitten. Nein, Helmut Klug und Ottmar Mantz wollten nicht flink, stark und zäh sein, sie wollten überleben.

Überleben in einer absurden Normalität: Auch wenn schon alles in Trümmer fiel, bemühte sich der Nazi-Apparat Anfang 1944 weiter um die Illusion, dass die Welt noch in Ordnung sei. Für die Flakhelfer hieß das: Es gab eine Urlaubsordnung – zweimal im Jahr 14 Tage; eine Entgeltordnung – eine halbe Reichsmark jeden Tag; eine Schulzeitordnung – mindestens 18 Stunden Unterricht in der Woche.

Auch die Lehrer der Offenbacher Hindenburgschule rückten dazu in Gefechtspausen in die Batterie ein, mit Geometrie, Grammatik und Goethe. Tatsächlich hatte die Flakschule für die Kriegsmaschine aber vor allem eine Aufgabe: die besorgten Eltern zu beruhigen.

Die Heimatfront hielt nämlich keineswegs so stoisch stand, wie die „Wochenschau" tönte. Schon im April 1944, 15 Monate nach der Verordnung, mit der die ersten Luftwaffenhelfer gezogen worden waren, erregte sich General Zenetti in einem Rundbrief „An die Eltern der Luftwaffenhelfer" über „nichtgerechtfertigte Beschwerden". Im nächsten Schreiben, im August, musste die Luftgauführung dann noch deutlicher werden: Es habe keinen Zweck, blaffte da ein genervter Generalleutnant, „brieflich in akademische Erörterungen über die Tatsache des Luftwaffenhelfer-Einsatzes mit samt seinen schulischen und erzieherischen Auswirkungen mit mir einzutreten".

Zu diesem Zeitpunkt hatte die Luftwaffenführung längst ihre letzte Hemmung verloren, die Milchbubis als Masse Mensch in jede Lücke zu stopfen. Gebrochen wurde das Versprechen, die Armee von der Schulbank wenigstens heimatnah einzusetzen. Weil die Befehlshaber den Luftraum über immer mehr Städten preisgaben und lieber die Rüstungsbetriebe schützten, verlegten die Generäle auch die Flakhelfer weg von Muttern.

Klug und Mantz kamen in die Nähe von Koblenz; zu gewinnen gab es da schon nichts mehr. Bereits in der Nacht vom 18. März 1944 hatte die Neu-Isenburger Flak mit drei Batterien mehr als 3000 Granaten in den Nachthimmel gejagt. Am nächsten Morgen war Frankfurt trotzdem so zerstört, als wäre die Royal Air Force allenfalls in Turbulenzen geraten. 22 Maschinen verloren die Briten, 747 kamen durch. „Da oben was zu treffen", sagt Mantz, „war doch reines Lotto", nicht selbst getroffen zu werden, reines Glück: In Kassel starben im Oktober 1943 durch Volltreffer 23 Flakhelfer, im Mai 1944 in Saarbrücken 16, wie viele der Jungen insgesamt fielen, hat keiner gezählt.

Immerhin, Mantz und Klug haben etwas gewonnen: ein zweites Leben – sie feiern es jedes Jahr, am 29. Januar, an jenem Gedenkstein, den sie und einige andere Ex-Luftwaffenhelfer zum 50. Jahrestag für drei tote Klassenkameraden an der Einschlagstelle der Bombe aufgestellt haben. Mantz, der Arzt, hat dann immer noch den Leichengeruch vom Tag der Katastrophe in der Nase, Klug dieses Bild vor Augen, von einem abgerissenen Oberkörper, der auf den Wall seines Geschützes geschleudert war und nach Bruno Rüll aussah.

In der „Offenbacher Zeitung" vom 2. Februar 1944 hieß es, Bruno Rülls Tod sei nicht umsonst gewesen.

„Wie ein Schlag in den Magen"

Hohe Todesraten auch in den eigenen Reihen verunsicherten die Besatzungen alliierter Bomber. Vergebens kämpfte die Militärführung gegen „Drückeberger": Zu Hunderten mussten Kampfflieger wegen psychischer Störungen behandelt werden.

VON CHRISTIAN HABBE

Der Mann war ein Flieger-Idol – mit all den abgeschossenen Gegnern, seinen drei überlebten Abstürzen, den Kriegsauszeichnungen zuhauf. Dann verschwand er spurlos. Am 12. April startete Adrian „Warby" Warburton, 26, damals Englands berühmtester Kriegsflieger, mit einem Lightning-Aufklärer in Richtung Süddeutschland – und wurde nie wieder gesehen. Damit war die Saga rund: Als Warbys Heldenstory 1953 verfilmt wurde, spielte Alec Guiness den Hauptpart, die verschollene Legende.

Ende letzten Jahres fand man Warby doch noch. Zwei Meter tief im Boden eines Ackers bei Landsberg wurde das Wrack einer Lightning freigelegt, die sich nach Angaben örtlicher Zeitzeugen an jenem April-Tag auf freiem Feld brennend in die Erde gebohrt hatte. Die Überreste des Piloten sind nicht mehr identifizierbar. Aber nach Auswertung ihrer Unterlagen hatten Experten des Londoner Verteidigungsministerium keine Zweifel: „Es ist definitiv Warburton", verlautbarte die Behörde und benachrichtigte stilgerecht den einzigen noch lebenden Angehörigen, einen Neffen.

Nun wandert auch dieser letzte Fliegermythos in die Aktenschränke, und durch das Spektakel ist ein besonders erschreckendes Luftkriegskapitel wohl fürs Erste vollständig abgeschlossen – die Leidensbilanz der alliierten Kampfflieger. Denn den 600 000 deutschen Bombenopfern steht auf der anderen Seite eine ebenfalls katastrophale Totenstatistik gegenüber: Englands Royal Air-Force (RAF) und die Luftflotten der USA verloren beim Bombenkrieg in Europa jeweils etwa 80 000 Kampfflugzeuginsassen.

Allein bei den Bombenangriffen gegen deutsche Städte verlor die RAF praktisch jedes dritte Besatzungsmitglied, etwa 55 000 insgesamt. Es waren überwiegend Engländer, aber auch 10 000 Kanadier, 4000 Australier und Mannschaften aus den übrigen Ländern des Commonwealth.

Die inzwischen gern heroisch verklärte Siegesgeschichte hat in Wirklichkeit eine Schattenseite aus ziemlich viel Furcht und Elend. Das brachten die Flieger tagtäglich über die Menschen am Boden, doch sie selbst blieben davon auch nicht verschont.

Beängstigend für die Akteure war schon die Einsatzstatistik. Der Kampfplan der RAF sah für jede Mannschaft insgesamt 30 Flüge vor, bevor es die erste Einsatzpause gab. Aber die Verlustraten überschritten zeitweise die Zehnprozentmarke – bei einem Großangriff auf Nürnberg Ende März 1944 etwa blieben 94 von 795 angreifenden Maschinen auf der Strecke. Schlechte Chancen also für Bomberbesatzungen, die ersten 30 Einsätze überhaupt durchzustehen.

In einem Medizinalrapport der 3. Bombergruppe hieß es: „Generell gesprochen absolvierten diejenigen Crews das ganze Pensum, die ihre ersten acht bis zehn Einsätze überstanden hatten." Das waren Routiniers, die gelernt hatten, mit durchsiebtem Rumpf noch den heimischen Stützpunkt zu erreichen, und die wussten, dass sich ein rechtzeitig erspähter Jäger auch abschütteln ließ.

„Flak-happy" nannten sich die Einsatzerprobten sarkastisch, doch ihre Alpträume wurden die meisten nicht los: „Sobald du drin warst, begann die Hölle", berichtet ein Kampfbeobachter über die nächtlichen Flüge quer durch Flakscheinwerfer und Wolken aus Granatsplittern. Von „Avenuen riesiger Lichtkegel" und „Feuertaufen" ist in den Protokollen von Einsätzen über heftig verteidigten Stadtgebieten die Rede.

Angst machen konnte der Gedanke an den Moment, wo „20 Lichtkegel dich erfassen", „die Jäger auftauchen". Denn dann gab der Pilot „Corkscrew"-Alarm und leitete unvermittelt jenes berüchtigte Notmanöver ein, vor dem es nicht nur die Magenschwachen grauste. Das schwere Bombenflugzeug vollführte nun einen Spiralflug aus Sturz- und Steigflügen sowie schnell hintereinander folgenden Kurven; so versuchte der Pilot, hakenschlagend ins Dunkle zu entkommen.

Währenddessen bangten die Insassen sekündlich vor der Bekanntschaft mit den Geschossen, von denen gemunkelt wurde, dass sie

„Fackeln gleich“ einschlagen und im Flugzeug abbrennen, bis es drinnen so „taghell“ wird wie das Scheinwerferlicht draußen (so beschrieb es ein über Hamburg getroffener Pilot).

Zwar waren die Flieger vom Bomber Command sorgsam ausgewählt, viele hatten eine über zweijährige Ausbildung hinter sich. So musste der „Bombenschütze“ aus der vorderen Bugkanzel, der auf dem Bauch liegend das Zielgerät bediente, bei Angriffen durch Luftwaffenjäger auch das vordere Maschinengewehr einsetzen und sogar die Maschine nach Hause fliegen können, wenn der Pilot ausfiel.

Bei den Piloten zählte mentale Stärke mitsamt gezügeltem Temperament. Unbeirrt mussten sie nach stundenlangem Formationsflug auch im Abwehrgetümmel über den Städten ihre präzise vorgeschriebene Abwurflinie ziehen. Wer nach der Flugausbildung durch die Prüfer als zu phlegmatisch für das Cockpit eines Jägers befunden wurde, war oft genau der richtige Mann für den schweren Bomber des Typs Lancaster.

Für ihren Job brauchten die Flieger eiserne Nerven. Denn wenn eine Viermotorige abgeschossen wurde, halfen meist auch keine Fallschirme mehr. Die Lancaster hatte zwei enge Notausstiege auf der Flugzeugoberseite für die gesamte Mannschaft. Außerdem hatte der leicht gebaute Superbomber die fatale Eigenschaft, schneller als andere Flugzeugtypen Feuer zu fangen sowie bei Treffern zu zerbersten.

Nach 1943 ermittelten Verlustzahlen starben neun von zehn der Insassen aller abgeschossenen Lancaster.

In den Kasinos der Royal Air Force war es tabu, über getötete Kollegen zu reden. Die meisten Flieger glaubten nicht ohne Talisman auszukommen – und auch nicht ohne die heftigen Umtrünke, die den Mannschaften zwischen den Einsätzen wohlweislich erlaubt waren.

Der Stress war allgegenwärtig, wenn auch Bomberchef Arthur Harris trotzig beharrte, eine „Motivationsfrage“ gebe es nicht bei seinen Männern. Die Moral der Crews sei „immer ein Großproblem“ gewesen, schrieb hingegen der britische Historiker Richard Overy in seinem Standardwerk über das Bomber Command.

Dies bestätigt auch eine Untersuchung, in der die Leitung der 3. Bombergruppe den Einsatzablauf von 72 Maschinen eingehend analysierte. 4 hatten gar nicht erst abgehoben, 19 kehrten vor dem Ziel um, und unter den Abbrechern hatten nur zwei Teams eine nach Ansicht der Inspektoren stichhaltige Begründung.

Ausfall der Bord-Gegensprechanlage war eine häufige Erklärung, mit der die „Zitterer“ (RAF-Verdikt) sich herausredeten. Zu den Kneifern zählten allerdings nicht nur zittrige Piloten – Group-Commander Ralph Cochrane äußerte die Überzeugung, vor dem Umkehren habe es vielfach auch Absprachen in der Crew gegeben.

Sogar routinierte Kämpfer focht gelegentlich die Versuchung an, einen Start lieber ausfallen zu lassen, statt sich ins Feuer von Flak und Nachtjägern zu begeben.

Der Lancaster-Pilot Geoff Parnell etwa, dessen Motoren vor dem Einsatzflug streikten, geriet einmal regelrecht in Panik, als die Bodenmechaniker versuchten, die streikende Maschine doch noch startklar zu bekommen. Dem englischen RAF-Chronisten Norman Longmate („The Bombers“) schilderte er das so: „Zehn- oder fünfzehnmal versuchten sie die Propeller anzuwerfen, und die ganze Zeit über beteten wir im Flugzeug fast schon auf Knien: Bitte, Gott, lass sie nicht anspringen.“ Tatsächlich konnten sie diesmal nicht starten, und „gewaltig erleichtert“ ging Parnell in den Pub.

Ein „Gefühl, als ob dir einer in den Magen haut“, spürten manchen Piloten schon, wenn sie nur ihren Namen im Einsatzplan der nächsten Nacht fanden. Für den Rest des Tages seien die Flieger dann in einen apathischen Zustand gefallen und mit „kaum unterdrückbarem Kniezittern“ losgeflogen, bis der Navigator die feindliche Küste ansagte. Dann erst kehrte die Einsatzroutine zurück.

Crews, die mit Angst im Nacken abheben mussten, waren kreativ beim Ersinnen von Schlichen, wie der Einsatz zu verhindern sei. Ein Schlupfloch bot die Regel, Air-Force-Soldaten nach insgesamt 200 Flugstunden die erste längere Einsatzpause zu gewähren. Um Zeit zu schinden, dehnten viele Flieger einfach den Rückflug aus, sodass das Bomber Command schließlich die Regel änderte und Auszeit erst nach einer Mindestzahl von 30 Einsätzen zuließ.

Zu den beliebten Tricks kampfesmüder Flieger gehörte auch, Teile der Bombenlast schon über der Nordsee auszuklinken, um so die Manövrierfähigkeit der schwerfälligen Maschinen zu verbessern. Außerdem häuften sich Notlandungen in den neutralen Ländern Schweiz und Schweden. Ebenso dubios wirkten viele Meldungen über Defekte oder luftkranke Navigatoren, mit denen eine vorzeitige Rückkehr zur Basis angekündigt wurde.

„Den Bumerang fliegen" hieß diese Praktik, die allerdings oft genug Unannehmlichkeiten auf heimischem Boden zur Folge hatte. Ertappte „Boomeranger" konnten vor versammelter Schwadron gedemütigt und degradiert werden. Sie erhielten in ihre Dokumente den Stempel „LMF" für „lack of moral fibre" – mangelnder Kampfgeist.

„LMF breitet sich in der Schwadron wie ein Schadfeuer aus", war lange Zeit eine Führungsdevise, weshalb die Royal Air Force gegen mentales Versagen mit Härte einschritt. Als „Drückeberger" abqualifizierte Flieger mussten mit Haftstrafen rechnen oder wurden in RAF-Besserungslager gesteckt, zusammen mit gewöhnlichen Schlägern, Schiebern und Benzindieben.

Es empfahl sich deshalb, Panik nicht zu zeigen. Am besten man hielt es wie der Navigator Harold Nash, der erst später gestand, wie ihn und seine Mitflieger schwer beherrschbare Angstzustände befielen.

Nach 18 Einsätzen hatte es einen Leutnant aus seiner Crew gepackt – mit zitternden Knien verweigerte er den Mitflug. Der Mann wurde streng bestraft, und deshalb behielt es Kamerad Nash lieber bis nach dem Krieg für sich, dass er gelegentlich aus Angst die Jalousie vor dem Cockpitfenster heruntergezogen und das Funkgerät abgeschaltet hatte.

Erst gegen Ende des Krieges nahm die Air Force mehr Rücksicht auf die Nöte ihrer Piloten. Einer steigenden Zahl Ausgebrannter wurde der Abgang ins Sanatorium vergönnt. RAF-Mediziner attestierten psychische Störungen bei über 2500 Fliegern vom Bomber Command.

„Plötzlich explodierte alles"

Der ehemalige MG-Schütze Edwin D. Hays*
über seine Einsätze in einem B-17-Bomber und
den Abschuss durch die Deutschen

INTERVIEW VON MICHAEL KLOFT

SPIEGEL: Mr. Hays, hatten Sie oft Angst bei Ihren Einsätzen auf einem B-17-Bomber?
HAYS: Ja, ich hatte ständig Angst. Man war immer sehr besorgt, dass man von der Flak getroffen oder von Jagdfliegern angegriffen wurde. Wenn jemand sagt, dass er keine Angst hatte, dann lügt er. Es war eine ziemliche Anspannung. Man denkt, dort oben in 8000 bis 10 000 Metern Höhe, bei 40 bis 60 Grad unter null kann man nicht schwitzen, doch der Schweiß tropfte an einem runter. Manche Maschinen wurden bei jedem Einsatz getroffen, hatten Verwundete oder Tote an Bord.
SPIEGEL: Gab es Instruktionen für den Fall, dass die Maschine abgeschossen wurde?
HAYS: Nein, eigentlich nicht.
SPIEGEL: Hatten Sie eine Waffe dabei, mit der Sie sich nach einem Abschuss hätten verteidigen können?
HAYS: Die meisten wollten keine mitnehmen, denn wir wussten doch gar nicht, wie man die benutzte. Eigentlich wurde uns nur erklärt, wie man die Reißleine für den Fallschirm zieht – und das war's. Wir haben bei der Air Force nicht einmal Fallschirmspringen gelernt. Die hielten uns doch für austauschbar. Wenn man abge-

* Edwin Hays flog von November 1943 bis Februar 1944 13 Einsätze als MG-Schütze in einem B-17-Bomber der 8. U.S. Air Force. Die „Just Elmer's Tune" wurde am 24. Februar 1944 von dem deutschen Jagdflieger Günther Sinnecker abgeschossen. Hays verbrachte 14 Monate in verschiedenen Kriegsgefangenenlagern in Deutschland. Er lebt heute in Paramus (New Jersey).

schossen wurde, war man für die verloren. Ein anderes Flugzeug nahm deinen Platz ein, mit einer neuen Besatzung. Es gab doch so viele Soldaten und Flugzeuge.

SPIEGEL: Was war Ihre spezielle Aufgabe an Bord eines Bombers?

HAYS: Als MG-Schütze im Heck der B-17 war ich das rückwärtige Auge der Besatzung. Ich hielt nach feindlichen Jagdfliegern Ausschau oder nach Bombern, die von Jagdfliegern angegriffen wurden. Man war da hinten ganz auf sich allein gestellt. Das ist nicht sehr bequem, denn man kniet stundenlang auf einer Art Fahrradsitz. Sie dürfen nicht vergessen, dass wir schon etwa fünf Stunden in der Luft waren, bevor es überhaupt richtig losging.

SPIEGEL: Was waren denn Ihre Einsatzziele?

HAYS: Manchmal waren es Flugzeugfabriken, dann wieder andere militärische Ziele. Für uns war nur eines wichtig: möglichst schnell zum Einsatzziel kommen, die Bomben abwerfen und dann sicher wieder auf unseren Stützpunkt zurückkehren.

Ich habe nie ein Ziel in Deutschland gesehen, nicht ein einziges. Wir haben immer durch die Wolken bombardiert – ohne Sicht. Ich weiß nicht, welche Wirkung die Bomben hatten, die wir aus unserer Maschine abgeworfen haben. Ich habe nicht eine einzige einschlagen sehen.

SPIEGEL: Am 24. Februar 1944 wurden Sie abgeschossen. Was passierte an diesem Tag?

HAYS: Wir flogen ein Ablenkungsmanöver ohne Begleitschutz. Wir sollten den Feind vom eigentlichen Angriffsziel weglocken. Das lag an diesem Tag im besetzten Polen, in Posen. Doch es war bewölkt, so luden wir unsere Bomben über einem Ausweichziel in Deutschland ab. Es war die Stadt Rostock. Auf dem Heimweg wurden wir dann abgeschossen. Glücklicherweise geschah es über Dänemark.

SPIEGEL: Haben Sie die Angreifer kommen sehen?

HAYS: Es war eine Einheit von Me-109-Jägern, drei oder vier Maschinen verfolgten uns. Dann griffen sie direkt von vorn an. Der Typ, der uns abgeschossen hat, war ziemlich gut.

SPIEGEL: Was geschah dann?

HAYS: Irgendwie ahnte ich, dass es uns treffen würde. Plötzlich explodierte alles. Es war ein furchtbarer Lärm. Berstendes Metall direkt über meinem Kopf. Vorn waren einer tödlich getroffen und drei schwer verwundet worden. Zwei oder drei andere aus unserer

Crew waren leicht verwundet. Die Maschine verlor an Höhe und brannte. Überall war Rauch. Es war klar: Wir mussten sofort raus.
SPIEGEL: Welche Gedanken hatten Sie, während Sie am Fallschirm hingen?
HAYS: Das ist ein ganz unheimliches Gefühl, irgendwie friedlich. Es gab kaum Geräusche. Man ist in diesem Moment sehr einsam. Gerade war man noch in Hochstimmung, auf dem Heimweg. Man hätte abends nach London fahren können, um in einem Pub ein Bier zu trinken und sich zu amüsieren – und in der nächsten Minute ist man buchstäblich ganz unten.
SPIEGEL: Wo sind Sie gelandet?
HAYS: Ich landete auf einem großen Feld und wurde beim Aufprall schwer verletzt. Ich hatte keine Ahnung, wo ich war. Ein kleiner Junge fand mich und erklärte mir, dass ich mich auf dänischem Boden befände. Ein Farmer hat mich dann ins Krankenhaus gebracht. Die Dänen waren sehr nett zu mir. Später haben die Deutschen mich mitgenommen.
SPIEGEL: Wie wurden Sie behandelt?
HAYS: Die deutsche Zivilbevölkerung war auf uns Amerikaner nicht gut zu sprechen, schließlich hatten wir ihre Familien und Häuser bombardiert. Ich habe in Frankfurt selbst erlebt, dass wir beschimpft wurden. Man hatte mich zwei Tage lang verhört, und ich sollte in ein Kriegsgefangenenlager verlegt werden. Unsere Gruppe war auf dem Weg zum Bahnhof. Die Leute waren sehr wütend, schrien und verfluchten uns. Ich weiß nicht, was passiert wäre, wenn die Wachen uns nicht beschützt hätten. Andere hatten nicht so viel Glück. Ein Freund von mir aus dem Gefangenenlager ist von einem Bauern in den Kopf geschossen worden.
SPIEGEL: Und im Lager selbst?
HAYS: Das Kriegsgefangenenlager war der sicherste Ort für uns. Wenn man aber woanders hin verlegt werden sollte, wurde es gefährlich.
SPIEGEL: Sie haben einen der schlimmsten Exzesse miterlebt?
HAYS: Ja, den „Heydekrug Run". Wir wurden Mitte 1944 aus dem Lager „Stalag Luft VI" in Ostpreußen verlegt. Tagelang waren wir auf einem Schiff eingepfercht und wurden dann in Swinemünde in Güterwaggons verladen, die uns zum Lager IV in Kiefheide bringen sollten. Am Bahnhof befahl man uns, die sechs Kilometer zum Lager

zu rennen. Da habe ich wirklich Todesangst gehabt. Offenbar wollten sie uns zum Weglaufen bringen, damit sie uns dann „auf der Flucht“ erschießen konnten.
SPIEGEL: Was geschah dann?
HAYS: Sie hatten Polizeihunde dabei. Junge Marinekadetten, 14 oder 15 Jahre alt, standen dort aufgereiht, mit Knüppeln bewaffnet. Sie wollten uns einfach nur quälen, mit Stöcken schlagen oder uns verprügeln. Die Wachen hatten Bajonette. Jedes Mal, wenn jemand hinfiel, und das passiert zwangsläufig, wenn man mit Handschellen an einen Kameraden gekettet ist und rennen muss, wurde er geschlagen. Mein Kamerad und ich fielen dreimal und wurden jedes Mal geprügelt. Wir hatten Glück, dass sie uns nicht abgestochen haben. Viele der Jungs wurden schwer verwundet. Einer hatte 76 Stichwunden. Das war das schlimmste Erlebnis, das ich in Deutschland hatte.
SPIEGEL: Hatten Sie das Gefühl, hier komme ich nie wieder heil heraus?
HAYS: O ja! Ich glaubte, es würde ewig dauern, bis sie uns befreien. Das war, bevor die Invasion in der Normandie begonnen hatte. Eine Zeit lang war das ziemlich deprimierend. Ich war erst 19 Jahre alt, mein Leben hatte doch gerade erst begonnen. Sollte ich vielleicht dableiben müssen, bis ich ein alter Mann war? Eine Krankheit konnte mich dahinraffen. Das war an der Tagesordnung. Es gab kaum medizinische Versorgung, nur die Mindestrationen an Verpflegung und Kleidern. Von allem nur das Minimum. Als wir dann von der Invasion erfuhren, wussten wir, alles würde gut werden.
SPIEGEL: Wie haben Sie die Befreiung erlebt?
HAYS: Wir wurden am 1. Mai 1945 im Lager Barth an der Ostsee befreit. Wir wachten eines Morgens auf, und die Wachen waren verschwunden. Das war eine Besorgnis erregende Situation, denn wir wussten nicht, ob die Deutschen wiederkommen würden, wir also immer noch Gefangene waren. Es gelang einigen amerikanischen Offizieren, in Kontakt mit den vorrückenden Russen zu kommen. Erst dann war klar, dass wir frei waren.

„Witze über den Führer"

Mit Alltagslist und wachsender Distanz zum System überlebte die deutsche Bevölkerung im Chaos der bombardierten Städte. Der Zwangsstaat bröckelte, die Gestapo hatte immer mehr Mühe, Schwarzhandel, Protestmusik und Widerstand zu unterbinden.

VON GEORG BÖNISCH UND CHRISTIAN HABBE

Letzter Angriff. 2. März 1945, ein Freitag, 9.24 Uhr. Britische Bomber vom Typ „Halifax“ und „Lancaster“ laden noch einmal 3500 Tonnen ab – dann ist aus Köln, dem hillige Kölle, endgültig einer der größten Schutthaufen der Weltgeschichte geworden.

30 Millionen Kubikmeter Trümmer – „aufgelockert“, wie Statistiker später nüchtern protokollierten. 23 Millionen Kubikmeter „unaufgelockert“. Kein Krieg mehr, nur noch Scharmützel hier und da. „Kathedrale steht“, meldete die „New York Times“ auf Seite eins, „Köln leblos“.

Das stimmte nicht ganz. Oben Tod und Trauer, unter Tage aber hatte sich eine Gesellschaft der ganz besonderen Art entwickelt. Tausende Kölner lebten und überlebten monatelang in Kellern oder Tiefbunkern, die miteinander verbunden waren – ein Stollensystem von einigen Kilometern. Im Untergrund gab es mindestens 36 000 solcher Durchbrüche.

Dieses Labyrinth, unübersichtlich wie einst die Katakomben an der Via Appia zu Rom, dienten nicht nur als bloßes Versteck. Hier existierten regelrechte Warenlager, „voll von Porzellan, von Bohnenbüchsen, Zuckerpaketen, Maissäcken“, schrieb eine Woche später im Londoner „Daily Express“ der Kriegsberichterstatter. „Es gab Fahrräder zu kaufen, Lampen, Fackeln.“

Der Reporter notierte weiter:

„Eine Tür ging auf, und in dem plötzlichen Licht schlüpfte ein kleiner Mann heraus mit einer schweren Rolle Bettleinen über der Schulter. Hinter ihm saßen 60 Deutsche, in der Mehrzahl Frauen mittleren Alters. Sie waren friedlich beim Essen: Schwarzbrot, Kartoffelbrei, gekochter Weißkohl, der mit Margarine besprengt war ... Auf den Tischen standen frische Narzissen und Tulpen.

Ich habe den Verdacht, dass sie bereits so lange in dem Keller und in so verhältnismäßiger Sicherheit lebten, dass sie keine Lust verspürten, Flüchtlinge zu werden. Sie hatten noch genug Nahrung für sechs weitere Wochen."

Die Höhlenbewohner von Köln sind typisch für die Situation, die in vielen Städten herrschte: Wer weiterleben wollte, musste improvisieren können. An Stelle der durchorganisierten Abläufe im Untertanensystem dominierten auf einmal „Zwischentöne aus Alltagslist und Überlebenstraining", bilanziert der Berliner Zeitgeschichtler Hans-Rainer Sandvoß.

Unter den Erschütterungen des Bombenkriegs hatte sich ein bürgerlicher Ausnahmezustand entwickelt, begleitet von Widerstand und Aufmüpfigkeit. Selbst oppositionelle Gruppen zeigten sich in dieser Lage wieder lebendig. Denn notgedrungen hatte sich der Zugriff des Zwangsstaats lockern müssen. In den Trümmern der Städte wuchs eine Grauzone aus „begrenzter Gegnerschaft und Teilanpassung an die herrschenden Verhältnisse" (Sandvoß).

Der Notstand lähmte die Sicherheitsbehörden bei der Repression wie bei der Kriminalitätsbekämpfung – Hitlers Kontrollorgane mussten miterleben, wie ihr Land aus dem Gleichschritt geriet.

Da wurde auf einmal unter den soeben noch so sittenstolzen Deutschen geklaut und geschoben wie nie. Besonders deprimierend entwickelte sich die von Hitlers treuestem Demografen Friedrich Zahn so genannte Kriegsmoralstatistik bei der Jugend. Bei Luftalarm und Verdunklung stiegen Jugendgangs in Häuser ein und plünderten. In Kassel marodierte die „Bärenbande", in Düsseldorf der „Klub der goldenen Horde", in Chemnitz die „Stadtbadbrühe".

Fast jede größere Stadt hatte nun ihre „Ringbande" (Wismar), „Goldene Vierzehn" (Hamburg) oder „Schreckensteiner" (Braunschweig). Bei Delikten wie Diebstahl und Hehlerei schnellte die Kriminalität unter Jugendlichen noch stärker hoch als die unter Erwachsenen – schon 1942 klauten die Pimpfe dreimal mehr als 1939.

Im Bombenkrieg wurde auch schlagartig klar, dass es trotz eines Jahrzehnts der Repression immer noch Millionen Menschen gab, die nicht dem Regime zujubelten – sondern „sich fern hielten, litten und hassten“, wie der deutsche Publizist Sebastian Haffner im Exil schrieb. Viele wagten nun öfter ein offenes Wort. In der Eisenbahn redeten manche in Gegenwart Unbekannter über Konzentrationslager – ungestraft: „Da liegt Weimar, da werden die Juden vergast.“

Selbst der verordnete „volkspolitische Abstand“ zu den „nichtarischen Untermenschen“ schwand. Deutsche bewirteten etwa russische Zwangsarbeiter – trotz strikten Kontaktverbots.

Der jüdische Romanist Viktor Klemperer, der den Krieg in seiner Heimat Deutschland überlebt hat, notiert in seinem Tagebuch Zuspruch von fremden Leuten auf der Straße. Sie flüsterten ihm zu: „Wir sind eine Gruppe, die den Judenstern grüßt.“

Unter dem Stress des Daueralarms wuchs die Wut aufs Regime, unverblümt regte sich Widerspruch, im Trümmerland verlor gelegentlich auch die Gestapo den Überblick. Um die Anzeichen wachsender Distanz der Bevölkerung zu den Berliner Kriegsherren nicht zu verpassen, schaltete der Sicherheitsdienst auf ungewöhnliche Kanäle: Als Info-Dienst für die Eliten der Staatsmacht richtete das Berliner Reichssicherheitshauptamt (RSHA) die monatlich erscheinenden Dossiers „Meldungen aus dem Reich“ ein. Dank eines Heers von Spitzeln erfuhr das RSHA laufend das Neueste über „Stimmung und Haltung des deutschen Volkes“.

Das „ungeschminkte Bild“, das der zuständige SS-Gruppenführer Otto Ohlendorf von seinen Spähern erhalten wollte, war für die Bonzen allerdings erschütternd. Überall erspürten Ohlendorfs Mitschreiber „Animositäten der Volksgenossen“, sie mussten sich gar „gemeine Witze selbst über die Person des Führers“ anhören.

Beim Belauschen von „Redereien in Geschäften und Straßenbahnen“ stellte sich aber auch heraus, dass im Chaos des Kriegs den Deutschen offenbar weit mehr Informationen zuflossen, als der Propaganda lieb war. So bekamen die SS-Schnüffler mit, dass im Spätherbst 1942 trotz aller Fanfarenmeldungen von der Ostfront bereits „Gerüchte über die in Stalingrad eingeschlossenen Divisionen“ kursierten.

1943 wurden in der Nähe des russischen Katyn die Leichen Tausender durch die Sowjets ermordeter Polen entdeckt. Als die NS-Sprachregelung das ausschlachten wollte, notierten die Spitzel unter den Leuten in Luftschutzkellern und Trümmerräumkolonnen Ansichten wie diese: „Wir haben kein Recht, uns über diese Maßnahmen der Sowjets aufzuregen, da deutscherseits in viel größerem Umfange Polen und Juden beseitigt worden sind."

Doch die Totalkontrolle bröckelte nicht überall gleichermaßen. Eine Institution arbeitete auch im Chaos des Bombenkriegs ihr Pensum mit böser Präzision ab: die totalitäre Justiz.

Besonders im fast täglich bombardierten Berlin sahen sich die Richter des Regimes gefordert. Denn zwischen den Ruinen war es gang und gäbe, dass all die Ausgebombten fremdes Hausgerät von der Straße zusammenklaubten, Bergungshelfer sich aus den überall herumliegenden Bekleidungsbergen bedienten, herrenlose Speisekammern von Hungernden ausgeräumt wurden.

Die Polizei war machtlos. Deren Rolle übernahmen linientreue NS-Sondergerichte.

„Volksschädlingsverordnung" hieß der schwere Knüppel, mit dessen Hilfe das Regime auch kleine Vergehen mit härtesten Strafen ahndete. Paragraf 1 („Plünderung im freigemachten Gebiet") stellte die Mitnahme von Sachen aus einem ausgebombten Haus zwingend unter Todesstrafe, die auch für andere Verstöße galt – immer dann, wenn es dem „gesunden Volksempfinden wegen der besonderen Verwerflichkeit" einer Straftat geboten schien. Es ging ruck, zuck – falls „der Täter auf frischer Tat betroffen ist oder sonst seine Schuld offen zu Tage liegt". Ein Gummiparagraf.

Der Luftschutzhelfer Paul Schwerkolt aus Berlin-Neukölln etwa hatte bei Bergungsarbeiten in einer Ruine Kleinigkeiten wie eine leere Brieftasche, eine Seifen-Bezugskarte, eine Rolle Drops und Bindfaden mitgenommen. Das war in der Nacht zum 2. März 1943. Am 3. März schon stand er vor dem Sondergericht, am 8. März wurde er geköpft.

„Die Sondergerichte müssen immer daran denken, dass sie gewissermaßen eine Panzertruppe der Rechtspflege sind", hatte Justizstaatssekretär Roland Freisler, später schlimmster Blutrichter am Volksgerichtshof, die Juristen angefeuert. „Sie müssen ebenso schnell sein wie die Panzertruppe ... und sie müssen die gleiche durchschlagende Treff- und Vernichtungssicherheit gegenüber dem erkannten Feind haben."

Ein 82-jähriger Mann wurde als Plünderer hingerichtet, weil er bei Fliegeralarm eine alte Pferdeleine an sich genommen und daraus einen Hosenriemen geschnitten hatte. In Köln reichten zwei auf der Straße gefundene und eingesackte Fahrradpedale zum Todesurteil.

Der letzte Weg der Delinquenten – wahrscheinlich insgesamt 11 000 – endete fast immer auf dem Schafott, in seltenen Fällen landeten sie vor einem Erschießungskommando oder wurden gehenkt. Manchmal benutzte der Scharfrichter das Handbeil, meist aber stand ihm eine Guillotine (Amtssprache: „Fallschwertmaschine") zur Verfügung: immer gut geölt, der zentnerschwere Keil stets nachgeschliffen und mit Rostschutztinktur gepflegt – deutsche Ordnung im deutschen Bombenchaos.

Nach dem Krieg kamen diese furchtbaren Juristen – dank der Rechtsprechung des Bundesgerichtshofs – ungeschoren und ohne Karriereknick davon, auch deren Vorgesetzte. Selbst der frühere Kölner Landgerichtspräsident Walter Müller, der 1943 einem Sonderrichter das Todesurteil befohlen hatte („Die Rübe muss herunter, die Rübe muss herunter, der Gauleiter erwartet es"), blieb unbehelligt.

„Der Ausdruck ‚Die Rübe müsse herunter'", befanden Bonner Richter im Strafverfahren gegen den Kollegen mit perfider Haarspalterei, sei „nicht eindeutig". Zwar könne er „je nach dem Zusammenhang bedeuten, dass der Angeklagte einen Befehl in der Richtung erteilen wollte", aber: Das „muss" sei möglicherweise „nicht eine Notwendigkeit schlechthin" gewesen, sondern „nur eine Schlussfolgerung aus einem bestimmten Gedankengang" – Freispruch nach deutscher Juristenart.

Im immer stärker brennenden Reich zeigten die Sonderrichter ab und an auch mal Milde – wenn es um „Defätisten" ging oder um „Wehrkraftzersetzer". So blieb der Wutausbruch darüber, dass die „braunen Bonzen" nicht ebenso an die Front müssten wie Stalins rote Kommissare, ungeahndet; eine schimpfende Frau wurde zwar denunziert, nicht aber angeklagt – „derartige Redensarten", erklärte ein resignierender Staatsanwalt, seien längst in „erheblichen Teilen der Bevölkerung" verbreitet.

SS-Ohlendorfs Horcher registrierten in der Bevölkerung immer mehr Hohn und Spott über das Endsiegpathos der Nazi-Spitze. Bonzen wurden veralbert („Tausche Goldenes Ehrenabzeichen gegen Siebenmeilenstiefel"), im Ruhrgebiet sogar in Versform. Dort reimten die Bombenopfer: „Lieber Tommy fliege weiter. Wir sind alle

Bergarbeiter. Fliege weiter nach Berlin. Da haben alle ‚Ja' geschrien."

Die Hauptstädter erlebten ihr Berlin freilich längst schon „aufgelöst, hysterisch" (so die Autorin Ursula von Kardorff), schließlich krachte es dort fast täglich morgens und noch mal abends. Im Rhythmus wurde die Millionenstadt durchgeschüttelt, das Leben jedoch musste weitergehen „zwischen Bomben- und Gestapo-Furcht".

Das wachsende Chaos hatte auch sein Gutes. 4000 Juden hätten sich so der Deportation entziehen können, wütete Joseph Goebbels, Hitlers Reichspropagandachef und Gauleiter Berlins, im März 1942. „Und die treiben sich jetzt wohnungslos und anmeldungslos in Berlin herum."

Hunderten von ihnen gelang die Dauerflucht durch die Hauptstadt, wie etwa Willi Katz, der fünfmal seinen Aufenthaltsort wechselte. Meist brauchte es über zehn Helfer und viele verschwiegene Mitwisser, wollte ein abgetauchter jüdischer Verfolgter im Deutschland des Bombenkriegs überleben (siehe Seite 196).

Die von 1943 an verschärften Luftschläge „veränderten die Stadtsituation durch vermehrte Unübersichtlichkeit zu Gunsten von uns Illegalen", schrieb der damals 15-jährige Werner Foß, Mitglied einer untergetauchten Familie. Menschen, die auf der Flucht vor den SS-Schergen mit Rucksack und Handgepäck durch die Trümmerstraßen liefen, fielen im Tross der Wohnungslosen nicht auf.

Die Berlinerin Helene von Schell versteckte manchmal bis zu neun Untergetauchte in ihrer Moabiter Wohnung, am längsten von allen Foß und dessen Angehörige. Die Familie blieb von 1942 bis Kriegsende unentdeckt – obschon im selben Haus NSDAP-Mitglieder lebten. Foß junior bewegte sich unauffällig im Bekanntenkreis, als „Werner – ausgebombt in Charlottenburg".

Solch rettendes Inkognito half den Verfolgten immer öfter, je dichter über Reichsdeutschland die Bomben fielen. Denn der Eisen- und Brandhagel legte streckenweise die Verfolgungsbürokratie völlig lahm: Meldestellen wurden zerstört, Datensammlungen verbrannten und konnten nicht rekonstruiert werden.

Da jeder Ausgebombte, der auch seine Papiere verloren hatte, neue beantragen konnte, fanden Illegale und deren Helfer im Umkreis vernichteter Ämter ihre neuen Namen – oftmals die von verschollenen Bombenopfern. „Wir wandten uns dann an die Ersatzreviere zwecks Ausstellung angeblich verlorener Ausweise", berichtete die Juwelierin Gertrud Winter, die als Mitglied einer Helfergruppe Untergetauchte versorgen half.

In einer mehrbändigen Dokumentensammlung beschreibt die Berliner Gedenkstätte Deutscher Widerstand diesen antifaschistischen Untergrund der Hauptstadt.* Danach hat ein recht großes Heer von Helfern das Risiko auf sich genommen, Menschen auf der Flucht vor der Gestapo zu verbergen – egal, wie sie hießen oder wo sie herkamen. Es waren Normalbürger wie die Telefonistin Hilde Radusch, die täglich einen Mittagstisch für Illegale deckte – oder wie der Bürstenfabrikant Otto Weidt, der Behinderte jüdischen Glaubens in seiner als „kriegswichtig" geltenden Produktion verbarg. Künstler wie Oskar Huth, der Grafiker, der mit selbst gedruckten Lebensmittelmarken Menschen im Untergrund half.

Auch Polizeibeamte machten mit. Der Kripo-Mann Otto Kienbaum gab einem jüdischen Flüchtling Dienstmarke und Waffe, Polizist Willi Steuck von der Wache Hackescher Markt sabotierte unter Lebensgefahr die Einberufung von Jungen und Alten für den „Endkampf" – 1945 wurde er deshalb hingerichtet.

Sogar die seit 1933 blutig und systematisch verfolgten Kommunisten waren im Untergrund des zerbombten Berlin aktionsfähig geblieben. Auf sie schienen die geschwächten Sicherheitsorgane ihre letzten Kräfte zu konzentrieren. Die Gruppe um den Elektriker Herbert Baum, die zum großen Teil aus jüdischen Jung-Berlinern bestand, wurde nach einem Brandanschlag verhaftet, 28 der Widerstandskämpfer mussten unter dem Fallbeil ihr Leben lassen.

Ebenso schlimm erging es dem „Kampfbund" in Berlin-Mitte. Auf bis zu 100 Aktivisten wurde die Gruppierung geschätzt, die sich vor allem aus Facharbeitern der von Bombenangriffen stark betroffenen Rüstungsindustrie rekrutierte. Bei Daimler-Benz im Stadtteil Marienfelde schufteten sie im Panzermotorenbau mit Zwangsarbeitern zusammen – so bestand die Chance, über russische Kriegsgefangene Informationen an die Rote Armee weiterzugeben.

Die Gestapo ermittelte, dass der Kampfbund in den Trümmern regelrechte Parteiarbeit organisierte, mit illegal gedruckter „Roter

* Hans-Rainer Sandvoß: „Schriftenreihe über den deutschen Widerstand". Gedenkstätte Deutscher Widerstand, Berlin.

Fahne“, Mitgliedsbeiträgen und sogar einer Solidaritätslotterie. 40 Mitglieder des Kampfbundes wurden 1944 verhaftet, 21 von ihnen zum Tode verurteilt.

Die Anarchie auf den Straßen begünstigte auch ein anderes Phänomen der Kriegszeit – die Subkultur Jugendlicher. Wahrscheinlich war es die Gestapo, die ihnen den Namen gab: „Edelweiß-Piraten“. Ihre Zahl wird auf mehrere tausend geschätzt, Schwerpunkt ihrer Aktivitäten war der rheinisch-westfälische Raum mit dem Zentrum Köln, aber auch in den hessischen Großstädten Frankfurt und Offenbach waren sie aktiv.

Bis heute ist sich die Geschichtsschreibung nicht so recht im Klaren darüber, ob die jungen Burschen Widerständler waren, Kriminelle oder einfach Nonkonformisten – oder von allem etwas. Sicher sei, so der Historiker Kurt Schilde, dass sie „oft erst durch Verfolgung oppositionell wurden“.

Die „Essener Fahrtenstenzen“, eine lokalspezifische Variante der Edelweiß-Piraten, pinselten „Hitler verrecke“ an verrußte Häuserwände und brachten regimekritische Flugblätter unters Volk. Düsseldorfer Edelweiß-Piraten arbeiteten mit kommunistischen Widerständlern zusammen.

In Köln war die Szene aggressiver. Der 16-jährige Max, Sohn eines Kölner Stadtdirektors, wurde im Sommer 1944 zu drei Monaten Haft in einem Jugend-KZ verurteilt. Max brach aus und hauste danach in einem Großbunker. Max schilderte nach dem Krieg sein damaliges Leben. In dem Bunker lernte er drei von der Gestapo gesuchte Jugendliche kennen:

„Alle drei waren im Besitz von Schusswaffen wie Handgranaten, Pistolen und zwei M. P. Da wir keine Lebensmittelkarten bekamen, verschafften wir uns dieselben durch Einbrüche und Raub. Ich hatte zu diesem Zweck von meinen Bekannten auch eine Pistole erhalten.“

Als der Kölner Edelweiß-Pirat Bartholomäus Schink hingerichtet wurde, war er so alt wie Max – 16 Jahre. Schink gehörte einer Gruppe an, die vor allem die Gestapo attackierte – und sogar einen NS-Ortsgruppenleiter tötete. Seither hätten ihn, sagt der Düsseldorfer Zeitgeschichtler Bernd Rusinek, viele „zu einer Symbolgestalt der jugendlichen Widerstandskämpfer stilisiert“. Nach ihm ist in Köln eine kleine Straße benannt. Andere stempelten Bartholomäus zum Kriminellen.

Der Protest Jugendlicher artikulierte sich allerdings auch anders – durch kulturelle Unbotmäßigkeit. Dem völkischen Mief der formierten Nazi-Gesellschaft setzten junge Großstädter demonstrativ ihre Vorliebe für freien Lebensstil und wilde Musik entgegen.

Zwar qualifizierte die Polizei die Angehörigen dieser bunten Jugendszene als „Tagediebe" oder „junge Umhertreiber in den Abendstunden". Aber unter dem Eindruck von Daueralarm und Flächenbrand in den Städten galt sie eher als ein Randproblem des NS-Staats. Jugendabende, Konzerte und Tanztreffs wurden sogar gefördert, um „die Stimmung breiter Bevölkerungskreise hochzuhalten".

Doch die Szene entwickelte schnell ein Eigenleben und machte das auch ungeniert öffentlich: In den Tanzschuppen der größeren Städte wurden Pimpf-Orchester und Volksklänge gnadenlos ausgepfiffen.

Die Vorliebe der jungen Leute galt „stark verjazzter Musik", Titel verpönter „Negersänger" waren sehr gefragt und wurden in aller Öffentlichkeit gespielt.

In Saarbrücken habe eine holländische Band sogar ein „Wunschkonzert" mit Feindmusik gegeben, wie Gestapo-Spitzel aufgeregt meldeten. Im Berliner Tanzpalast „Delphi" verlangten (und bekamen) die jungen Leute ihre US-Rhythmen, deren offiziell verbotene englische Titel eingedeutscht wurden – statt „Tiger Rag" hieß es eben „Schwarzer Panther".

Zwar hetzte die Presse gegen die „Bummelanten", und öfters rangelten im Publikum NS-treue Wehrmachtsurlauber mit „Swing-Heinis". Aber ganz offenkundig war „eine anständige, deutschem Geschmack entsprechende Unterhaltungsmusik" weithin unerwünscht („Meldungen aus dem Reich").

So ekelten Swing-Fans mit ihrem Jazz in Hannovers „Georgspalast" Parteigenossen „unter Protest" aus dem Lokal. In der Hamburger „Caricata"-Bar bejubelte das Jungvolk einen Bandleader, der ein „bis an die Knie reichendes englisches Sakko" trug. Und wenn er „Sweet Sue" fetzen ließ, sangen die jungen Leute dazu: „Lest das ‚Mittagsblatt', lest das ‚Tageblatt', alles Lüge, alles Dreck."

Das ging der NS-Führung denn doch zu weit. Seiner Meinung nach müsse „das ganze Übel radikal ausgerottet" werden, erklärte SS- und Polizeichef Heinrich Himmler im Januar 1942; „Rädelsführer" müssten ins KZ und mitverantwortliche Eltern gleich dazu.

Vor allem auf die Hamburger „Swing-Jugend" hatte Himmler es abgesehen. Das war eine Subkultur junger Leute, die mit Musikgeschmack, Haartracht und freizügigem Lebensstil gegen den piefigen NS-Alltag rebellierten. Provozierend pflegten sie Engländerlook – mit karierten Jacken, Hut und Regenschirm. Unangepasste Cliquen feierten mal privat, mal im „Alsterpavillon", gelegentlich machten auch bis zu 500 Leute ihre Feten zum nächtlichen Massenswing.

Das war Distanz zum System und für die Sicherheitskräfte auch schon Vorstufe zum Widerstand. „Wir hatten sogar Kontakte zur ‚Weißen Rose'", bestätigte der Szene-Veteran Herbert Simon in einem Interview mit der „taz". Also befahl Himmler, gegen diese „anglophilen Tendenzen" müsse man „brutal durchgreifen".

Örtlich beschränkte sich die Polizei darauf, den Jugendlichen das verpönte Nachtleben zu verleiden. Delinquenten mussten mit sonntäglichen Strafarbeiten bei Müllräumung, Luftschutz oder Kartoffelschälen büßen – wie in Hannover. In Hamburg dagegen griff die Staatsmacht im Sinne Himmlers brutal durch.

Mehrere Dutzend Leute aus der Swing-Jugend wurden in den Zwangslagern der SS malträtiert. Junge Juden unter ihnen wurden nach Auschwitz deportiert und hier ermordet – nachdem sie den Bombenkrieg in der Hansestadt überlebt hatten.

„Wir haben ja nichts mehr"

Alte Männer löschten Brände, Frauen leisteten erste Hilfe, Kinder wurden als Melder aktiv. Der Reichsluftschutzbund rekrutierte ein ganzes Volk für den Ernstfall. Doch im Feuersturm der Großangriffe blieben die Helfer machtlos.

VON ALMUT HIELSCHER

An einem sonnigen Herbsttag im Oktober 1943 sprach ein Funktionär der NSDAP-Ortsgruppe Altstadt in Frankfurt am Main den 14-jährigen Gustav Lerch auf der Straße an: „Junge, es wird Zeit, dass du endlich auch was tust für dein Volk."

Außer „ein bisschen Marschieren" beim Deutschen Jungvolk und „Sammeln für das Winterhilfswerk" hatte sich Lerch den „völkischen Aufgaben" bisher entzogen: „Das interessierte mich nicht. Ich war ein Träumer, der viel las und Schach spielte."

Doch nun begann für den kleinen Gustav, der gerade eine kaufmännische Lehre bei einem Lebensmittelhändler in der Frankfurter Großen Sandgasse begonnen hatte, der Ernst des Krieges. Der zuständige Luftschutzwart verpasste ihm Helm, Koppel, Meldetasche sowie eine Volksgasmaske und erklärte ihm seine künftige Aufgabe.

Sobald nach einem Bombenangriff die Sirenen Entwarnung gaben, hatte Gustav Lerch die Lage im Stadtteil zu erkunden. Um den Arm eine blaue Binde mit einem weißen M für Melder – rannte er durch die zum Teil zerbombten Straßen und notierte die Schäden: Dort ein brennender Dachstuhl, hier ein zersprengtes Wasserrohr, zerfetzte Oberleitungen, Schreie aus einem Keller. „Ich schrieb auf, was ich sah. Dann raste ich zur Ortsgruppe, und die gaben dann die Informationen an die Technische Nothilfe weiter."

Damals sah Gustav die ersten Leichen, das erfüllte ihn mit Grauen. Sein Vater starb in den Trümmern eines Hauses, zweimal wurde die Familie ausgebombt.

Trotz der schaurigen Erlebnisse erfüllte Lerch seine Aufgabe als Melder gern. Das Einzige, was ihn wurmte: „Dass der Kopfschutz ein oller belgischer Beutehelm aus dem Ersten Weltkrieg war und kein deutscher Stahlhelm."

So wie Gustav Lerch, der später als Mitglied einer Vereinigung deutscher Luftkriegsforscher die Angriffe auf Frankfurt, vor allem aber die Propagandaschlacht beider Seiten dokumentierte, meinten damals noch Millionen Deutsche, sie könnten vereint den Bomben trotzen.

Tatsächlich hatten die Städter zu Beginn des Luftkriegs im Mai 1940, als die so genannten Kleckerangriffe der Briten begannen, noch eine reelle Überlebenschance. Seit 1935 bereitete der Reichsluftschutzbund Männer, Frauen und Kinder auf den Luftkrieg vor. Selbstschutz hieß die Parole. Und so übten sie alle – unter dem wachsamen Auge der Partei – den Ernstfall.

Damit die Übungen im ganzen Reichsgebiet nach dem gleichen Schema durchgeführt werden konnten, wurde 1939 die kommunale Berufsfeuerwehr der Polizei unterstellt. Künftig hieß sie Feuerschutzpolizei – aus Feuerwehrleuten wurden bewaffnete Polizisten.

Unter der Kontrolle von Partei- und Jugendfunktionären, von Block- und Luftschutzwarten lernten ganze Hausgemeinschaften, wie man den Boden entrümpelt, Kellerdecken verstärkt, mit Feuerpatsche und Handspritze Flammen löscht, Brandwunden verbindet. Zeitungen, Radiosendungen, Broschüren, Plakate und das Zentralorgan des Reichsluftschutzbundes, „Die Sirene", ein illustriertes Blatt mit praktischen Tipps, schworen die Menschen auf ihre Aufgaben im Selbstschutz ein.

Vor der Rekrutierung konnte sich kaum einer drücken. War die Tätigkeit im Selbstschutz zunächst freiwillig, so konnten Unwillige später durch polizeiliche Verfügungen dienstverpflichtet werden. Auch Frauen verstärkten seit 1943 die freiwilligen Feuerlöschdienste, denn die Männer waren ja an der Front. Mit brutaler Offenheit resümierte Hans Rumpf, Generalinspekteur der Deutschen Feuerschutzpolizei, in seinem 1961 erschienenen Buch „Das war der Bombenkrieg": „Wenn die zu Lösch- und Bergungsarbeiten entschlossenen Männer und Frauen auch nur selten erfolgreich waren, so war diese Aktivität für alle Beteiligten doch immer noch besser, als Nacht für Nacht tatenlos im Keller zu hocken und auf den Tod zu warten."

Am 10. Oktober 1940 ordnete Hitler in einem Geheimbefehl an,

„öffentliche Luftschutzräume bombensicher zu bauen" und „die Keller aller öffentlichen und privaten Gebäude sofort auf ihre Eignung als Luftschutzräume zu überprüfen".

Unter Leitung des Reichsministers für Bewaffnung und Munition, Fritz Todt, wurde ein gigantisches Bunkerbauprogramm für die „wehrwirtschaftlichen Gemeinden" und die Luftschutzorte 1. Ordnung (alle Städte über 100 000 Einwohner mit wichtigen industriellen und militärischen Anlagen) gestartet. Die Schutzbauten in den 61 zu „Bunkerstädten" erklärten Orten im Reich sollten 1000-Kilo-Bomben widerstehen.

Zählt man zu den über 3000 Bunkern für die Zivilbevölkerung noch die Krankenhaus-, Reichsbahn-, Industrie- und Wehrmachtsbunker, so gab es gegen Kriegsende an die 6000 Schutzbauten. Trotzdem reichte der Platz in den „Trutzburgen des Bombenkriegs", so der Historiker Jörg Friedrich, nicht einmal für die Hälfte der Zivilbevölkerung. Für die Bunker wurden daher Platzkarten ausgegeben.

Zu Beginn des Krieges war das nicht so schlimm. Viele Menschen blieben bei Fliegeralarm lieber in den Kellern ihrer Wohnhäuser, weil sie hofften, dort das Schlimmste verhindern zu können. „Bist im Bunker du, brennt dein Haus im Nu", war ein weit verbreiteter Spruch, der mit Kreide an manchen Mauern stand.

Doch von 1943 an änderte sich die Lage. Nun wollten alle in die Bunker. Juden, Ausländern, Kriegsgefangenen und Zwangsarbeitern wurde der Zugang zu den Schutzbauten verwehrt, die von linientreuen, strengen Bunkerwarten befehligt wurden.

Der Ansturm auf die Bunker war vor allem eine Folge der Großangriffe auf Lübeck, Köln und das Ruhrgebiet, bei denen ganze Stadtteile in Minuten in Flammen aufgingen. Nun machten die Bewohner die bittere Erfahrung, dass es illusorisch war, sich in „Selbsthilfe" vor den Bomben in Sicherheit zu bringen – so wie die Nazi-Propaganda es ihnen vorgegaukelt hatte.

Erst recht seit dem legendären Feuersturm der „Operation Gomorrha" über Hamburg ließ sich nicht mehr leugnen, dass es unmöglich war, die gewaltigen Brände zu löschen. „Es ist, als wenn man mit einer Kaffeetasse voll Wasser einen Hochofen ausblasen wollte", resümierte Richard Kurtz, einer der Helfer beim großen Luftangriff auf Mainz im Februar 1945.

1500 Tonnen Stabbrandbomben, Spreng- und Luftminen hatten die Stadt am Rhein innerhalb von 13 Minuten in ein Trümmerfeld verwandelt. Der Einsatz der Löschkräfte wurde zum Desaster. Die Stabbrandbomben hatten eine Feuerwalze entstehen lassen, die in den engen Häuserschluchten der Altstadt nicht mehr zu beherrschen war.

Die Sprengbomben hatten das elektrische Leitungsnetz und die Wasserversorgung außer Kraft gesetzt. Die Löschzüge blieben in den Trümmern der zerborstenen Straßen stecken, die Schläuche zerschmolzen in der Hitze. „Es war Chaos und Desaster, trotz der Nähe von Rhein und Main ging das Löschwasser aus. Die Feuerwehrleute beschränkten sich darauf, Brandschneisen für die Flüchtlinge freizuspritzen“, erzählt Buchautor Heinz Leiwig.

Ähnlich beim Großangriff auf Darmstadt, dem 12 300 Menschen zum Opfer fielen. In der Innenstadt tobte ein Feuersturm, die versprengten Rettungsdienste versuchten mit dem Mut der Verzweiflung Wasser aus den Löschteichen gegen die Feuersbrunst zu richten. Die Hauptleitung aus dem Wasserwerk war bereits zerstört, die Verbindung zu dem bombensicheren Befehlsbunker unter dem Polizeipräsidium abgebrochen.

Hunderte, die noch aus den Kellern kriechen können, rennen in ihr Verderben, zerglühen auf dem brennenden Asphalt, werden von einstürzenden Trümmern erschlagen, von der Glut mumifiziert. Erschöpfte und mit Brandwunden übersäte Überlebende flüchten sich auf große Plätze und in Parks, wo sie dem Morgen entgegendämmern.

Am Tag danach das Erwachen aus dem Schock der Bombennacht. Es fehlt an allem: Keine Ärzte, kein Wasser, kein Licht. Eine Kerze wird zur Kostbarkeit, ein Ziehbrunnen ist Reichtum. Auf den Trümmern sammeln Kinder und alte Leute Teile von Fensterrahmen als Brennholz.

Erst im Laufe des Tages trifft Hilfe ein. Aus der ganzen Umgebung rücken Einsatzkräfte heran, die noch tagelang Brände löschen, Verschüttete und Tote bergen, Schäden notdürftig reparieren. Sprengtrupps der Feuerschutz- und der Luftschutzpolizei entschärfen Blindgänger. Als „Himmelfahrtskommando“ für diese Aufgabe werden Kriegsgefangene und KZ-Häftlinge eingesetzt.

Nach dem Feuerinferno von Hamburg im Juli 1943 reisten die

Hilfskräfte sogar aus Leipzig und Dresden an, neben den Feuerlösch- und Entgiftungstruppen, den Bereitschaften der Technischen Nothilfe auch 10 700 Mann des Wehrmachthilfskommandos, 31 Kraftspritzentrupps der NSDAP, 4 Sicherungskompanien der Waffen-SS, 771 Mann Reichsarbeitsdienst sowie 450 KZ-Häftlinge, die vornehmlich zur Leichenbergung eingesetzt wurden.

Mit nackten Oberkörpern standen Ostarbeiter und KZ-Häftlinge und gruben und gruben in der sengenden, vergifteten Hitze, „und ihre Spaten waren nicht schnell genug, allen denen Platz zu schaffen, die kamen und kamen“, beschreibt Gretl Büttner, Berichterstatterin der örtlichen Luftschutzleitung den Horror.

In Mainz hielt das Bestattungswesen 330 Erwachsenen- und 140 Kindersärge für Bombenopfer bereit. Nachdem beim Angriff vom 27. Februar auch die Särge verbrannt waren, wurden die Toten in Papiersäcken auf Handkarren und Pferdefuhrwerken in die Sammelgräber auf den Friedhöfen gekarrt.

Nach dem Dresdner Inferno mit seinen über 35 000 Toten fragte niemand mehr nach Särgen oder Papiersäcken: Am 20. Februar verfügte die Stadtverwaltung der Elbe-Stadt, die Leichen auf dem Altmarkt zu verbrennen. Bis zum 5. März loderten dort zwischen den ausgebrannten Gebäuden die Scheiterhaufen: 6865 Bombenopfer wurden verbrannt, zehn Kubikmeter Asche im Ehrenhain auf dem Heidefriedhof vergraben.

Der Leiter der Bestattungsmaßnahmen dachte bei seiner grausigen Arbeit auch noch an den Nachschub für die Front: 300 Zentner Kleidung wurden weiterverwertet, Lastwagen mit Stiefeln und Schuhen an die Front geschickt.

Der zunehmende Bombenterror gegen Ende des Krieges – so berichten Zeitzeugen immer wieder – erreichte mehr als die verlogene Nazi-Propaganda. Er schmiedete die Deutschen zu einer Schicksalsgemeinschaft zusammen. Der Kampf ums Überleben verlieh den Ausgebombten ungeheure Kräfte. Tapfer versuchten die Menschen nach dem Horror der Bombennächte den Alltag wieder in den Griff zu bekommen. An den Sammelstellen, die meist in Schulen untergebracht waren, erhielten sie aus Gulaschkanonen der Nationalsozialistischen Volkswohlfahrt (NSV) warme Mahlzeiten. Auch gab es für die verstörten Opfer Wurstbrote und eine Tasse echten Bohnenkaffee.

Christa Oppermann zum Beispiel hatte die Bombenangriffe auf Herne zusammen mit ihren Eltern und Geschwistern in einem Stollen der Zeche Mont Cenis überlebt. Als die Entwarnungssirenen verhallten, raste das damals 16-jährige BDM-Mädchen zu seinem Einsatz in der Sammelstelle: „Wir verteilten Decken und schmierten Brote, rührten Kindernahrung an und übertrumpften uns gegenseitig in Hilfsbereitschaft. Schließlich hatte man uns jahrelang gedrillt."

Der Einfaltsreichtum und die Phantasie der Hungernden kannte keine Grenzen. In den meisten Familien kursieren bis heute Erzählungen über Kriegs- und Nachkriegsgerichte der Mütter und Großmütter: Von der Streckbutter (Mehlschwitze als Brotaufstrich) über Kartoffelschalensuppe bis zur Kaffee-Torte (einem schlichten Kuchen mit Kathreiner-Kaffeegrund-Belag) – deutsche Hausfrauen waren erfinderisch in der Not.

Das Hungerelend konnte wohl auch deshalb in Grenzen gehalten werden, weil Hunderttausende Bombenopfer aus den zerstörten Städten aufs Land evakuiert wurden. Wer sich nicht schon selbst zu Verwandten und Bekannten in vom Bombenkrieg verschonte Gegenden durchgeschlagen hatte, wurde von den Erfassungsstellen in kleinere Städte und Dörfer der Umgebung einquartiert.

Mit nichts als den versengten Kleidern auf dem Leib erreichte etwa Fritz Deppert mit seinen Eltern das Dorf Affhöllerbach im Odenwald. Mit dem Stahlhelm seines Vaters auf dem Kopf hatte der Zwölfjährige den Großangriff auf Darmstadt im Keller des ausgebombten Hauses mitten in der Stadt erlebt. Sein Vater, ein Kunstmaler, den die Nazis als entartet diffamiert hatten und der nach dem Krieg Szenen aus den Bombennächten malte, fand auf der Müllkippe des Ortes einen löchrigen Kochtopf. Für die Zigarettenration des nicht rauchenden Malers lötete der Dorfschlosser den Topf. „Als ich vor Hunger umfiel", erzählt Fritz Deppert, „hat mich der Dorfarzt mit einem Glas Salzwasser gerettet." Fünf Jahre lang mussten die Depperts in dem für sie fremden Odenwald-Ort ausharren, ehe sie im zerstörten Darmstadt wieder eine Bleibe fanden.

Die entwurzelten Städter machten unterschiedliche Erfahrungen. Manche erlebten großartige Hilfsbereitschaft, andere fühlten sich bei den Bauern alles andere als willkommen. Oft genug mussten ortsansässige NSDAP-Führer mit Drohungen dafür sorgen, dass sich die Türen für die ausgebombten „Volksgenossen“ öffneten. Ein Städtchen wie Nierstein in Rheinhessen nahm mit seinen eigenen rund 5000 Einwohnern 2500 Obdachlose aus Mainz auf. Eine erstaunliche Hilfeleistung.

Die deutsche Bürokratie funktionierte bis zuletzt. Nach den Angriffen wurden Formulare für Vermisstenmeldungen, Entschädigungsansprüche und Verlustanzeigen verteilt. Auf den Erfassungsämtern meldeten die Ausgebombten ihre Schäden. Waren die Lebensmittelkarten verloren gegangen, gab es nur Ersatz, wenn der Verlust in einer eidesstattlichen Erklärung versichert wurde.

Die Ausgebombten erhielten einen „Ausweis für Fliegergeschädigte“. Doch immer öfter war dieser Ausweis das Papier nicht wert, auf das er gedruckt war. Wo es nichts mehr gab, konnte auch nichts mehr verteilt werden. Die Menschen halfen sich selbst, so gut es ging.

In manchen Situationen ergriff die verzweifelten Menschen eine Art Galgenhumor, der fast ein Trost war. Der in Darmstadt ausgebombte Ernst Luckow: „Meine Frau hatte sich etwas erholt und sprach das große Wort: Jetzt brauchen wir uns um nichts mehr zu sorgen, denn wir haben ja nichts mehr.“

Botschaft an „Onkel Emil"

Im Chaos der Luftangriffe konnten sich viele NS-Verfolgte dem Zugriff von Polizei und SS entziehen. Durch die Hilfe mutiger Bürger überlebten allein zwischen den Trümmern Berlins rund 1500 Juden im Untergrund.

VON BEATE KOSMALA UND CLAUDIA SCHOPPMANN

„Sterben, sterben, sterben – wohin man auch blickt!“, schrieb die Berliner Journalistin Ruth Andreas-Friedrich nach einem der schweren Luftangriffe im Dezember 1943 in ihr Tagebuch. Doch nicht nur aus den Bombenschächten kam der Horror. In den Straßen der Städte fand eine tödliche Verfolgungsjagd statt. Nazi-Schergen durchkämmten die Trümmerlandschaften nach Juden, Deserteuren und politischen Flüchtlingen, die versuchten, durch Untertauchen im Chaos der Bombenangriffe doch noch ihr Leben zu retten. Ruth Andreas-Friedrich war das vertraut. Für diese Verfolgten kämpfte sie.

Unter dem Decknamen „Onkel Emil“ hatte sich eine Gruppe von Aufrechten gefunden. Zusammen mit ihrer Tochter Karin und ihrem Lebensgefährten, dem Dirigenten Leo Borchardt, hatte Andreas-Friedrich in ihrer Wohnung am Steglitzer Hünensteig ein Netzwerk aufgebaut – Anlaufstelle für Menschen auf der Flucht.

„Onkel Emil“ beherbergte Verfolgte, besorgte Quartiere, beschaffte Lebensmittelkarten und falsche Dokumente. Das war höchst riskant – und dennoch kein Einzelfall. Ruth Andreas-Friedrich glaubte, wie sie am 3. Januar 1944 in ihr Tagebuch schrieb, es seien Tausende, die täglich und stündlich ihren Kopf riskierten „für ein paar armselige Brotmarken, ein vorübergehendes Notquartier“, erkämpft „zwischen Bomben, Zwangsarbeit, Verkehrsbehinderung und persönlicher Einschränkung. Ertrotzt gegen alle Verbote, Gesetze und Propagandabefehle“.

Frauen wie Andreas-Friedrich und ihre Helfer widerlegen die Entschuldigung vieler Deutscher nach dem Krieg, niemand habe gegen den Nazi-Terror etwas tun können. Allein in Berlin engagierten sich mindestens 10 000 Männer und Frauen für jüdische Verfolgte. Sie halfen 5000 bis 7000 „U-Booten" – so nannten sich die Untergetauchten. Ungefähr 1500 Juden konnten dank solcher Hilfe in der Hauptstadt überleben.

Im Oktober 1941 hatten die Nazis die Auswanderung der Juden verboten. Damit saßen 170 000 Deutsche, die auf Grund der Nürnberger Gesetze zu Juden erklärt worden waren, in der tödlichen Falle. Ein Großteil, etwa 73 000 jüdische Frauen, Männer und Kinder, lebten 1941 in Berlin. Im Oktober begannen die Nazis mit ihrer Deportation, zunächst nach Polen, Weißrussland und ins Baltikum, ab Sommer 1942 auch nach Auschwitz.

Das Berliner Ehepaar Margot und Hans Foß wusste ebenso wie die meisten andern Juden nicht genau, was die Nazis mit ihnen vorhatten. Stets war nebulös von „Umsiedlung" oder „Evakuierung" die Rede. „Feindsender" konnten sie nicht hören, denn Radios durften Juden seit Kriegsbeginn nicht mehr besitzen. Erst langsam, im Lauf des Jahres 1942, verbreiteten Soldaten, die auf Heimaturlaub kamen, Gerüchte über Massenverbrechen in Russland und Polen.

Als Margot Foß am 30. November 1942 von einem Mitarbeiter der jüdischen Gemeinde die Aufforderung erhielt, am nächsten Tag „zwecks Vermögenserklärung" zu Hause zu bleiben, erkannte sie die Gefahr. Ein jüdischer Ordner bestätigte ihr, dass tatsächlich die „Abholung" bevorstand.

Familie Foß beschloss unterzutauchen, obwohl nichts vorbereitet war. Sie kannten niemanden, der Träger des Judensterns aufnehmen würde. Rettung brachte der Besuch einer alten Bekannten aus besseren Tagen, als Hans Foß noch Kaufmann in Charlottenburg gewesen war.

Helene von Schell, Sekretärin bei Krupp, hatte immer Kontakt zur Foß Familie gehalten. „Ihr geht da nicht mit", sagte die resolute 40-Jährige, „ich nehme euch mit zu mir."

In ihrem Moabiter Mietshaus wohnten zahlreiche Parteigenossen. Wenn es an der Tür klingelte, verschwanden die beiden Söhne der Familie Foß im Kleiderschrank, der Vater hinterm Ofen, und die Mutter blieb in der Küche, als „Besuch".

Auch bei Bombenalarm mussten die illegalen Gäste in der Wohnung im dritten Stock bleiben. Im Luftschutzkeller wäre es zu gefährlich gewesen. Manchmal suchten sie einen öffentlichen Luftschutzbunker auf, ohne aufzufallen. Die „Bombenhölle" ist der Familie als zweitschrecklichstes Erlebnis des Kriegs im Gedächtnis geblieben.

An den Einsatz Helene von Schells erinnert seit 1996 eine Gedenktafel an ihrem Wohnhaus. Zu Lebzeiten – sie verstarb 1956 – hatte sie keine öffentliche Anerkennung erfahren. Wie die meisten, die unter großer Gefahr jüdischen Bekannten, aber auch gänzlich Unbekannten im Krieg geholfen haben.

Oft genug war die heimliche Hilfe vergebens – wie im Fall der jüdischen Familie Pagel. Fritz Pagel war vor dem Krieg Geschäftsführer einer Textilfirma und Synagogenvorstand in Weißensee, nun leistete er Zwangsarbeit als Dreher. Erfolglos hatte er versucht, mit seiner Frau und den drei Kindern nach Argentinien zu entkommen. Als immer häufiger Gerüchte über die Verbrechen im Osten kursierten, bot Ende 1942 ein alter Bekannter, der Berliner Herrenschneider Gustke, den Pagels Unterschlupf in seinem Wochenendhaus im Umland an.

Dort versteckte sich die Familie ab Anfang 1943 für ein paar Monate, bis eine wachsame „Volksgenossin" aus der Nachbarschaft die Polizei verständigte. Im Juli 1943 wurden die Pagels festgenommen und bald darauf nach Auschwitz deportiert.

Bei der so genannten Fabrik-Aktion vom 27. Februar 1943, der reichsweiten Großrazzia auf alle noch in „kriegswichtigen" Betrieben eingesetzten jüdischen Zwangsarbeiter und ihre Familien, war auch der Mann von Alice Löwenthal abgeholt worden. Alice Löwenthal floh mit ihren beiden Töchtern zu Bekannten nach Weimar.

Doch die ließen sich verleugnen. In ihrer Not lernte die Berlinerin Elly Möller kennen, eine kinderlose Frau aus sozialdemokratischem Milieu, die bereit war, die vierjährige Ruth und die zwei Jahre ältere Brigitte als „Pflegekinder" aufzunehmen. Elly Möller meldete die Mädchen unter falschem Namen als „Totalbombengeschädigte" an. Alice Löwenthal selbst fuhr nach Berlin zurück und überlebte dort die Kriegszeit. Die Töchter aber spürte die Gestapo auf. Sie wurden mit dem letzten Transport nach Auschwitz deportiert und dort ermordet.

Viele „U-Boote" fielen Verrat zum Opfer. Erna Becker, eine in „Mischehe" überlebende Jüdin, musste sich regelrecht dazu zwingen, während der Bombenalarme mit ihrem Kind in den Luftschutzkeller zu gehen. Dort hetzten ihre Nachbarinnen gegen „die Juden" und schürten die Angst vor Denunziation. Erna Becker notierte in ihr Tagebuch: „Ich fürchte die Menschen mehr als die Bomben."

Besonders gefürchtet im Untergrund waren jüdische Spitzel der Gestapo. Im Mai 1944 wurde dem 36-jährigen Schauspieler Martin Rosen, der schon mehr als ein Jahr in Berlin bei verschiedenen Freunden untergetaucht war, der Denunziant Feodor Friedländer zum Verhängnis. Die Gestapo verhaftete Rosen in der Wohnung seiner Helferin, nach qualvollen Verhören wurde er zehn Tage später nach Auschwitz deportiert. Er überlebte.

Friedländer zählte zur Gruppe der 20 bis 30 „Greifer", die von den Illegalen besonders gefürchtet wurden und polizeiamtlich „Jüdischer Fahndungsdienst" hießen. Die „Greifer" besaßen Dienstausweise der Gestapo und trugen ab Herbst 1944 sogar eine Waffe.

Was die „Greifer" so gefährlich machte: Sie hatten selbst als „U-Boote" im Untergrund gelebt, bevor sie verhaftet und von der Gestapo mit Drohungen gefügig gemacht worden waren, und kannten viele ihrer einstigen Leidensgenossen sowie deren Treffpunkte. Sie durchkämmten Straßenzüge und Lokale, kontrollierten Straßenbahnen und Kartenstellen, beobachteten Besucher von Opern, Theatern und Kinos.

Als besonders skrupellose Fahnderin, die mindestens 100 Personen ausgeliefert haben soll, gilt die schöne Stella Kübler-Isaakson, die als „blondes Gift" und „Schrecken des Kurfürstendamms" in vielen Erinnerungstexten beschrieben wird.

Doch manche „Greifer" arbeiteten nicht nur für die Gestapo, sondern auch gegen sie – aus welchen Motiven auch immer. Kübler-Isaakson etwa versuchte, ihren früheren Kinderarzt und dessen Frau vor den Schergen zu retten. Ihr „Kollege" Günther Abrahamson verhalf einer Jüdin mit falschen Papieren zur Flucht in den Harz und warnte andere vor ihrer bevorstehenden Verhaftung.

Meist war Sympathie oder Geldgier im Spiel. Mancher „Greifer" ließ sich seine Hilfe teuer bezahlen. Auch die Deutschen, die verfolgten Juden Hilfe leisteten, handelten nicht immer uneigennützig. „Vermieter" verlangten von ihren illegalen Untermietern horrende Summen oder kassierten für die gute Tat wertvollen Schmuck. Andere forderten und bekamen als Gegenleistung Sex.

Untergetauchte, die gefasst wurden, endeten fast immer in Auschwitz, ihre Quartiergeber kamen glimpflicher davon: Todesurteile für „Judenbegünstigung“ wurden in Deutschland nicht gefällt. Oft gab die Gestapo den Fall nicht an die Sondergerichte weiter, sondern ging selbst gegen die Helfer vor. Im Sommer 1942 wurde der 58-jährigen Witwe Anna R. in Wiesbaden bei einem Gestapo-Verhör „Freundschaft mit Juden“ zur Last gelegt. Nachbarn hatten sie angezeigt, weil sie ihren jüdischen Bekannten Lebensmittel gebracht hatte. Anna R. kam ins Frauen-KZ Ravensbrück, wurde nach drei Monaten entlassen, gesundheitlich ruiniert.

Ganz anders erging es der Berlinerin Margarete Hass. Anfang Mai 1943 hatte sie auf dem jüdischen Friedhof Weißensee einem offensichtlich „illegal“ lebenden jüdischen Jugendlichen angeboten, ihn in ihrer nahe gelegenen Wohnung zu verbergen. Der 15-jährige David lebte anderthalb Jahre bei ihr, bis im November 1944 die Polizei den Jungen holte und in das KZ Sachsenhausen einwies.

Seine Helferin erhielt wegen „unterlassener Meldung eines zugezogenen Juden“ von der Polizei lediglich einen Bußgeldbescheid über 20 Reichsmark.

Mit dem Tod dagegen bezahlte der 60-jährige Bauer Heinrich List im südhessischen Odenwald seinen Mut. Im November 1941 versteckte er einen früheren jüdischen Bekannten auf seinem Hof. Ein halbes Jahr später wurde List denunziert. Sein Schützling konnte entkommen, Heinrich List wurde nach dreimonatiger Gestapo-Haft im Juli 1942 in das KZ Dachau eingeliefert, wo er im Oktober 1942 starb.

Hart bestraft wurde auch der Berliner Mechaniker Hermann Kleinjung, der eine Jüdin aus Breslau mit Sohn und Tochter in seiner Wohnung aufgenommen hatte. Anfang Dezember 1943 verhaftete ihn die Gestapo auf seiner Arbeitsstelle. Im April 1944 verurteilte ihn ein Sondergericht zu anderthalb Jahren Zuchthaus. Nach Verbüßung der Strafe sollte er in ein Konzentrationslager eingeliefert werden. Das Kriegsende rettete ihn.

Zur Steglitzer Gruppe „Onkel Emil“ gehörte auch Ursula Reuber aus Berlin-Dahlem. Als „Mischling ersten Grades“ durfte sie ihr Psychologiestudium nicht fortsetzen. Obwohl selbst gefährdet, half sie einem Untergetauchten und landete dafür im Gefängnis. Nach einem halben Jahr kam sie frei und musste Zwangsarbeit bei der Stadtreinigung leisten.

Dennoch nahm sie immer wieder „U-Boote“ auf, zuletzt Eva Gerichter, die nach Theresienstadt deportiert werden sollte. Die Bombennacht vom 22. März 1945, wenige Wochen vor Kriegsende, wurde den Frauen zum Verhängnis. Der Volltreffer muss direkt in den Luftschutzkeller des kleinen Hauses eingeschlagen sein. Sie starben beide unter den Trümmern.

Die jüdischen Geschwister Ralph und Rita Neumann befreite dagegen eine Bombe im Februar 1945 aus Gestapo-Haft. Kurz vor dem Luftangriff war der 21-jährige Ralph bei einer Militärkontrolle gefasst worden, auch die fünf Jahre ältere Rita wurde verhaftet. Ihnen gelang im Chaos nach dem Bombentreffer der Ausbruch. Beim Tegeler Gefängnispfarrer Harald Poelchau, einem Mitstreiter der Gruppe „Onkel Emil“, kamen sie unter.

In der Endzeit machten die pausenlosen Luftangriffe Helfern und Opfern kaum weniger zu schaffen als die Gestapo.

Als Ruth Andreas-Friedrich mit ihrem Freund Leo Borchardt nach der Bombennacht des 22. April Schutzbefohlene besuchen wollte, die in der Charlottenburger Wohnung des „Onkel Emil“-Mitarbeiters Günther Brandt lebten, fanden sie nur einen Trümmerhaufen vor. Der ehemalige Landgerichtsrat Brandt verlor in dieser Nacht alles, auch seine Bibliothek mit 5000 Bänden. Doch er und seine fünf „U-Boote“ konnten sich retten. An einer verkohlten Mauer entdeckten Andreas-Friedrich und Borchardt die mit Kreide geschriebene Botschaft an „Onkel Emil“: „Alle lebend herausgekommen!“

„Die Moral blieb intakt"

Millionen Kinder wurden aufs Land verschickt, Millionen Erwachsene evakuiert, Millionen Wohnungen zerstört. Doch ihr eigentliches Ziel, die Bevölkerung durch Bombenangriffe zu zermürben und zum Widerstand gegen Hitler zu nötigen, erreichten die Alliierten nicht.

VON WOLFRAM BICKERICH

Irgendwie waren damals fast alle auf Achse: die Männer im Krieg, die Alten ins Umland evakuiert, die Frauen und Mütter auf der Flucht vor den Bomben, in Bunkern oder Kellern, sonst mit Organisieren und Überleben vollauf beschäftigt; Kinder und Jugendliche ins friedlichere Umland verschickt. Kaum einer war zu Hause oder gar daheim.

Der 14-jährige Helmut, Jungenschaftsführer der Hitlerjugend (HJ), kam aus Ludwigshafen in ein Lager im Odenwald, später zur Wehrertüchtigung nach Berchtesgaden. Mildred, 10, wurde mit ihren 24 Klassenkameradinnen aus Köln in ein Gehörlosenheim bei Nürnberg verlegt. Johannes, 12, wurde mitsamt seiner Schule von Wuppertal nach Gera umquartiert. Ralf, 11, ging ein Jahr lang mit seinem ganzen Jahrgang statt in Berlin-Charlottenburg im von Deutschen besetzten polnischen Zakopane zur Schule. Hannelore Glaser, damals 20, betreute als Junglehrerin 21 Mädchen aus einer Gruppe von 800 Kindern, die von Hamburg ins fränkische Kulmbach umgesiedelt waren. Fünf von ihnen musste sie sagen, dass die Mütter bei neuen Bombenangriffen ums Leben gekommen waren.

Ähnlich wie ihnen – dem jungen Helmut Kohl, Johannes Rau, Ralf Dahrendorf, der späteren Mildred Scheel oder Hannelore („Loki") Schmidt, geb. Glaser – erging es den 14 Millionen deutschen Flüchtlingen und Vertriebenen sowie den etwa fünf Millionen Evakuierten. Es war, so der spätere Bundesvertriebenenminister und frühere NS-Funktionär Theodor Oberländer, „das Zeitalter der Entwurzelung", keineswegs nur in Deutschland, sondern in ganz

Europa, durch das im Weltkrieg etwa 50 Millionen Menschen auf der Suche nach einer neuen Heimat irrten.

Zuweilen, abseits der Front, war das Herumirren noch erstaunlich planmäßig organisiert. Schon am 27. September 1940, sechs Wochen nach Beginn der Luftoffensive gegen Großbritannien, hatte Reichsleiter Martin Bormann die Aktion „Erweiterte Kinderlandverschickung" befohlen; „erweitert" hieß sie beschönigend deswegen, weil sie die Erfahrungen mit den Kinder- und Jugendferienlagern der Hitlerjugend übernehmen konnte.

Nur wenige Tage später, am 3. Oktober, begann ein Projekt, das auch in Friedenszeiten Behörden, Jugendorganisationen, Schulen, Lehrer, Reichsbahn leicht hätte überfordern können: In 200 000 Sonderzügen, mit Bussen und manchmal mit Binnenschiffen wurden über zwei Millionen Kinder zwischen 6 und 15 Jahren und zu ihrer Betreuung 11 000 Lehrer aus den besonders bombengefährdeten Städten in 12 000 Lager im deutschen oder osteuropäischen Hinterland transportiert.

Viele Eltern nahmen dankbar hin, dass der Staat sie gratis der Fürsorge über den Nachwuchs enthob und die Kinder aus der, im Wortsinn, Schusslinie nahm: Wenn sie dann ihr Kind, nach ärztlicher Untersuchung und zahlreichen Behördengängen – Bearbeitung von Lebensmittelkarte, Bezugs-, Dringlichkeits- und Reisescheinen – in andere Obhut gaben, waren sie im Bombenhagel für viele Monate, manchmal für Jahre einer großen Sorge ledig.

Meist waren ja die Frauen, junge Mütter zumal, auf sich allein gestellt: Sie trugen die Last des Kriegsalltags, sie standen Schlange in den Ämtern und Läden, bangten um ihre Männer im Feld, wenn die denn keinen kriegswichtigen Job zu Hause hatten ergattern können, und fanden nicht einmal nachts Ruhe, weil die Sirenen die Städter in Bunker oder Keller riefen. Tagsüber mussten sie Fenster vernageln, Holzöfen – statt der Zentralheizung, die nicht mehr funktionierte – in wenigstens ein Zimmer einbauen oder gegen die Gefahr von Brandbomben Sand auf die Speicher ihrer Häuser schleppen.

Der Kriegsbeginn hatte vor allem junge Frauen hart getroffen. Nicht nur, dass ihre Freunde auf dem Feld und in der Wehrmacht verschwanden; schon am 4. September 1939 war für Frauen im Alter von 17 bis 25 Jahren, nach dem Ende ihrer Zeit im Bund Deutscher Mädel, unter dem einschmeichelnden Slogan „Ein deutsches Mädchen kann alles!“ eine sechsmonatige „Reichsarbeitsdienstpflicht“ eingeführt worden, die für junge Männer bereits seit vier Jahren bestand.

Nach 1941 mussten die Frauen als Arbeitsmaiden weitere sechs Monate „Kriegshilfsdienst“ leisten – etwa als Flakhelferin, im Luftschutz oder in Sanitätsdiensten. Die „Blitzmädels“, die im militärischen Dienst als Nachrichten-, Wehrmachtshelferin oder Funkerin in Uniform mit aufgenähten Blitzen arbeiteten, waren besonders hoch angesehen.

Ein Netzwerk von Aufpassern, Behörden und Partei-Organisationen hatte sich über Deutschland gelegt, Privatinitiativen ziemlich unmöglich gemacht und Kleinkinder wie Heranwachsende, Mütter und Alte unter Verwahrung genommen. Erst als Bomben und Hunger, Tiefflieger und anrückende alliierte Truppen die Macht der NS-Bürokratie brachen, wuchs im selben Maß wieder die eigene Verantwortung von Müttern, Nachbarn, Freunden.

Aber bis hin zum Verhalten bei Luftalarm war das Leben des braven Deutschen reglementiert. Der Blockwart sorgte für Anstand, Ordnung und leistete heimliche Spitzeldienste für die Partei. Der Luftschutzwart kümmerte sich vor dem Angriff um die Beschaffenheit der Schutzräume, während des Alarms um Ordnung und korrektes Verhalten und nach der Entwarnung um frische Luft, ums Aufräumen, um Hilfe.

Als die Trümmerberge in den Städten wuchsen, begann nach dem Vorbild der Kinderverschickung die Evakuierung auch der Erwachsenen, jedenfalls jener, die in den zerstörten Städten nicht benötigt und eher als lästig – im Behördenjargon: „entbehrlich“ – empfunden wurden. An alle Berliner Haushalte wurden im August 1943 Handzettel mit entsprechender Aufforderung verteilt.

Den nicht berufstätigen Frauen, den Kindern und Alten gegenüber wurde erst sanfter, dann brutaler Druck angewandt: Ausweise für die Benutzung öffentlicher Luftschutzkeller oder Bunker wurden von der Partei überprüft und nur jenen belassen, die in den Städten gebraucht wurden, „für alle anderen ist kein Platz mehr“, hieß es lapidar in einem Aufruf der NSDAP.

Eine solche Reise war dennoch nicht einfach und manchmal ohne Wiederkehr: Die offenbar ziemlich mächtige „Nationalsozialistische Volkswohlfahrt“ musste mit einer „Meldekarte für Verwandtenverschickung“ oder einer „U-Karte“ (Umsiedlungskarte) das Einverständnis der Parteidienststelle des künftigen Aufenthaltsortes einholen. Damit konnte, wer wollte oder sollte und zuvor die „Mangelwarenkarte“ und den Abholausweis für die Lebensmittelkarte abgab, beim Amt für Familienunterhalt, das auch die Reisekosten mit der Reichsbahn und die Umzugskosten für die Möbel übernahm, eine „F1-Abreisebescheinigung“ beantragen. Dafür und wegen der Dringlichkeit verzichteten die Behörden auf eine eigene Abmeldung beim Ernährungs- oder Wirtschaftsamt sowie bei der Polizei.

Die „Umquartierten“, so ihr amtlicher Name, mussten sich nach einem Erlass des Reichsinnenministeriums binnen drei Tagen bei der Polizei melden, bei der neuen (Lebensmittel-)Kartenstelle vorsprechen, einen „Räumungsunterhalt“ beantragen, beim Arbeitsamt und bei der zuständigen Wehrersatzdienststelle erscheinen; ihre Kinder mussten bei der Schule und der HJ angemeldet werden. Das Netzwerk war dicht.

Solange die Bürokratie noch herrschte – also je nach Ort noch ziemlich lange bis ins Jahr 1945 hinein –, war selbst das durch den Krieg reduzierte Leben geregelt. Wer noch Zimmer in einer großen Wohnung erübrigen konnte, musste sie abgeben. Als Miete setzte etwa die Württemberger Preisüberwachungsstelle Richtpreise je nach Ausstattung und Größe zwischen 6 und 34 Mark pro Monat und Raum fest. Für Küchenbenutzung erhöhte sich der Preis um etwa fünf, für Zentralheizung um vier, für Strom um eine Reichsmark; „für ein warmes Bad“, so meldete der „Stuttgarter NS-Kurier“ 1944, „beträgt der Preis bis zu 0,60 RM“.

Wenn denn überhaupt die deutsche Bevölkerung durch Bombenangriffe zermürbt, demoralisiert und zum Widerstand gegen das Regime genötigt werden sollte – dies war ja eigentlich die Absicht der britischen Regierung –, so konnte sich dieses Kriegsziel nicht erfüllen: „Bomben privatisieren“, schreibt der Historiker Jörg Friedrich („Der Brand“) und meint damit, dass die Insassen des Netzwerks – die Notgemeinschaften in den Luftschutzkellern, die Ausgebombten und Evakuierten – an die eigene Existenz statt an einen Umsturz des politischen Systems dachten: Fast alle Familien waren auseinander gerissen, in fremder Umgebung, in Sorge um die eigene und der Angehörigen Zukunft. Sorgen privatisieren.

Auch Hitler irrte sich in seiner Einschätzung der Seelenlage der Nation. In einer am 8. November 1943 vom Rundfunk übertragenen Rede anlässlich des 20. Jahrestags des Putschversuchs von 1923 im Münchner Löwenbräukeller, die vor allem den Folgen des alliierten Bombenkriegs galt, tat er kund, aus den „Hunderttausenden von Ausgebombten" sei nun eine „Avantgarde der Rache" geworden, die jetzt erst recht zusammenstehe.

Der „Führer", sonst nicht gerade gläubiger Christ, dankte Gott dafür, dass er Deutschland in seinem Kampf gegen eine Welt voller Feinde zur Seite stehe, und versprach: „Deutsches Volk, sei völlig beruhigt, was auch kommen mag, wir werden es meistern. Am Ende steht der Sieg!"

Ein Jahr später äußerte er sich, allerdings im internen Gespräch mit dem Reichsarchitekten und Rüstungsminister Albert Speer, sarkastisch über die Bombenschäden: „Für unseren neuen Bebauungsplan hätten Sie allein in Berlin 80 000 Häuser abreißen müssen. Leider haben die Engländer diese Arbeiten nicht genau nach Ihren Plänen durchgeführt. Aber immerhin ist ein Anfang gemacht!"

Der eigentlich zuständige Propagandaminister und (seit 1944) „Generalbevollmächtigte für den Totalen Kriegseinsatz", Joseph Goebbels, gab sich weniger zynisch: Er besuchte ausgebombte Stadtviertel etwa in Wuppertal, Köln und Hamburg, er setzte sich bei Gauleitern für örtliche Soforthilfe ein. Er verordnete die 60-Stunden-Woche für die noch arbeitende Bevölkerung, veranlasste die Erfassung der Untätigen und ihren Einsatz bei Aufräumungsarbeiten. Er sorgte für den Bau neuer Unterkünfte und die Aufrechterhaltung öffentlicher Dienste. Er mobilisierte mit dem „Winterhilfswerk" die Solidarität der Deutschen mit ihren Soldaten an der frostkalten Ostfront, für die in wenigen Wochen 67 Millionen Kleidungsstücke gesammelt wurden.

Wohl auch aus Solidarität, diesmal mit den Ausgebombten, die froh sein mussten, an einer öffentlichen Gulaschkanone eine warme Mahlzeit zu ergattern, startete Goebbels nach der Niederlage von Stalingrad Anfang 1943 eine Aktion zur Schließung von Luxusrestaurants im und rund ums Berliner Regierungsviertel, in denen Prominente ohne Abgabe von Lebensmittelmarken tafelten; dafür waren die Preise für derlei „Fettlebe", wie es der Volksmund schnell nannte, zwischen 50 und 100 Mark pro Person exorbitant.

Das berühmteste Schlemmerlokal war das „Horcher“ in der Lutherstraße, zu dessen Stammgästen Reichsmarschall Hermann Göring zählte, dessen Luftabwehr die Bombardements nicht verhindern konnte. Goebbels-Biograf Ralf Georg Reuth behauptet, dass es Görings Intimfeind Goebbels war, der von SA-Leuten mehrmals die Fensterscheiben des „Horcher“ einschmeißen ließ, da er dessen Schließung gegen solch mächtige Kundschaft nicht zu erreichen vermochte. Der Propagandaminister, der um das Verhältnis zwischen Bürgern und Parteispitzen fürchtete, erkannte dennoch in den Bombardements ein wenig Hoffnung für die Zukunft: „Die Positiven werden nur fanatischer in ihrer Siegesgläubigkeit.“

Als der Sieg ausblieb und das folgte, was in Deutschland immer noch euphemistisch „der Zusammenbruch“ genannt wird, errechneten Statistiker und Bürokraten aus dem Grauen und Schmerz der Einzelnen die Bilanz des Bombenkriegs über Deutschland: Über eine halbe Million Zivilisten kamen ums Leben, mindestens ebenso viele wurden verletzt.

Die tatsächliche Opferzahl der Flächenbombardements lag noch höher: Außer den deutschen „Zivilisten“ verloren 32 000 „Ausländer“, also Zwangs- oder Fremdarbeiter sowie Kriegsgefangene, und 23 000 Uniformträger aus Polizei und Wehrmacht ihr Leben. Mit Hilfe der Fremdarbeiter, aber auch mit Hilfe vieler Frauen, die sich in Fabriken verdingten, gelang es, den Bombenangriffen zum Trotz, dass die deutsche Industrieproduktion im Jahr 1944, verglichen mit dem Vorjahr, nur um 14 und die Rüstungsproduktion sogar nur um 6 Prozent sank. Der amerikanische Historiker Gordon Craig: „Die öffentliche Moral blieb intakt.“

Andere, zeitgenössische Worte hatte der Hamburger Polizeipräsident Hans Kehrl in seinem offiziellen Bericht nach den Luftangriffen auf die Stadt im Sommer 1943 gefunden: „Die Haltung der Bevölkerung, die zu keiner Zeit und an keiner Stelle weder eine Panik noch panikartige Erscheinungen aufkommen ließ, war, wie auch ihr Einsatz, der Größe dieses Opfers würdig. Sie entsprach hanseatischem Geist und Charakter, die während der Angriffe in kameradschaftlicher Hilfeleistung und Verbundenheit ihren schönsten Ausdruck fanden und nach den Angriffen durch die Tat einen unbeugsamen Aufbauwillen bekundet haben.“

Angesichts der Zerstörungen in den Wohnquartieren ist dies das heute noch erstaunlichste Paradox jener Tage. Nach einer Statistik des Bundesvertriebenenministeriums aus dem Jahre 1953 verlor Berlin in den Kriegsjahren 1939 bis 1945 etwa 550 000 seiner zuvor 1,7 Millionen Wohnungen. In Köln, dessen Wohnraum zu 75 Prozent zerstört wurde, wohnten im Frühjahr 1945 noch 40 000 Menschen, verglichen mit 777 200 Einwohnern sechs Jahre zuvor.

Im alten Bundesgebiet inklusive Berlin wurden 2,84 Millionen Wohnungen zerstört, 41 Prozent des Wohnungsbestandes aus dem Luftkriegsvorjahr 1939; in dem, was dann die Sowjetzone wurde, waren 640 000 Wohnungen in Trümmern oder nicht mehr benutzbar.

Die Trümmermengen im alten Reichsgebiet wurden nach Kriegsende auf 400 Millionen Kubikmeter geschätzt, in Westdeutschland lagen 310 Millionen – pro Einwohner ergab das eine Menge an „unaufgelockertem" Schutt und Trümmern von 13,5 Kubikmetern: Nur mit dieser Zahl lässt sich eine Vorstellung verbinden.

Eine Hamburger Familie etwa sammelte und klopfte 28 000 unbeschädigte Ziegelsteine, um den Wiederaufbau voranzubringen. Überall in Deutschland wurden, nachdem Leichenwagen und Räumkommandos abgezogen waren, Trümmerfrauen aktiv, die den Schutt zu verwerten suchten. Mit den gesäuberten Ziegeln durften die Wohnlauben in Schrebergärten winterfest gemacht oder leicht beschädigte Häuser repariert werden.

In schwer getroffenen Städten oder Stadtvierteln wurden „Sonderzuteilungen" der Lebensmittelkarten aufgerufen; dann gab es für einen Extraabschnitt 15 Gutscheine für neue Kleidung oder „sogar ab und zu eine kleine Portion richtigen Kaffees", wie sich eine ausgebombte Hamburgerin in ihrem Tagebuch freute.

„Wir hatten keine Zeit, uns zu fürchten", beschrieb die Schriftstellerin Ingeborg Drewitz die Stimmung unter den Überlebenden, „denn es ging um den nächsten Tag, um Feuerholz, um Wasser, um Rüben oder Kartoffeln, um Brot womöglich."

Manchmal auch um Geld. Nach einer Beispielrechnung des „Stuttgarter NS-Kuriers" vom August 1944 konnte ein Rentner für sich und seine Ehefrau als Räumungs-Familienunterhalt sowie an Miet- und Monatsbeihilfen etwa 160 Mark monatlich von verschiedenen Ämtern erhalten. Allerdings: „Hierauf wird die Rente, die er ja von anderer Seite erhält, angerechnet."

Wer von den Umquartierten das Kriegsende an seinem neuen Aufnahmeort erleben musste, war vom Schicksal womöglich gleich mehrfach geschlagen; denn auch nach der NS-Zeit kam wieder eine Bürokratie an die Macht, die besonders mit Evakuierten nachgerade widersinnig umsprang. Als „rückführungsberechtigt“ galten nur jene, die zu einem bestimmten Stichtag ihre Heimatstadt verlassen hatten. Wenn sie zudem über eine Landesgrenze gewechselt waren, erhielten sie den günstigeren Status von „Außenevakuierten“.

Binnenevakuierten wurde weniger staatliche Hilfe zuteil, zumal, wenn sie keinen Anspruch auf Lastenausgleich anmelden konnten – das waren beispielsweise Mieter, die bei der Umquartierung ihre persönliche Habe hatten mitnehmen können.

So befreite sich die neue Bundesrepublik, wenngleich Vermögensnachfolgerin des Reichs, von manchen Ansprüchen, die den rund fünf Millionen Evakuierten vor ihrer Aussiedlung sogar schriftlich zugesichert worden waren; und wer bedenkt, wie relativ problemlos die Aufnahme von fast zehn Millionen Vertriebenen im kleineren Bundesgebiet gelang, muss feststellen, dass zu den Umquartierten offenbar besonders viele ältere oder ärmere Bürger gehörten, denen aus eigener Kraft eine Rückkehr in ihre Heimatorte nicht gelingen konnte.

Noch zwei Jahre nach Kriegsende belief sich die Zahl der (in Westdeutschland registrierten) Evakuierten auf 3,4 Millionen Personen. Selbst für das Jahr 1957, zwölf Jahre nach Kriegsende, als über das Wirtschaftswunderland bereits die ersten Fress- und Reisewellen hinweggezogen waren, weisen die Akten des zuständigen Ministeriums noch 48 000 Anträge von Umgesiedelten auf Rückführung aus.

Im Jahr 1958 – ein Jahr zuvor hat Konrad Adenauers CDU mit ihrem Kampf gegen den „Weltbolschewismus“ die absolute Mehrheit der Mandate im Bonner Bundestag und damit den größten Wahlsieg ihrer Geschichte erzielt – gibt das Bonner Vertriebenenministerium in mehreren Bänden die „Dokumente deutscher Kriegsschäden“ heraus. Der zuständige Staatssekretär Peter Paul Nahm (CDU) würdigt in seinem Vorwort die „großen Leistungen des Aufbaus, der Entschädigung und der sozialen Hilfen“ und fährt dann fort in der Sprache derer, die nichts dazugelernt haben:

„Die größte Leistung hat das deutsche Volk selbst vollbracht. Wenn wir das Wunder der Nachkriegszeit suchen, dann blicken wir nicht in die Schaufenster, auf Lebensstandard und Autoschlangen, sondern auf die nur aus dem Geistigen zu erklärenden Tatsachen: Der deutsche Arbeiter ist dem Proletariat entwachsen, und die durch Vertreibung, Inflation und Ausbombung Entwurzelten sind der Vermassung geistig nicht anheim gefallen. Hier ist das Wunder, das trotz der Katastrophe gewachsen ist."

Soll wohl heißen: Die Niederlage hatte auch ihr Gutes.

Das Regime der Schieber

Die Schwarzmärkte der Nachkriegszeit sicherten einer Generation von Ausgehungerten das Überleben. Doch die illegale Schattenwirtschaft grassierte auch schon Jahre zuvor im zerbombten NS-Reich, ebenso drakonisch bekämpft wie unausrottbar.

VON WOLFGANG BAYER

Der Arbeiter Ernst Otto Voß, nicht vorbestraft, sieben eheliche Kinder, hatte sich ums Vaterland verdient gemacht. Für seine Tapferkeit wurde er im Ersten Weltkrieg mit dem Eisernen Kreuz 2. Klasse dekoriert. Doch der Mannesmut vorm Feinde zählte nicht mehr, als er 1944 polizeilich auffällig wurde.

Voß wurde vorgeworfen, von seiner Arbeitsstätte beim Heeresbekleidungsamt II „6 Oberhäute, 40 Lederplatten, 4 Gummiplatten" entwendet und dem Schwarzmarkt zugeführt zu haben. Aus dem unterschlagenen Rohmaterial, so später ein Richter, hätte man „bald eine Kompanie mit Schnürschuhen" ausstatten können. Ein Komplize von Voß verhökerte Leder und Sohle in kleinen Tranchen auf dem Schwarzmarkt am Alexanderplatz. Ein Paar Langsohlen und ein Oberleder, so der damalige Marktwert, wurden gegen acht oder neun Päckchen Machorka-Tabak eingetauscht.

Der Kellner Jaroslaw Aleksewytsch und der Hausdiener Stephan S. wurden beschuldigt, 60 Pfund Butter in Zweieinhalb-Kilo-Gebinden, Aufschrift „Deutsche Markenbutter", für 230 Reichsmark pro Block unter der Hand verschleudert zu haben. Den Brotaufstrich hatten sie am Arbeitsplatz in der Gaststätte Aschinger mitgehen lassen. Das Gericht kannte keine mildernden Umstände: „Wer in einem derartigen Umfange mit Butter schiebt, wie es die Angeklagten getan haben, ist seiner Persönlichkeit nach ein Volksschädling."

Bernhard Schäfers, ein Krimineller aus dem Zuhältermilieu, war der Kopf einer Clique, die im Sommer 1943 in Ställen und auf Viehkoppeln in der Umgebung Berlins Schweine oder Rinder schwarz schlachtete und „zu Überpreisen“ unter der Hand verhökerte. In einer Reihe von Fällen hatten die Schwarzschlächter Transportprobleme und schnitten nur die Filetstücke aus den getöteten Tieren. Der Rest blieb liegen. Eine Anklage vorm Sondergericht und der Vorwurf besonderer „verwerflicher Gesinnung“ waren die Folge.

Drei Fälle von Diebstahl, Hehlerei und Schwarzhandel, die in den letzten Kriegsjahren abgeurteilt wurden. Voß und sein Komplize kassierten je vier Jahre Zuchthaus, Aleksewytsch und Gehilfe kamen mit Strafen zwischen einem und anderthalb Jahren davon. Schäfers wurde zum Tode verurteilt und hingerichtet.

So unterschiedlich setzten NS-Richter den Strafrahmen, wenn es gegen die heimliche Schattenwirtschaft im Staate ging. Die Deliktart überdauerte, nun mit Geldstrafe oder Gefängnis bedroht, das Kriegsende. Doch was sich unter den Nazis noch weitgehend verdeckt abspielte, unter Kumpels und guten Bekannten, in Kneipenhinterzimmern, Kräuterläden oder am Arbeitsplatz, geriet in den Mangeljahren zum Massenphänomen.

So sehr die Märkte, ob nun in Berlin, Hamburg, Hannover, Frankfurt oder Köln, auch als kriminelle Keimstätten eingeschätzt wurden, so wenig war ihnen beizukommen. Schwundmengen von bis zu 20 Prozent, schätzten die Behörden, waren unversehens dem regulären Güterkreislauf entzogen worden. Noch 1946, so die Polizei, landete die Beute von täglich 250 Einbrüchen in Berliner Lebensmittelgeschäfte postwendend auf den Basars der Bedürftigen.

Die Schwarzmärkte waren für die Menschen überlebenswichtig, wie der Adlershofer Karl Deutmann am 5. August 1945 seinem Tagebuch anvertraute: „Von Brotscheiben, in Öl gebacken, gelebt. Die Flasche haben wir auf dem Tauschwege erworben ... Später wanderten wir durch den Tiergarten bei Kroll vorbei und besuchten die „Schwarze Börse“ am Brandenburger Tor ... Es ist ein Rausch über die Menschen gekommen, zu tauschen, zu handeln, etwas lang entbehrt Schönes wieder einmal zu genießen; es zu besitzen um jeden Preis.“

So wie Deutmann dachten viele aus der Generation der Ausgehungerten und Ausgebombten. Vom Professor bis zur Trümmerfrau beschafften sie im Schwarzhandel, was ihnen fehlte: das Kilo Brot (Marktwert 70 Reichsmark) oder ein Pfund Butter (400 Reichsmark) gegen die Armbanduhr, das erhaltene Meissen oder die Leica.

Ein Woll-Kostüm (3000 Reichsmark) gegen eine Stradivari oder Camel-Zigaretten, das Stück zu 7 bis 13 Mark, gegen den Nerzmantel.

Auch die Sieger dealten kräftig mit. „Ein russischer Offizier saß in einem Auto, hielt ein Messer in der Hand, und vor ihm stand ein Behälter mit Butter. Eine Dolmetscherin saß ihm gegenüber, reichte ihm die Uhren zur Prüfung zu und vermittelte dem Deutschen die Kilo- oder Pfundzahl an Butter oder Speck oder Büchsenfleisch", notierte Zeitzeuge Deutmann.

Vor allem aber an den Zigarettenmarken Camel und Chesterfield der US-GIs orientierte sich der Markt – der für manche Berlinerin auch zum Hort neuer Freizügigkeit geriet. „Amiherd ist Goldes Wert" hieß es in der ersten Berliner Nachkriegsrevue „Schwarzer Jahrmarkt". „Mit einer Schachtel Chesterfield, da macht er meine Schwester wild", dichteten Spötter.

Zumindest die Reminiszenz ans Schachern, Quandeln, Anschaffen und Beschaffen überdauerte die 1948er Währungsreform und spätere Wirtschaftswunderjahre. Bis heute, so die Erkenntnis des Berliner Schwarzmarkt-Forschers Malte Zierenberg, sei die Erinnerung an die Nachkriegsmärkte „Teil des kollektiven Gedächtnisses" der Nation geblieben.

Die illegalen Tauschgeschäfte hatten sich bereits 1942 ausgebreitet. Damals waren die Fleischzuteilungen reichsweit drastisch gekürzt worden. 1943, Folge des Bombenterrors und fortschreitender Erosion des Staates, war das tägliche Regime der Schieber längst fest etabliert – und das nicht ohne Folgen für den Durchhaltewillen der Volksgenossen.

Ein „gewisses Absinken der Widerstandskraft gegen die Versuchung illegalen Erwerbs bezugsbeschränkter Erzeugnisse" konstatierte der Berliner Generalstaatsanwalt beim Kammergericht noch Anfang 1943 in bestem Amtsdeutsch in einem Brandbrief an den Reichsminister der Justiz. Ein Jahr später sah der Chef der Sicherheitspolizei und des SD in einem Geheimdossier die Kriegsmoral gefährdet, solange die Bevölkerung täglich „an Hunderten von Einzelbeispielen erleben" könne, dass „jeder zusehe, wo er bleibe".

Geschäftsleute tauschten, so der Nazi-Polizist, unterschiedslos Waren oder Bezugskarten, selbst „alte und ehrenhafte Handwerksmeister" machten Reparaturen von der Lieferung von Naturalien abhängig. Landwirte sammelten bei Hamstergeschäften Abendgarderobe und feinen Zwirn im knappen Dutzend.

Einer der schillernden Schwarzhändler war Erich B., Dauergast im Berliner Lokal „Lichtburg“. Der Mann mit dem Hang zu akademischen Titeln, formulierte die Staatsanwaltschaft, habe „beschäftigungslos in Berlin herumlungernd ein üppiges Leben vom Ertrag strafwürdiger Geschäfte“ geführt – ein „Großhehler“ also.

Unter anderem sechs Lufthansa-Flüge mit der Geliebten nach Ostpreußen warfen ihm die Ermittler vor, wo er mindestens „60 Pfund Butter und 60 Pfund Speck“ erdealt habe. Gehehlt habe er zudem mit so ziemlich allem, was nach NS-Terminologie längst zum „verknappten“ Warenangebot zählte.

In Haft kam er kurz vor einer geplanten Flucht in die Schweiz. Er habe, so die Anklage vom Februar 1945, mit seinem amtlich so genannten Schleichhandel „böswillig die Deckung des lebenswichtigen Bedarfs der Bevölkerung gefährdet“.

Als ein Berliner Sondergericht wenige Wochen vor Kriegsende den Fall verhandelte, orientierten sich die Richter offenbar schon an den künftigen Zeitläuften. B.s Gefährtin kam mit 1000 Mark Geldbuße davon. Gegen B. selber wurde das Verfahren auf unbestimmte Zeit ausgesetzt. Zuerst solle der Geisteszustand des Angeklagten untersucht werden.

Ein Riesenspaß, ein Alptraum

Die Nazis brachten Zehntausende von Kindern vor den Luftangriffen in Sicherheit – in Lager, in denen der neue Mensch geformt werden sollte.

VON KATHARINA STEGELMANN

Als der 13-jährige Hans Jürgen Benthien aus Hamburg im Oktober 1940 in die Kinderlandverschickung (KLV) aufbrach, wusste niemand, wie lange er wegbleiben würde: „Über Weihnachten", hieß es zunächst, dann sei der Krieg vorbei. Der Junge blieb zehn Monate weg, und als er wieder nach Hause kam, hatte der Bombenkrieg gegen Deutschland gerade erst begonnen.

Hans Jürgen war mit seiner gesamten Klasse von der Oberschule Eppendorf im Lager Bistritz im Böhmerwald untergebracht, in einer Klosterschule, die von Nonnen bewirtschaftet wurde. Die Nonnen hat Benthien in guter Erinnerung: „Die gingen durchs Dorf und sagten den Bewohnern: ‚Wenn ihr in den Himmel wollt, müsst ihr Gänse stiften.' Und das hat funktioniert, Weihnachten gab es Gänsebraten."

Ansonsten gab es jeden Morgen, nach dem Flaggenappell mit Strammstehen und Hitler-Gruß, Marmeladenbrötchen und Muckefuck. Das Essen war „sehr ordentlich", meint der heute 75-Jährige, der Schulunterricht allerdings mäßig. Nachmittags wurde viel Sport getrieben, und schlafen gingen die Jungen nach dem „Zapfenstreich".

So wie Hans Jürgen und seine Kameraden wurden während des Krieges etwa 850 000 10- bis 14-Jährige in so genannten KLV-Lagern untergebracht. Jüngere Kinder fanden Unterschlupf bei Pflegefamilien. Insgesamt wurden mehr als zwei Millionen Kinder und Jugendliche mit der KLV ins Hinterland gebracht.

Berlin und Hamburg waren der Anfang, viele andere Städte folgten: Essen und weite Teile des Ruhrgebiets, Düsseldorf, Köln, Hannover – Orte, die allesamt als besonders „luftgefährdet" galten. Die „Aufnahmegaue" lagen im Süden und Osten des Großdeutschen Reiches, aber auch in annektierten Gebieten. KLV-Lager gab es in

Bayern und Thüringen, Ostpreußen und Schlesien, im polnischen Beskidengebiet und in Ungarn.

Zu Lagern umgewidmet wurden Jugendherbergen, Klöster, Internate, Hotels, Pensionen oder große Schulhäuser. In abgeschiedenen ländlichen Gegenden war die Ausstattung oft primitiv, dort, wo reger Fremdenverkehr herrschte, manchmal geradezu luxuriös. Einige Hoteliers widersetzten sich der Beschlagnahmung ihrer Häuser, weil sie um ihre Existenz fürchteten. Besonders in Kurorten verweigerten Gastronomen erfolgreich die Zusammenarbeit.

Der nationalsozialistischen Führung bot sich mit der Kinderlandverschickung eine außerordentliche Gelegenheit, ihren Einfluss auf den Nachwuchs auszuweiten. Von erzieherischen Absichten war jedoch zunächst gegenüber den Eltern keine Rede. Angeblich ging es nur um das Wohl der Kinder, die Bevölkerung sollte wegen der Luftangriffe, bei denen erstmals auch deutsche Zivilisten ums Leben gekommen waren, beruhigt werden.

Am 27. September 1940 verteilte Reichsleiter Martin Bormann den Führerbefehl zur „Erweiterten Kinderlandverschickung" – eine gigantische Evakuierungsaktion begann. Adolf Hitler persönlich, glauben noch heute viele Betroffene, sorgte sich um den deutschen Nachwuchs.

Dass Hitler mit der KLV mehr erreichen wollte, als die Sicherheit seiner kleinen Volksgenossen zu gewährleisten, wird vor allem daran deutlich, dass er mit der Durchführung und Oberaufsicht des Projekts nicht die Nationalsozialistische Volkswohlfahrt beauftragte, die schon seit 1933 „Kinderlandverschickungen" vor allem für bedürftige Kinder als Erholungsreisen organisiert hatte. Hitler wählte vielmehr Baldur von Schirach zum obersten Herrn der „Reichsdienststelle für die Erweiterte KLV".

Schirach, von 1931 bis 1940 Reichsjugendführer der NSDAP, war Organisator und Leiter der Hitlerjugend. Mit ihm übernahm ein Mann die Verantwortung, der vehement die nationalsozialistischen Erziehungsideale verfocht. Schirachs erklärtes Ziel war „die Erziehung des Pimpfes und des Jungmädels zur nationalsozialistischen Volksgemeinschaft". Die Reichsdienststelle KLV in Berlin wurde mit „bewährten Führern und Führerinnen der Hitlerjugend sowie mit besonderen Fachkräften" besetzt. Damit waren die Machtstellung und Einflussnahme der HJ sichergestellt.

Adolf Hitler hatte die Erziehungsziele der HJ unmissverständlich formuliert: „Meine Pädagogik ist hart. Das Schwache muss weggehämmert werden ... Stark und schön will ich meine Jugend. Ich will eine athletische Jugend. Ich will keine intellektuelle Erziehung. Mit Wissen verderbe ich mir die Jugend."

In den nationalsozialistischen Kinder- und Jugendorganisationen wurde der Nachwuchs systematisch auf seine Bestimmung gedrillt: die Pimpfe auf ihre Rolle als kleine Kämpfer, die Jungmädels auf ihre Sendung als deutsche Mütter.

Der Alltag in den Lagern war – zumindestens auf dem Papier – streng reglementiert. Die Größe der Schlafräume (pro Person mindestens drei Quadratmeter), die Belegungsstärke (mindestens drei Betten), Körperpflege (einmal pro Woche heiß duschen oder baden, Haarewaschen für Mädchen alle zwei Wochen), Weckzeit, Unterrichtsdauer, Erziehungsmaßregeln, Freizeitgestaltung – für alles gab es Bestimmungen, Pläne, Richtlinien.

Nur die Dauer des Aufenthalts wurde im Vagen gelassen. Die KLV-Leitung weigerte sich, exakte Rückkehrdaten zu nennen: „Die Benennung irgendwelcher Termine ist auf jeden Fall zu untersagen." Diese Praxis rief so großen Unmut bei den Eltern hervor, dass der Aufenthalt im KLV-Lager für die Dauer von mindestens sechs Monaten geregelt wurde. Unter Berufung auf „kriegsbedingte" Umstände jedoch konnte die KLV-Führung die Aufenthaltsdauer nahezu beliebig in die Länge ziehen.

Die Leitung der KLV-Heime oblag einem Lehrer, den der Nationalsozialistische Lehrerbund verpflichtete. Er kam in der Regel aus derselben Stadt wie seine Schüler. Ihm „beigeordnet" war ein ausgewählter HJ-Führer, der das Amt des „Lagermannschaftsführers" (LMF) inne hatte.

Vor und nach dem Unterricht gab der LMF den Ton an. Er kontrollierte morgens Schränke und Betten oder die Sauberkeit der Hände. Er war für die Einhaltung der Zeitpläne verantwortlich, er leitete die Sportstunden und gab das Kommando zum Essen: „Haut rein!"

Disziplin, Kameradschaft, Ehre, Härte, ganz allgemein „Zackigkeit" – das waren die Eigenschaften, die von einem deutschen Jungen erwartet wurden. KLV-Chef Schirach erkannte im Lagerleben die „ideale Form des Jungenlebens", die Gemeinschaft galt alles und der Einzelne nichts.

Kämpfer fürs Vaterland sollten die Jungs werden und mussten täglich in Geländespielen den Ernstfall üben. Nach dem darwinistischen Motto „der Stärkere gewinnt" gingen die Halbstarken aufeinander los: für manche ein Riesenspaß, für schwächere, unsportliche Knaben ein Alptraum.

Nicht nur der militärische Drill war manchem ein Gräuel. Das lange Zusammenleben konnte zum Horror werden, denn die Idee vom „Kampf jeder gegen jeden", von der Durchsetzungskraft des Stärkeren, fruchtete mancherorts nur zu gut. Innerhalb der Lagermannschaft setzte sich eine unbarmherzige Hackordnung durch: „Jeder wusste genau, wem er die Schuhe putzen musste und von wem er die Schuhe geputzt bekam, für wen er die Schulaufgaben machen musste und wer ihm die Schulaufgaben machte, ja, wen er nachts manuell befriedigen musste und wer ihn zu befriedigen hatte", beschreibt Jost Hermand seine KLV-Zeit in seinem Buch „Als Pimpf in Polen – Erweiterte Kinderlandverschickung 1940–1945".

Doch viele verdrängten ihre negativen Erinnerungen. Läuseplagen oder Krätzeepidemien, an denen unzählige Kinder litten, fanden die meisten nicht so schlimm. Bedrückender war die Sorge um die Verwandten in der Heimat oder an der Front und das grausame Heimweh, das fast alle hatten.

Im Volksmund war bald die Rede von der „Kinderlandverschleppung". Immer mehr Eltern holten ihre Kinder trotz wachsenden moralischen Drucks und angedrohter Sanktionen vorzeitig zurück. Jugendliche wurden von der Oberschule verwiesen; vorzeitig zurückgekehrten Kindern konnten die Behörden die Zuteilung von Lebensmittelkarten verweigern.

Die Kinder selbst empfanden die KLV oft als Abenteuer und willkommene Abwechslung. Irmgard Düring, die mit ihrer Zwillingsschwester und 34 anderen Mädchen ihrer Schule im Oktober 1942 in die Nähe von Karlsbad verschickt wurde, erinnert sich: „Wir waren Feuer und Flamme. Unser Vater bot uns 50 Mark, wenn wir zu Hause blieben, aber das kam überhaupt nicht in Frage."

Die 12-jährige Irmgard verbrachte fünf Monate in der „Villa Beaufort". Ihre Klassenlehrerin leitete das Lager nicht gerade nach nationalsozialistischen Vorstellungen: Uniformen mussten die Mädels nur bei offiziellen Anlässen tragen, der obligatorische Fahnenappell vorm Frühstück wurde am ersten kalten Tag gestrichen, die Post kaum kontrolliert, Rassenkunde stand nicht auf dem Lehrplan.

Irmgard Dürings Mann Hans-Ludwig machte andere Erfahrungen. Der kleine Hans-Ludwig kam im März 1943 mit 13 Jahren nach Ungarn, wo die Hitler-Jungen bei „volksdeutschen" Donauschwaben einzeln auf Bauernhöfen untergebracht waren. Dort wurden sie verköstigt und erfuhren so etwas wie Fürsorge, die Bauern bemühten sich, den Jungs ein Zuhause zu geben.

Doch der Drill im Lager war perfekt. Sowohl der Lehrer als auch der von der HJ abgestellte Lagerführer waren stramme Nazis, und beide genossen ihre Machtstellung. „Bei kleinsten Vergehen mussten wir strafexerzieren", sagt Düring. „Alle vier Paar Schuhe hatten durchgebrochene Brandsohlen, wegen der ganzen Marschiererei und der Strafaktionen."

Der Junge sollte ursprünglich sechs Monate in Ungarn bleiben, aber nach den schweren Bombenangriffen im Juli 1943 verlängerten die KLV-Oberen den Aufenthalt bis Mitte Januar 1944. „Er selbst", sagt Düring, „habe die ganze Sache noch ganz gut überstanden." Schlimmer dran war ein Mitschüler, „den der Lehrer immer wieder schikanierte". Der Junge war während des Aufenthalts an Epilepsie erkrankt.

Die Erlebnisse der KLV-Kinder waren so unterschiedlich wie die Lager, die Leitung – und die Kinder selbst. Die Kinderlandverschickung hat gewiss vielen das Leben gerettet. Geprägt hat sie alle. „Eigentlich war es ziemlich hart, aber es hat mir nicht geschadet", erklärt eine heute fast 70-Jährige.

Die Tochter eines Kaufmanns war in einem KLV-Lager untergebracht, in dem fast die Hälfte aller Kinder ihre Eltern bei einem Luftangriff verloren. Nachdem ihre Heimatstadt bombardiert worden war, musste sie mehrere Wochen auf Nachricht von ihrer Mutter warten. Sie war keine elf Jahre alt und verrückt vor Angst. Der Lehrer, der sie nicht leiden konnte, sagte ihr voraus, sie sei gewiss auch Waise geworden. „Aber das", sagt die alte Dame, „war das einzig wirklich Schreckliche."

Bomben für den Aufbau

Den NS-Architekten kam der Luftkrieg gerade recht. Er beseitigte viele alte Baustrukturen, die den Neuerungsvorhaben des „Führers" im Wege waren. Nach 1945 kamen die Nazi-Planer erneut zum Zug und prägten den Wiederaufbau des zerstörten Landes nach Hitlers Ideen.

VON HEINRICH SCHWENDEMANN

Am 14. März 1944 besuchte Reichspropagandaminister Joseph Goebbels seinen „Führer" auf dem Berghof. Beide saßen „ein paar Stunden plaudernd am Kamin zusammen", wie Goebbels anschließend in seinem Tagebuch protokollierte. Sie unterhielten sich über „Theater-, Konzert- und Filmfragen" und kamen dann auch auf die alliierten Luftangriffe zu sprechen, die im Frühjahr 1944 einen infernalischen Höhepunkt erreicht hatten.

Dann setzte Hitler zu einem gespenstischen Monolog an. Der feindliche Luftterror sei schlimm, „insbesondere für unsere mittelalterlichen Städte"; aber er habe doch „auch insofern etwas Gutes, als er diese Städte überhaupt für den modernen Verkehr aufschließt". Städte wie Regensburg würden in absehbarer Zeit sowieso nur noch Museumsstücke sein. Schön, ein paar davon zu haben, meinte der Kriegsherr, aber in ihrer Vielzahl „würden sie einer gesunden Entwicklung unseres modernen Verkehrs- und Wirtschaftslebens nur immer wieder hindernd in den Weg treten".

Bereits früher hatte Hitler Positives im Feuersturm entdeckt. So sagte er Ende Juni 1943 dem Tagebuchschreiber Goebbels: „Dass die Städte selbst in ihrem Kern getroffen werden, ist von einer höheren Warte aus gesehen nicht ganz so schlimm. Die Städte stellen keine guten Bilder im ästhetischen Sinne dar. Die meisten Industriestädte sind schlecht angelegt, muffig und miserabel gebaut. Wir werden durch die britischen Luftangriffe hier Platz bekommen. Die Neubaupläne, die für das Ruhrgebiet entworfen sind, hätten sich sonst ja sowieso immer an den vorhandenen Gegebenheiten gestoßen."

Schon damals – nicht erst im berüchtigten „Nero-Befehl" vom März 1945 – liebäugelte der Führer mit der Totalzerstörung.

Nicht nur Kriegsherr Hitler sah in den alliierten Flächenbombardements die Chance, Deutschlands Städte neu zu gestalten. Auch viele Architekten und Planer der NS-Zeit freuten sich auf diese „einmalige Gelegenheit in der Geschichte". Bereits während des Krieges hatte eine ganze Reihe von ihnen in großem Stil mit den Planungen für die Zeit danach begonnen.

So meinte ein Mitglied des „Arbeitsstabs Wiederaufbauplanung zerstörter Städte", der Hamburger Architekt Konstanty Gutschow, im Frühjahr 1944: „Dem allergrößten Teil der baulichen Zerstörung (Hamburgs) weinen wir keine Träne nach" – blanker Zynismus angesichts der Tatsache, dass in Hamburg im Juli 1943 bei den alliierten Bombardements 40 000 Menschen umgekommen sind und die Hälfte der Bausubstanz zerstört wurde.

Die Mentalität der NS-Städtebauer belegt auch eine Stellungnahme des Bremer Baurates Wilhelm Wortmann vom Dezember 1943: „Der Krieg und besonders der Luftkrieg versetzt der Großstadt von gestern und heute den Todesstoß und schlägt eine mächtige Bresche für den Kampf um ihre umfassende Gesundung und wahre Neugestaltung."

Dass Wortmann nach 1945 den Aufbau Bremens maßgeblich mitbestimmt hat, ist nur einer von vielen Belegen für einen ernüchternden Befund: Es gab im Städtebau keine „Stunde null". Den Wiederaufbau führten nach 1945 die Städteplaner durch, die diesen in wesentlichen Grundzügen schon während des Krieges vorbereitet hatten. Lediglich die braune Tünche musste abgestreift, mancher NS-Baufunktionär als der Sache verpflichteter Technokrat entnazifiziert werden. Mehr brauchte es nicht.

Die Zerstörung der historisch gewachsenen Strukturen deutscher Großstädte war seit der NS-Machtergreifung 1933 vorbestimmt gewesen: Auch ohne Bombenkrieg wäre deren Zuschnitt entscheidend verändert worden. Der neue Reichskanzler und „Führer" des Deutschen Reiches, Adolf Hitler, verstand sich von Anfang als oberster „Baumeister Deutschlands", im wahrsten Sinne des Wortes.

Gegen seinen Willen sei er Politiker geworden, seine eigentliche Berufung sei die eines Architekten, gab er bei jeder Gelegenheit zum Besten. Architektur und Städtebau waren die Bereiche, denen er sich mit großem Nachdruck zum „Freizeitvergnügen“ widmete. Bei der Betrachtung städtebaulicher Modelle und Pläne, so beobachteten viele Gesprächspartner, soll Hitler sich stets entspannt gezeigt haben.

Ab 1933 ließ Hitler eine Fülle architektonischer und städtebaulicher Planungen in Gang setzen, die am 4. Oktober 1937 im „Gesetz über die Neugestaltung der deutschen Städte“ gebündelt wurden: Ausgewählte Städte sollten grundlegend umgestaltet werden, gigantische Bauwerke „hineinragen gleich den Domen unserer Vergangenheit in die Jahrtausende der Zukunft“. Noch deren Ruinen sollten in ferner Zukunft von der Größe und Macht des nationalsozialistischen Reichs künden.

Den kongenialen Partner zur Umsetzung seiner Visionen fand Hitler in dem jungen, machtbesessenen Architekten Albert Speer, den er 1937 zum „Generalbauinspekteur für die Reichshauptstadt“ Berlin ernannte, der künftigen Welthauptstadt „Germania“. Dort sollten protzige Riesengebäude in einem neoklassizistischen Stil entstehen wie etwa die „Große Halle“, konzipiert als größtes Gebäude der Welt, mit einem Fassungsvermögen von 180 000 Volksgenossen. In der Stadtmitte sollten sich eine 38 Kilometer lange Nord-Süd- und eine 50 Kilometer lange Ost-West-Achse kreuzen, als Mittelpunkt eines weiträumigen Verkehrsnetzes mit über hundert Meter breiten Prachtstraßen für Aufmärsche von Partei und Wehrmacht.

Dieser verkehrsgerechte Ausbau der Städte war neben der Errichtung monumentaler Bauwerke das wichtigste Anliegen Hitlers. Immer wieder äußerte er, die Zukunft der Motorisierung gehöre dem „Volkswagen“ des mobilen „Volksgenossen“.

Der „Führer“ wollte in den Städten Platz schaffen für Millionen Autos: „Ich sehe die Entwicklung des Verkehrs vor mir und weiß, dass in zehn Jahren besonders der Kraftwagenverkehr ein ungeheurer sein wird.“ Das bereits im Bau befindliche Autobahnnetz würde die Städte miteinander verbinden, die wiederum durch Durchbrüche und neue Trassen autogerecht gemacht werden sollten.

Die Planvorgaben für Berlin waren Vorbild für andere Städte: 1939 waren bereits 18 Städte für den Umbau vorgesehen, und im Sommer 1940 – nach dem Sieg über Frankreich – befahl Hitler ein umfassendes Bauprogramm: In den deutschen Großstädten sollte sich die „Größe unseres Sieges“ in der Monumentalität neuer Bauten und urbaner Räume widerspiegeln.

Bis Frühjahr 1941 waren 41 Städte in das „Umbauprogramm des Führers" einbezogen, darunter die fünf „Führerstädte", die besonders aufwendig verändert werden sollten: Berlin und Nürnberg durch Albert Speer, Hamburg durch Konstanty Gutschow, München durch Hermann Giesler und Linz durch Roderich Fick. Tausende Architekten, Ingenieure, Techniker, Bauzeichner und Bildhauer arbeiteten in den Planungsstäben – allein in Berlin waren es zeitweilig über 1000, in München über 700 und in Hamburg 250 Personen.

Das Bild der Städte hätte sich entscheidend verändert: Jede Gauhauptstadt sollte ein „großzügiges" Gauforum erhalten mit einem Achsenkreuz als Verkehrsknotenpunkt, einem riesigen Aufmarschplatz, wuchtigen Gebäuden für Partei und Staat – von der Versammlungshalle bis zu dem von Hitler als besonders wichtig empfundenen Theater. Die Gauleiter suchten sich in ihren Projekten gegenseitig zu übertreffen, wobei Hitler immer das letzte Wort hatte.

Die während des Bombenkriegs zu Tage getretene Geringschätzung der historischen Bausubstanz zeichnete sich damals schon in vollem Ausmaß ab: Die Planer nahmen keinerlei Rücksicht, denn ihre Umgestaltungsprojekte erforderten riesige städtische Räume, die nur durch eine entsprechende Abrisspolitik zu gewinnen gewesen wären.

Speer schätzte, dass in den Großstädten zehn Prozent des Wohnungsbestands abzureißen seien. Allein für die Umgestaltung Berlins sah sein Stab die Vernichtung von 53 624 Wohnungen vor. Ganze Straßenzüge wurden zwischen 1939 und 1942 platt gemacht – obwohl die Briten bereits massierte Luftangriffe flogen. In den Worten der Speer-Beamten „erleichterten" die britischen Bomber die Abrissarbeit durch „wertvolle Vorarbeit für Zwecke der Neugestaltung".

Auch in anderen Städten waren radikale Eingriffe in die Bausubstanz vorgesehen: In Köln etwa hätte ein monumentales Achsenkreuz in Nord-Süd- und Ost-West-Richtung das Gefüge der Innenstadt völlig verändert. München sollte durch Monumentalbauten völlig neu gestaltet werden. Die Planungen, die das Ende der historisch gewachsenen Stadtkultur in Deutschland bedeutet hätten, waren bis 1942 in vollem Gang. Dann aber vernichteten die alliierten Flächenbombardements massenhaft Wohnraum, und die Zielvorgaben der NS-Städteplaner mussten zwangsläufig geändert werden.

Wie auf anderen Gebieten erwies sich der Nationalsozialismus auch in der Architektur als Mixtur von Tradition und Moderne. Gerade die jüngere Generation der Architekten und Ingenieure wollte die Möglichkeiten industrieller Massenproduktion für eine grundlegende Umgestaltung der Städte nutzen. Deren Leitfiguren waren Hitlers Autobahnbauer und späterer Rüstungsminister, Fritz Todt, sowie dessen Nachfolger, Albert Speer. Bekanntlich war auch Hitler ein Technikfanatiker, der „neuartige Baustoffe wie Stahl, Eisen, Glas und Beton" pries.

Die Städte sollten allerdings nicht nur durch repräsentative NS-Architektur grundlegend umgestaltet werden. Die Großstadt galt den Nazis als Produkt einer durch Industrialisierung verursachten Fehlentwicklung, als „Schädling am Volkstum", „als biologischer Krankheitsherd".

So wurde seit der Machtergreifung über die Gestaltung der Großstadt vor allem unter ideologischen Prämissen diskutiert: Die „gesunde" bäuerlich-kleinstädtische Lebensweise sollte in die Stadt transferiert werden. Das Regime sah darin die Voraussetzung für das gewünschte Bevölkerungswachstum.

Die NS-Raumplaner hatten Thesen aus der internationalen Diskussion über den Städtebau der Zukunft übernommen – von der Idee der „Gartenstadt" bis hin zum Konzept der funktionellen Stadt Le Corbusiers. Diese Ideen wurden nach den rasse- und bevölkerungspolitischen Zielen ausgerichtet: Die NS-Wohnungspolitik wollte dörfliches Gemeinschaftsleben auf „Siedlungszellen" in einen neu zu gestaltenden städtischen „Lebensraum" übertragen.

Allerdings war der öffentlich geförderte Wohnungsbau wegen der Rüstungspolitik Ende der dreißiger Jahre ins Hintertreffen geraten. Wegen des steigenden Wohnungsbedarfs drohte das „Volk ohne Raum" zum „Volk ohne Wohnraum" zu werden. Auch hier wirkte die Siegeseuphorie des Jahres 1940. Parallel zum prunkvollen Umbau der deutschen Städte sollte ein „Wohnungsbauprogramm des Führers" in Gang gesetzt werden: Propagiert wurde nun die industrielle Serienfertigung von genormten Wohnungen – „für die breite Masse" und „mit geringstmöglichem Aufwand an Arbeit und Material".

Damit war zu Beginn der vierziger Jahre das Modell der künftigen nationalsozialistischen Großstadt festgelegt, das den Ordnungsvorstellungen des Regimes entsprach. Die „steinerne Stadt" als urbaner Verdichtungsraum sollte von der aufgelockerten, gegliederten „Stadtlandschaft" abgelöst werden: In der Innenstadt die repräsentativen monumentalen Bauwerke von Staat und Partei einschließlich Geschäftszentren. An der Peripherie die mehrgeschossigen Mietwohnungsareale, davon getrennt die Industriebetriebe.

Hitlers Architekt für Hamburg, Konstanty Gutschow, entwickelte in seinem Generalbebauungsplan vom November 1940 das Konzept einer „organischen Stadtlandschaft" erstmals für eine Großstadt: „Nicht mehr wie ein Pfannkuchenteig soll sich das Häusermeer über die Umgebung ausbreiten, sondern in wohlgeordneten Gemeinschaften, die dem geschlossenen Dorf oder der Kleinstadt gleichen" – zwecks neuer „Gemeinschaftsbildung unseres Volkes in Anlehnung an seine politische Neugliederung".

Je länger sich jedoch der Krieg hinzog, desto mehr verzögerte sich die Umsetzung der Planungsentwürfe. Als Erster zog Speer, der im Februar 1942 als Nachfolger Fritz Todts Rüstungsminister und damit zugleich Herrscher über das Bauwesen im Reich geworden war, die Konsequenzen. Am 24. Februar 1942 teilte er den Gauleitern mit: „Der Führer selbst hat schweren Herzens der Einstellung aller Arbeiten für die Neugestaltung der Reichshauptstadt zugestimmt." Speer forderte die Gauleiter auf, dies ebenso zu tun.

Als die Briten im Frühjahr 1942 mit Flächenbombardements begannen und die Innenstädte von Lübeck, Rostock und Köln in Flammen aufgingen, hatten sich die mittelalterlich geprägten Altstädte mit ihren engen Straßen und Gassen als ideale Zerstörungsobjekte erwiesen, die engen Gassen als Todesfallen.

Aus den Planungsstäben für die Umgestaltung der Städte wurden so notgedrungen Stäbe für den Wiederaufbau. Die „Richtlinien für den baulichen Luftschutz im Städtebau" schrieben den betroffenen Städten bereits 1942 eine „weiträumige Gestaltung der Städte und Siedlungen" vor. Auch militärische Aspekte spielten eine Schlüsselrolle: Von der dezentralen Stadt erhoffte man, sie werde weniger Angriffsflächen für Luftangriffe bieten als herkömmliche Stadtzentren.

Im Oktober 1943 beauftragte Hitler Albert Speer, den Neuaufbau der zerstörten Städte planerisch und organisatorisch vorzubereiten. In einer Grundsatzrede vor Parteifunktionären und Architekten gab

Speer Ende November die Richtlinien künftiger Wiederaufbaupolitik vor. Die repräsentative Neugestaltung der Stadtzentren war keinesfalls aufgegeben worden, aber angesichts der massenhaften Wohnraumzerstörung hatten sich die Prioritäten geändert.

In seiner Ansprache am Neujahrstag 1944 beteuerte Hitler, dass „nach dem Krieg zwei bis drei Millionen Wohnungen pro Jahr" gebaut würden. Dann tönte er: „Wir werden unsere Städte schöner bauen, als sie vorher waren. Der organisierte nationalsozialistische Volksstaat wird in wenigen Jahren die Spuren dieses Krieges beseitigt haben. Aus den Ruinen wird eine neue deutsche Städteherrlichkeit erblühen."

Seinem Propagandaminister erklärte Hitler, was er damit meinte: „Es ist klar, dass unsere im Mittelalter gebauten alten Städte zum großen Teil für den modernen Verkehr gar nicht aufgeschlossen werden können. Eine Stadt wie Magdeburg etwa passt in die heutige Zeit nicht mehr hinein. Es kann deshalb im Hinblick auf die Gegenwart bedauert werden, dass der Feind uns hier eine Vorarbeit leistet; für die Zukunft wird daraus nur Segen entspringen."

Die Vorgaben ihres „Führers" nahmen Hitlers Architekten gern auf. Speer setzte einen „Arbeitsstab Wiederaufbauplanung" ein, der die „einmalige Gelegenheit in der Geschichte benutzen" wollte, „unsere deutschen Städte schöner und zweckmäßiger wiederaufzubauen".

Alles, was unter den deutschen Architekten und Städteplanern Rang und Namen hatte, wurde im Verlauf des Jahres 1944 in den Arbeitsstab einbezogen – darunter Planungsexperten wie Konstanty Gutschow, dessen frühere Mitarbeiter Rudolf Hillebrecht und Wilhelm Wortmann oder der Bauchef der Deutschen Arbeitsfront, Julius Schulte-Frohlinde. Im Frühjahr 1945 stieß sogar der spätere Bundespräsident, Baurat Heinrich Lübke, zum Arbeitsstab Speers dazu.

Die Planer Gutschow und Hillebrecht machten Anfang 1944 eine Rundreise durch 24 zerstörte Städte. Erfreut konstatierten sie zwischen den Trümmern allenthalben Bestätigung für „Führers" Konzept. Jedenfalls, so schrieben sie, werde dessen Ruf nach dem Stadtbau mit aufgelockerter Gliederung, geringer Besiedlungsdichte und Flachbauweise „durch Luftkriegserfahrung als richtig unterstrichen".

Speers Aufbaustab zog im Sommer 1944 in ein luftkriegssicheres Barackenlager in Wriezen bei Berlin um. Dort entstand ein Zwischenbericht, der die planerische Verantwortung für den Neuaufbau der zerstörten Städte aufteilte. Den bestimmten nach Kriegsende weitgehend die Planer aus der Speer-Ära, deren intakt gebliebenes „Beziehungsgeflecht" Architekturhistoriker wie der Darmstädter Werner Durth beschrieben haben.*

Konstanty Gutschow etwa war von Speer für die Planung Hamburgs, Kassels und Wilhelmshavens vorgesehen. Die Briten, die den Hamburg-Experten im Sommer 1945 zunächst als Chef der Hamburger Wiederaufbaubehörde eingesetzt hatten, entließen ihn zwar bald darauf als politisch belastet. Aber der Mann kam andernorts unter. Denn Friedrich Tamms, ein anderes Mitglied des braunen Stabes, durfte 1948/49 den Neugestaltungsplan für Düsseldorf erstellen und holte anschließend Konstanty Gutschow mitsamt einer Reihe früherer Mitstreiter an den Rhein. Einer von ihnen, Julius Schulte-Frohlinde, durfte den Düsseldorfern in den fünfziger Jahren sogar das städtische Verwaltungsgebäude im klassischen NS-Stil bauen.

Besonders beispielhaft wurde die Vision der NS-Städteplaner in Hannover umgesetzt – kein Wunder, denn dort hatte man Rudolf Hillebrecht 1948 zum Stadtbaurat gewählt. Hillebrecht zog seinen früheren Chef Gutschow als Berater heran, und beide konnten in den fünfziger Jahren Hannover nach den im Krieg entwickelten Vorstellungen aufbauen.

Die Stadt an der Leine galt in den fünfziger Jahren als Modell einer modernen Stadtgestaltung – auch unter Aspekten des Luftschutzes, wurde doch in der Ära des Kalten Krieges allenthalben mit einem neuen Krieg in Europa gerechnet.

Zentraler Leitfaden für den Städtebau der Nachkriegszeit war das 1948 vom früheren Stadtbaumeister Stettins, Hans Bernhard Reichow, veröffentlichte Buch mit dem Titel „Organische Stadtbaukunst. Von der Großstadt zur Stadtlandschaft" – die bereinigte Fassung einer Publikation aus dem Jahr 1941.

Wurde damals die „Stadtlandschaft" in den volkstumspolitischen Kontext eingebunden, so war die NS-Terminologie jetzt getilgt: Aus

* Werner Durth: Deutsche Architekten. Biographische Verflechtungen 1900–1970. Karl Krämer Verlag, Stuttgart und Zürich. 2001.

der „Siedlungszelle" wurde das Konzept der „Nachbarschaft". Auch dass der öffentliche Mietwohnungsbau nach den standardisierten Normen preisgünstiger Massenproduktion durchgeführt wurde, hatte die „Deutsche Arbeitsfront" bereits 1940 in ihrem Konzept des „sozialen Wohnungsbaus" formuliert.

Am Ende behielt Städtezerstörer Hitler Recht mit seiner Voraussage: „Berlin und Hamburg, München und Köln, Kassel und alle anderen großen und kleinen beschädigten Städte wird man wenige Jahre nach Kriegsende kaum mehr wiedererkennen!" Dafür sorgten schon Albert Speers Mannen, die den Wiederaufbau in der alten Bundesrepublik mit ihrem ideologisch bereinigten NS-Städtebaukonzept bis ins Einzelne prägten.

Hitlers Voraussage, die Städte würden „schöner errichtet, als sie vorher waren", haben die alten Baumeister allerdings nicht erfüllt.

„Man war schon im Grab"

Abertausende Blindgänger stecken noch immer im Boden der Republik – hochexplosive Hinterlassenschaft des Bombenkriegs. Die Beseitigung ist ein gefährlicher Job und eine „Arbeit für Generationen".

VON ULRICH SCHWARZ

Routiniert wie immer, konzentriert und äußerlich gelassen hantieren die Sprengmeister Manfred Schubert und Peter Voß an den Zündern der englischen Luftmine im Elbschlick des Hamburger Hafens. Mehr als zwei Meter hoch ist die Fliegerbombe aus dem Zweiten Weltkrieg, 1,3 Tonnen Hochleistungssprengstoff stecken in dem „Teufelsei".

Rund um die beiden Männer ist das Terrain menschenleer. Im Umkreis von einem Kilometer wurden alle Gebäude geräumt. Knapp 50 Minuten brauchen Schubert und Voß. Dann sind sie erlöst.

Die Luftmine vom Hamburger Hafen gehört zu jener Hinterlassenschaft des Bombenkriegs, die in deutschen Städten noch Angst und Schrecken verbreitet – Blindgänger. Mehr als eine Million Tonnen Spreng-, Brand- und Phosphorbomben haben Engländer und Amerikaner auf Deutschland geworfen, etwa 12 Prozent der schaurigen Ladung sind nach alliierten Angaben nicht explodiert, ein Großteil steckt noch immer in deutschem Boden – in Mooren und auf freiem Feld, unter ehemaligen Industriebrachen, aber auch tief in der Erde jener Innenstädte, die sich zwischen 1942 und 1945 in riesige Trümmerlandschaften verwandelten.

60 Jahre danach gibt es keine deutsche Großstadt, in deren Boden Bagger unbeschwert buddeln können. Allein in Hamburg liegen nach Schätzungen von Schubert noch 1500 der 107 000 hochgefährlichen Sprengbomben, die Piloten der Royal Air Force und der US-Luftwaffe bei mehr als 200 Luftangriffen nebst vier Millionen Stabbrandbomben und 60 000 Phosphorbomben auf die Hansestadt haben regnen lassen.

In der Metropole Berlin, der meistbombardierten deutschen Stadt, geht der Senat von 3000 noch immer tickenden Zeitbomben aus, dazu kommen in der Hauptstadt und dem brandenburgischen Umland ungezählte Mengen an Granaten, Minen und Patronen. Besonders hart getroffen ist die kleine Stadt Oranienburg (30 000 Einwohner) nahe Berlin. Über den Auerwerken kippten Bomberpiloten im März 1945 mehr als 22 000 Bomben ab. Die Alliierten vermuteten, in den Kellern der Fabrik, die Gasmasken herstellte, würde an der deutschen Atombombe gearbeitet.

An die 2000 Blindgänger schlummern seither im Boden der Kleinstadt. Die DDR ging mit den Altlasten ziemlich sorglos um. Erst nach der Wende begann die systematische Suche. Rund 90-mal wurden in Oranienburg seither wegen Blindgängeralarm Tausende Menschen evakuiert. Ein Ende ist nicht abzusehen.

Wie gefährlich die verborgene Bodenfracht ist, zeigt sich immer wieder auf den Baustellen der Republik. 1994 kamen im Berliner Bezirk Friedrichshain drei Bauarbeiter zu Tode, als ein Bagger bei Ausschachtungsarbeiten den Zünder einer tief unter der Erde versteckten amerikanischen Fliegerbombe traf. Insgesamt starben durch detonierende Blindgänger zwischen 1945 und 1951 in der Bundesrepublik mehr als 5000 Menschen. Zahlen für die DDR gibt es nicht.

Als der Bombenkrieg begann, waren die Sprengstoffspezialisten der deutschen Wehrmacht auf beschauliche Zeiten eingerichtet. In der noch aus dem Ersten Weltkrieg stammenden Verordnung zum Umgang mit Blindgängern hieß es: „Sofort nach Auffinden ist die nächste Umgebung im Umkreis von etwa drei Metern abzusperren. Die Blindgänger sind durch Warnungstafeln zu kennzeichnen, die bei Dunkelheit durch vorschriftsmäßig abgeblendete Lichtquellen zu beleuchten sind.“ Ein makabrer Bürokraten-Scherz, wie die Bombenräumer spätestens 1942 mit Beginn der Flächenbombardements durch die Engländer feststellen mussten.

Als gefährlichste Waffen unter den Blindgängern erwiesen sich rasch die Bomben mit chemischen Langzeitzündern. Da diese Zünder technisch nicht ausgereift waren, befanden sich unter den so genannten LZZ-Bomben besonders viele Versager, nach Schätzungen von Experten rund 80 Prozent. Diese „Teufelseier“, wie sie die Sprengmeister nennen, sind nach wie vor unberechenbar, weil niemand weiß, ob der Zündmechanismus noch intakt ist. LZZ-Blindgänger können bei der geringsten Erschütterung detonieren. „Manchmal“, sagt Schubert, „genügt das Streicheln einer Daunenfeder.“ Aus diesem Grund ist auch der Transport solcher Bomben auf einen Sprengplatz, um sie dort zur Explosion zu bringen, kaum möglich.

Wie viele Feuerwerker der Wehrmacht und wie viele ihrer Helfer im Krieg umgekommen sind, ist nicht erfasst. Die meisten Unterlagen der Räumkommandos sind bei Kriegsende verloren gegangen.

Auch Augenzeugenberichte wie der des Münchner Sprengmeisters Karl Nakel sind kaum überliefert. Nakel entschärfte während des Krieges zwischen Koblenz und Passau sowie in der italienischen Po-Ebene 6000 Bomben. Über seinen Job erzählte er nach dem Krieg:

„Während der ersten zehn Bomben hat jeder Angst. Bomben entschärfen kann aber auch zur Leidenschaft werden. Wir Feuerwerker haben untereinander gewetteifert, wer mit dem wenigsten Werkzeug die gefährlichsten Zünder herausbringt.

Wir sind manchmal sechs Tage lang nicht aus den Kleidern gekommen. An einem Heiligabend entschärfte ich 46 Bomben. Dadurch konnten die Menschen Weihnachten noch in ihre Wohnungen.

Wir haben oft unser Leben riskiert. Häufig mussten wir, an den Füßen aufgehängt, mit dem Kopf nach unten Bomben entschärfen. Dann gab es Lehmgebiete, da ging die Bombe vier Meter hinunter, da mussten wir im Finstern die Bombe entschärfen. Man war schon im Grab drin. Bei jeder Bombe machte man die Erkennungsmarke und den Ehering ab – und ließ alles im Auto. Dann ging es an die Bombe, es war ein bewusstes Sterben.“

Ab 1940 setzte die Wehrmacht auf ausdrücklichen Befehl von Adolf Hitler und SS-Chef Heinrich Himmler als Helfer auch Strafgefangene und vor allem KZ-Häftlinge ein. Die Wehrmacht war zunächst gegen den Häftlingseinsatz – nicht aus Mitleid, sondern weil die Offiziere die Blindgängerentschärfung als „Ehrendienst am Vaterland“ ansahen, dessen KZler und Zuchthäusler nicht würdig waren. Doch Himmler blieb stur. In der zweiten Hälfte des Krieges, als immer mehr Bomben in immer schnellerer Folge vom Himmel fielen, waren die Arbeitstrupps der Gefangenen für die Räumung unentbehrlich.

Viele Feuerwerker der Wehrmacht wurden 1945 von den Alliierten einfach weiterbeschäftigt, um das verwüstete Land unter ihrer Aufsicht aufzuräumen. Später übernahmen die Länder die Verantwortung für die „Kampfmittelräumung".

Der gebürtige Schwabe Manfred Schubert, Jahrgang 1945, gehört bereits zur nächsten Generation. Schubert wählte seinen Beruf „aus humanitären Gründen", er hat sein Handwerk bei der Bundeswehr und bei den Engländern gelernt und 25 Jahre lang, bis 2001, im Dienst der Hansestadt Bomben, Minen und Munition unschädlich gemacht. Insgesamt waren mehr als 500 Sprengbomben dabei.

„Kein Blindgänger", sagt Schubert, „ist wie der andere." Gerade das mache seinen Job so gefährlich. „Ich stand schon ein paar Mal vor dem Himmelstor." In den letzten Jahren, bevor er den Posten als Chef-Sprengmeister aufgab, hatte er immer häufiger Alpträume und Herzbeschwerden – „und auch die Psyche hat gelitten". Viele seiner Kollegen in Deutschland, weiß er, „erreichen das Rentenalter nicht".

In Hamburg ist, wie in den meisten Großstädten der Republik, das Aufspüren der Blindgänger eine der wichtigsten Aufgaben der 20 Mann starken Truppe des Kampfmittelräumdienstes, für den der Senat pro Jahr sechs bis sieben Millionen Euro ausgibt. Bei allen großen Bauvorhaben suchen die Männer des Dienstes das Gelände vorher systematisch nach Bomben ab.

Ähnlich verfahren ihre Kollegen in den anderen Bundesländern. Erleichtert wird ihnen die Arbeit durch Hilfe aus England. Mitte der achtziger Jahre machte Schubert bei den Briten 2,5 Millionen Luftaufnahmen locker, die englische Aufklärungsflugzeuge nach den Bombenangriffen über Deutschland geschossen haben – viele dieser Bilder sind gestochen scharf. Auf den Fotos sind nicht nur Straßenzüge, Hausruinen und Plätze, sondern vor allem Bombenkrater und Blindgängereinschläge deutlich zu erkennen.

Wie viele Feuerwerker seit Kriegsende umgekommen sind, ist unklar. Bis 1951 waren es mehr als 250. Der letzte tödliche Unfall mit einer Bombe ereignete sich 1990 in Wetzlar, als zwei Feuerwerker bei der Arbeit an einer LZZ-Bombe in die Luft flogen. Beim Hantieren mit einer Panzergranate starb vor vier Jahren ein Sprengmeister im bayerischen Günzburg.

Aussterben dürfte der Beruf vorläufig nicht. „Es gibt noch Arbeit für Generationen", glaubt Schubert. Den Nachwuchs stellt die Bundeswehr.

Die gebrannten Kinder

Fast 60 Jahre nach Kriegsende leiden noch immer viele Deutsche an den Spätfolgen seelischer Wunden, die sie als Kinder im Bombenhagel erlitten. Unerkannte Traumatisierungen können sogar an die nächste Generation weitergegeben werden. Ärzte haben das Problem zu spät entdeckt.

VON RAINER TRAUB

Helmut Nolde lebt als erfolgreicher Architekt in der Nähe von München. Auch mit 69 denkt er noch lange nicht ans Aufhören. Doch er hat ein privates Problem: Immer wieder brechen die Schrecken seiner Kriegskindheit mit nächtlichen Alpträumen in seinen Alltag ein.

Anfangs erlebte der 1933 geborene Sohn eines im Krupp-Konzern angestellten Ingenieurs den Krieg wie ein Abenteuer: „Als in einiger Entfernung von uns die ersten Bomben fielen, waren wir Kinder fasziniert. Wir sind da hingepilgert wie zu einer Wallfahrt, unsere Trophäen waren Bombensplitter. Das war wie ein Cowboyfilm."

Wenig später war der blonde Pimpf in einem anderen Film. Die britische Luftwaffe begann mit der systematischen Bombardierung der Wohnquartiere. In den nächtlichen Großangriffen erfuhr das ahnungslose Kind zum ersten Mal, was Grauen und Todesangst ist.

„Ich merkte, wie zerbrechlich so ein Haus ist. Pausenlos wurde der Schlaf gestört, wenn wir in die Schutzräume stürzten. Tagsüber habe ich Wunderkerzen gebaut aus liegen gebliebenen Stahlbrandbomben und beim Spielen einmal einen Luftschutzalarm verpasst. Als ich dann zu spät zum Schutzbunker radelte, schlug es schon rings um mich ein, ein Splitter durchschlug den Rahmen meines Fahrrades."

„Ein anderes Mal wurde ich in einer Schule verschüttet und musste über Leichen nach draußen kriechen, der abgerissene Arm einer

Frau landete unmittelbar neben mir. Ich erinnere mich auch an die ausgeprägte Nase eines Tieffliegerpiloten. Aus seiner Maschine wurde kurz vor Kriegsende am Ruhrschnellweg dicht über dem Boden auf alles geschossen, was sich bewegte. Dabei wurde die Mutter meines Freundes getötet."

Die Wiederkehr solcher Erlebnisse in Alpträumen macht Helmut Nolde bis heute zu schaffen: „Ich sitze dann tief im zehnten Untergeschoss eines Bunkers, panisch vor Angst, weil ich mich nirgendwohin verkriechen kann."

Hans Manuel Zimmermann, geboren 1941, ergeht es noch schlimmer. Weil er gerade erst vier Jahre alt war, als im Dresdener Feuersturm des Februar 1945 das Grauen auch über ihn hereinbrach, hatte er später keine bewusste Erinnerung daran. Umso hilfloser war er den Folgen ausgeliefert.

Der Krieg war längst vorbei, doch Nacht für Nacht stand für ihn alles ringsum in Flammen – bis zu seinem 23. Lebensjahr. Eine Stimme herrschte ihn an, sofort die Gasmaske aufzuziehen – dann wachte er schreiend auf, das Bett war eingenässt wie bei einem kleinen Kind. Aber mit seinen Problemen, so berichtet Zimmermann, wurde er völlig allein gelassen.

Der grauhaarige Mann mit der tonlosen Stimme und den zerfurchten Gesichtszügen ist für sein Leben gezeichnet. Erst heute weiß er, dass es zahllosen Kindern damals ganz ähnlich ging wie ihm. Die erwachsenen Deutschen verwendeten nach dem Krieg alle Kraft für das Überleben und das Wegräumen der äußeren Ruinen. Für die inneren, die unsichtbaren Kriegsverwüstungen bei sich selbst und bei den Kindern hatte kaum jemand Augen und Ohren.

Niemand versuchte herauszufinden, worunter Zimmermann litt. Scham- und Angstgefühle machten ihm Beziehungen zu anderen Menschen zur Qual. Erst als eine Tante ihm eines Tages erzählte, dass er als Vierjähriger die Einäscherung Dresdens erlebt hatte, ging ihm ein Licht auf; seither hat er wenigstens eine Erklärung.

Aber die Wunde ist zu tief, um richtig zu verheilen. Die Vergangenheit verfolgte Zimmermann auch in seinem Beruf als Lehrer. Als einmal Schüler im Werkunterricht Krieg spielten, rastete er aus. Der stille Mann verlor seine Selbstkontrolle und verwandelte sich in einen Rasenden. Später versuchte er, den schockierten Schülern sein Verhalten zu erklären. Sie hätten ihn dann verstanden, meint er zwar rückblickend. Aber wenn er von dem Vorfall spricht, ringt er noch heute sichtlich um Fassung.

Die Krankheit, unter der er leidet, heißt in der medizinisch-psychologischen Fachsprache „Trauma". Ein Lehrbuch definiert das Trauma, in dürrem Wissenschaftsjargon, als „vitales Diskrepanzerlebnis zwischen bedrohlichen Situationsfaktoren und individuellen Bewältigungsmöglichkeiten, das mit Gefühlen von Hilflosigkeit und schutzloser Preisgabe einhergeht und so eine dauerhafte Erschütterung von Selbst- und Weltverständnis bewirkt". Hans Manuel Zimmermann ist gegen das Trauma nicht angekommen, das sich ihm buchstäblich eingebrannt hat; er musste sich frühpensionieren lassen.

Auch die heute 68-jährige Helga Spranger war als Flüchtling im Krieg ein kleines Kind. Noch immer hat sie die Gewehrmündungen vor Augen, in die sie blickte, als russische Soldaten von ihren Panje-Wagen herab auf sie zielten. Mit dem Schicksal von Generationsgefährten, die es schlimmer erwischt hat als sie selbst und die bis heute an den psychischen Folgen des Kriegs leiden, ist die Ärztin durch ihre Berufstätigkeit als selbständige Psychotherapeutin vertraut.

„Schon bei meiner früheren Arbeit in einer psychiatrischen Landesklinik fiel mir auf, dass unsere traumatisierten Patienten anders waren als die anderen. Sie wirkten verloren in sich selbst, legten eine auffällige Bindungsunfähigkeit an den Tag und neigten zu Zwangsverhalten und Kästchendenken." Während sie bei depressiven Erkrankungen mit anderen Ursachen, wie etwa Verlust des Partners, häufig „ein viel lebhafteres Wut-Trauer-Gemisch" beobachtet hat, beschreibt die Therapeutin das Leiden der Traumatisierten als „stumme Krankheit".

Die private Stummheit des Leidens wiederholte sich über Jahrzehnte im öffentlichen Schweigen: Die psychischen Langzeitfolgen von Krieg, Flucht und Vertreibung wurden einfach nicht zur Kenntnis genommen.

Eine Hauptursache sehen die (wenigen) Fachleute darin, dass das erdrückende Bewusstsein deutscher Verantwortung für Nazi-Gräuel und Völkermord lange Zeit die Beschäftigung mit den deutschen Opfern und ihren seelischen Spätschäden verhindert habe.

Ein weiterer Grund ist, dass die Generation der Kriegskinder – also etwa der Jahrgänge 1930 bis 1945 – viel zu sehr von den materiellen Alltagsproblemen der Nachkriegszeit betroffen war. Ein großer Teil musste zudem allzu früh abwesende Väter oder Mütter ersetzen und Verantwortung für kleinere Geschwister übernehmen. Ihnen allen blieb gar nichts anderes übrig, als allzu früh erwachsen zu werden und möglichst unauffällig in den ihnen aufgebürdeten Rollen zu funktionieren.

Die Kriegskinder haben die schwierige Zeit vielfach mit Bravour gemeistert – zumindest äußerlich. Nicht wenige von ihnen brachten es weit, selbst wenn sie nach dem Krieg, wie Bundeskanzler Gerhard Schröder, ohne Vater und in ärmlichen Verhältnissen heranwuchsen.

Viele aus seiner Generation weisen auch darum häufig schon die Frage zurück, wie sich die Kriegskindheit auf ihr weiteres Leben ausgewirkt habe. Das stellte die Kölner Publizistin Sabine Bode fest, die sich seit einigen Jahren in Rundfunkbeiträgen und Vorträgen für die Problematik der Kriegskinder engagiert und die weiterführende Website www.kriegskinder.de mit eingerichtet hat. Immer wieder, so berichtet sie, bekam sie Sätze zu hören wie: „Andere haben es viel schlimmer gehabt" und „Was wir damals erlebt haben, war für uns normal".

Diesen Reflex kennen auch jene Kriegskinder, die später Psychotherapeutinnen wurden wie Helga Spranger oder die Bielefelder Trauma-Pionierin Luise Reddemann (siehe Interview Seite 240). Sie fanden es deshalb normal, dass das Thema Krieg aus der Lehranalyse ausgespart blieb, der sie sich als künftige Psychoanalytiker in der Ausbildung unterziehen mussten. Erst durch die Beschäftigung mit ihren Patienten ging ihnen auf, wie sich die Kriegskindheit auch auf ihr persönliches Leben ausgewirkt hat.

Einen weiteren Grund für die Tabuisierung des Themas sieht Helga Spranger rückblickend in einer unheilvollen Tradition des eigenen Berufs: Nach dem Krieg waren als Ausbilder noch lange viele jener Psychologen tätig, die den Nazis aus ideologischer Überzeugung oder Opportunismus zu Diensten gewesen waren.

Der mächtigste deutsche Psychotherapeut unter Hitler war ein Vetter des Reichsmarschalls Hermann Göring: der Nervenarzt Dr. med. Dr. jur. Matthias Heinrich Göring (1879 bis 1945), NSDAP-Mitglied seit Mai 1933. Er leitete das 1936 gegründete „Deutsche Institut für psychologische Forschung und Psychotherapie", das unter anderem massenpsychologische Gutachten für die Eroberungsfeldzüge des Regimes erstellte und in Vorbereitung des Luftkriegs schon 1940 „Die seelische Reaktion auf die Verdunkelung" untersuchte.

Im Mai 1942 wurden von Görings Stellvertreter Werner Kemper (1899 bis 1976) Richtlinien zum Umgang mit kriegsbedingt psychisch Kranken herausgegeben: Diese neigten, so hieß es da, zur „Flucht in die Krankheit", um sich „einer als unerträglich empfundenen Belastungssituation zu entziehen und das Mitleid der Umgebung zu erregen und auszunutzen". Solche „schwere Abartung" müsse durch Isolierung der betreffenden „Psychopathen und Charakteropathen" bekämpft werden, „damit sowohl die Truppe wie die Heimat vor der zersetzenden Wirkung dieser besonderen Menschen bewahrt" blieben.

Nervenarzt Göring führte 1944 eine Tagung mit dem bezeichnenden Titel „Der Beitrag der Psychotherapie zur totalen Kriegsführung" durch. Nach Kriegsende kam er in sowjetischer Gefangenschaft um. Doch mehrere seiner engsten Mitarbeiter praktizierten weiter, als wäre nichts geschehen. Noch lange galten sie als Fachautoritäten. Auch mit dieser unseligen Tradition hängt es zusammen, dass Patienten mit Depressionen in der Nachkriegszeit allenfalls mit Strom- oder Insulin-Schocks traktiert wurden.

In den USA dagegen gaben die zahllosen Soldaten, die als seelische Wracks aus dem Vietnamkrieg zurückkehrten, der Entwicklung von Traumatherapien und Traumaforschungen einen entscheidenden Anstoß. Wie verheerend die Spätfolgen dieses Kriegs waren, geht übrigens auch daraus hervor, dass Tausende von Vietnam-Veteranen nach der Rückkehr in die Heimat Selbstmord verübten.

Erst in den achtziger Jahren begannen in Deutschland Traumatherapien. Unter dem Einfluss der Frauenbewegung wurden zunächst Vergewaltigungsopfer und durch Missbrauch traumatisierte Kinder und Jugendliche behandelt. Die grauenvollen Bilder vom ICE-Unglück in Eschede, die das Fernsehen in jedes Wohnzimmer übertrug, rückten das Problem der Traumafolgen erstmals ins Bewusstsein einer breiteren Öffentlichkeit.

Für Deutschland wurden noch keine wissenschaftlichen Untersuchungen erstellt wie die des Amerikaners Vincent J. Felitti, die unlängst auch auf Deutsch erschien. Gestützt auf über 17 000 Fälle, weist die Studie das ganze Spektrum von Gesundheitsschäden nach, die mehr als 50 Jahre nach den ursächlichen Kindheits-Traumatisierungen festgestellt wurden – von Suchterkrankungen über Depressionen und chronische Lungenleiden bis zu weit überdurchschnittlicher Suizidgefährdung.

Es geht zwar bei den amerikanischen Fällen nicht um Kriegstraumata, sondern um sexuellen Kindesmissbrauch, Misshandlungen und andere frühe Verletzungen. Doch die spezifische Art der Traumatisierung ist unerheblich für die bemerkenswerte Schlussfolgerung der Studie: Psychosoziale Belastungsfaktoren in der Kindheit seien „der wichtigste Faktor, der Gesundheit und Wohlbefinden unserer Nation bestimmt".

Auch hier zu Lande beginnt sich die Einsicht zu verbreiten, dass viele ältere Menschen noch heute unter den Folgen kriegsbedingter Traumata leiden. Die Fachleute sind sogar überzeugt, dass manche von denen, die erst nach Kriegsende geboren wurden, schon im Mutterleib traumatisiert worden sind.

Da die Forschung über das verdrängte Thema gerade erst einsetzt, gibt es nur Vermutungen darüber, wie viele Angehörige der Kriegskindergeneration betroffen sind. Der Kasseler Psychologieprofessor Hartmut Radebold, Jahrgang 1935, leistet Pionierarbeit bei der Behandlung und Erforschung psychischer Erkrankungen älterer Menschen. Er schätzt, dass etwa die Hälfte von Angehörigen der Jahrgänge 1930 bis 1947/48 „unter beträchtlichen bis schwer wiegenden und dazu teilweise anhaltenden Folgen des Zweiten Weltkriegs und der Nachkriegszeit leiden".

Relativ heil davongekommen seien nur die „kaum beeinträchtigt aufgewachsenen Kinder mit anwesendem Vater", die durch Evakuierungen oder durch die geografische Lage ihrer Wohnorte weitgehend von Bombenangriffen (und anderen Traumatisierungen wie Flucht und Vertreibung) verschont blieben.

Gewiss, längst nicht alle Kriegskinder sind so schwer betroffen wie der frühpensionierte Lehrer Zimmermann. Wie vielfältig und langwierig die seelischen Wunden einer Kriegskindheit aber sein können, ist in der bewegenden Fall-Sammlung „Maikäfer flieg, dein Vater ist im Krieg" des Psychotherapeuten Peter Heinl nachzulesen.

Heinl schreibt, auf Grund seiner Erfahrungen habe er es sich „inzwischen zur Faustregel gemacht, in keinem Menschen, der kriegerische Handlungen im Zweiten Weltkrieg miterlebt hat, einen

Menschen zu sehen, der aus diesen Erfahrungen psychisch unbeschadet hervorgegangen ist". Und er zeigt an einem Beispiel aus seiner Praxis, wie unerkannte Traumatisierungen an die nächste Generation weitergegeben werden:

Eine in den sechziger Jahren geborene, depressive Frau klagt darüber, keinerlei Lebensfreude empfinden zu können, weil ihr ein Krieg jederzeit alles kaputtmachen könne. Der Hintergrund ihrer Ängste ist, dass beide Eltern durch den Krieg traumatisiert worden sind. Was ihre Tochter so belastete, war nicht, dass die Eltern über den Krieg gesprochen, sondern wie sie das getan hatten: „Unfähig, das eigene Überfordertsein zu überwinden", so Heinl, hatten sie die Tochter als Kind „mit ihren Ängsten förmlich überschwemmt und dann allein gelassen. Sie war einem permanenten angstbesetzten Bombardement von traumatischen Kriegsgeschichten der Eltern ausgeliefert gewesen."

Dieser Fall ist keineswegs ein Einzelfall, wie Heinl betont: „Historische Zeitdauer eines kriegerischen Ereignisses und psychologische Langzeiteffekte sind sorgfältig voneinander zu trennen. Allen wohlgemeinten politischen Proklamationen zum Trotz versprühen Kriege ihr Gift weit über den Lebenszyklus direkt Betroffener in die Seele sehr viel später Geborener und erzeugen damit generationsüberspringende Traumatisierungen oder, anders ausgedrückt, Schädigungen familiärer Systeme."

Das Urteil des Fachmanns deckt sich mit einer Erfahrung der Gegenwart. Bei den zahlreichen deutschen Demonstrationen gegen den Irak-Krieg waren auffällig viele ältere Gesichter neben den jungen zu sehen: Die kollektiven „psychologischen Langzeiteffekte" wirken auch bei denen, die von individuellen Traumatisierungen verschont blieben. In diesem Sinn sind die Deutschen allesamt gebrannte Kinder des Kriegs.

„Der Körper vergisst nichts"

Trauma-Therapeutin Luise Reddemann* über die Spätfolgen von Kriegserlebnissen

INTERVIEW VON RAINER TRAUB

SPIEGEL: Was fehlt den Patienten, die zu Ihnen kommen?
REDDEMANN: Häufig leiden sie unter so genannten Somatisierungsstörungen – also unter körperlichen Störungen, die keine körperliche Ursache haben. Das können chronische Schlaflosigkeit, wiederkehrende Alpträume, allgemeine Erschöpfung und viele andere Erscheinungen sein.
SPIEGEL: Wie kommen Sie darauf, solche Beschwerden in Zusammenhang mit dem Zweiten Weltkrieg zu bringen?
REDDEMANN: Ich schaue auf das Geburtsjahr. Wenn jemand zum Beispiel 1938 geboren ist, dann frage ich: Was war im Krieg mit Ihnen? Wo waren Ihre Eltern? Haben Sie Vertreibung oder Bombardierungen erlebt? Wo waren Sie nach dem Krieg?
SPIEGEL: Seit wann suchen Ärzte die Ursachen von Erkrankungen in Umständen, die viele Jahrzehnte zurückliegen?
REDDEMANN: Tatsächlich haben solche Fragen bis in die achtziger Jahre kaum jemanden interessiert. Der Krieg wurde einfach nicht berücksichtigt als mögliche Ursache etwa für Depressionen, die gerade bei älteren Menschen häufig dazu führten, dass sie nicht mehr arbeiten konnten und vorzeitig eine Rente beantragten.
SPIEGEL: Wie ist es möglich, dass Krankheiten mit so großem Abstand zur Ursache ausbrechen?
REDDEMANN: Der Körper vergisst nichts – und wir wissen inzwischen, wie eng er mit dem Gehirn oder der Seele verbunden ist. Aber er erinnert sich oft nicht so, dass wir es bemerken. Er wartet manchmal auf Gelegenheiten, wo er sich äußern kann. Solche Gelegenhei-

* Luise Reddemann leitet seit 1985 eine Klinik für Psychotherapie und psychosomatische Medizin in Bielefeld

ten kommen zum Beispiel bei Angehörigen der Kriegskindergeneration dann, wenn sie sich nicht mehr durch viel Arbeit von allem ablenken können, vielleicht auch nicht mehr so fit sind. Sie machen Erfahrungen von Hilflosigkeit und Ohnmacht – oder sie sehen im Fernsehen Filme wie die über den 11. September.

SPIEGEL: Der Terrorangriff auf das New Yorker World Trade Center hat sich auf die Psyche alter Menschen ausgewirkt?

REDDEMANN: Ja, auch dieses Ereignis hat viele alte Erlebnisse heraufbeschworen. Auf solche Auslöser-Reize reagieren Körper und Gehirn, als passierte das Schreckliche dem Patienten selber.

SPIEGEL: Ihre Patienten können Gegenwart und Erinnerung nicht auseinander halten?

REDDEMANN: Das ist eben das Tückische an traumatischen Erfahrungen: Unser Gehirn kann sie nicht wie andere Erinnerungen verarbeiten. Normalerweise erinnern wir uns an etwas, auch mit Emotionen, und wissen doch zugleich: Es ist vorbei. Traumatische Erinnerungen aber fühlen sich an, als geschähe das Schreckliche jetzt – wenn sie nicht gut verarbeitet sind. Eine andere Reaktionsform ist das, was wir im Fachjargon „Dissoziation" nennen: das Abspalten der Gefühle von den Erfahrungen. Wenn Menschen über grauenhafte Dinge, die ihnen widerfahren sind, scheinbar ganz unbeteiligt und ungerührt sprechen, ist das auch nicht gesund.

SPIEGEL: Das Trauma ist in beiden Fällen da, aber nicht erkannt worden?

REDDEMANN: So ist es. Wir haben die Fähigkeit, Dinge, die extrem belastend sind, weit wegzuschieben, manchmal geht das Jahre und sogar Jahrzehnte so. Aber der verletzte Teil in uns lebt weiter, und wenn er nicht wirklich geheilt wird, kommt er irgendwann wieder heraus. Es ist sicher kein Zufall, dass in Deutschland nur noch jeder dritte 59-Jährige berufstätig ist. Das ist in anderen Ländern anders. Ich glaube, dass ein guter Teil dieser Frührentner wirklich krank ist. Leider gibt es bei uns praktisch keine Forschung über diese Zusammenhänge.

SPIEGEL: Was ist charakteristisch für traumatisierte Patienten?

REDDEMANN: Man kann zwei Arten unterscheiden: Die einen haben, wenn man genau hinsieht, seit dem traumatisierenden Ereignis eigentlich immer irgendwelche Probleme und Krankheiten gehabt. Sie haben sich nur nicht darum gekümmert, sie nicht in

Verbindung mit vergangenem Geschehen gebracht. Die anderen haben das Trauma in sich abgekapselt wie einen Abszess. Und dann kommt ein äußeres Ereignis. Das kann eine Krankheit sein oder ein Verlust oder Fernsehbilder von einem Krieg. Das ist, als würde in diesen Abszess hineingestochen: Er platzt auf und entleert sich.

SPIEGEL: Wie erfolgreich lassen sich solche Traumata behandeln?

REDDEMANN: Ziemlich erfolgreich, unter anderem auch deshalb, weil Patienten, die zu uns kommen, oft schon einiges an Behandlung hinter sich haben, ohne dass sie sich mit dem Ursprung ihres Traumas beschäftigt haben. Es gibt freilich auch Fälle, in denen die Patienten durch das, was wir den traumatischen Prozess nennen, schon so verändert sind und so starke Beziehungsstörungen haben, dass wir nur noch ganz schwer an sie herankommen.

SPIEGEL: Ist älteren Menschen, die unter den Spätfolgen einer Kriegskindheit leiden, eine Psychotherapie zu empfehlen?

REDDEMANN: Vorsicht. Eine normale Psychotherapie hilft Traumatisierten nicht.

SPIEGEL: Warum nicht?

REDDEMANN: In Psychotherapien geht es immer überwiegend um Konflikte. Aber Patienten, die unter Traumafolgen-Störungen leiden, ist mit einer Bearbeitung von Konflikten erst einmal nicht geholfen. Wenn die Psychotherapie sich nämlich auf aktuelle Konflikte fokussiert – Konflikte mit Partnern, Vorgesetzten, Freunden oder mit dem Therapeuten –, dann ist der Trauma-Patient einem schweren Stress ausgesetzt, der seine Traumafolgen-Probleme unter Umständen verschlimmert.

SPIEGEL: Was ist die Alternative?

REDDEMANN: Man muss diese Patienten so behandeln, dass man zunächst ihre vorhandenen Ressourcen, ihr Selbstbewusstsein, ihr Selbstmanagement stärkt. Man muss ihnen helfen, von ihrem inneren Dauerstress runterzukommen. Erst wenn sie sich selbst besser beruhigen können, wäre man so weit, mit ihnen ihre Traumata zu bearbeiten. Aber weil bei uns Traumaforschung und Traumatherapie erst allmählich heimisch werden, haben viele Psychotherapeuten noch gar nicht die nötige Fortbildung, um Patienten mit Traumafolgen-Störungen richtig zu behandeln – ich schätze, dass sich erst ein Zehntel der deutschen Psychotherapeuten die notwendige Zusatzqualifikation angeeignet hat.

Autorenverzeichnis

Wolfgang Bayer ist Redakteur im Berliner SPIEGEL-Büro

Prof. Lew Besymenski ist einer der führenden russischen Historiker

Wolfram Bickerich ist Redakteur im Ressort Sonderthemen des SPIEGEL

Prof. Günter Blobel ist Professor an der Rockefeller University in New York

Jochen Bölsche ist Autor des SPIEGEL

Georg Bönisch ist Korrespondent im Düsseldorfer Büro des SPIEGEL

Stephan Burgdorff leitet das Ressort Sonderthemen des SPIEGEL

Jürgen Dahlkamp ist Reporter im Deutschlandressort des SPIEGEL

Mike Davis ist Kulturhistoriker und war Professor in Los Angeles

Axel Frohn ist Mitarbeiter im Washingtoner Büro des SPIEGEL

Christian Habbe ist Redakteur im Ressort Sonderthemen des SPIEGEL

Dr. Volker Hage ist Redakteur im Kulturressort des SPIEGEL

Almut Hielscher ist Korrespondentin im Frankfurter Büro des SPIEGEL

Per Hinrichs ist Redakteur im Deutschlandressort des SPIEGEL

Michael Kloft ist Redakteur bei SPIEGEL-TV

Dr. Hans Michael Kloth ist Redakteur im Deutschlandressort des SPIEGEL

Dr. Beate Kosmala ist Mitarbeiterin des Zentrums für Antisemitismusforschung an der TU Berlin

Prof. Hans Mommsen war Professor für Zeitgeschichte an der Universität Bochum

Michael Schmidt-Klingenberg ist Autor im Deutschlandressort des SPIEGEL

Dr. Claudia Schoppmann ist Mitarbeiterin des Zentrums für Antisemitismusforschung an der TU Berlin

Prof. Richard Schröder ist Professor für Theologie an der Humboldt-Universität zu Berlin

Ulrich Schwarz ist Autor des SPIEGEL in Hamburg

Dr. Heinrich Schwendemann ist Dozent am Historischen Seminar der Universität Freiburg

Michael Sontheimer ist Korrespondent im Londoner Büro des SPIEGEL

Dr. Gerhard Spörl ist Korrespondent des SPIEGEL in Washington

Katharina Stegelmann ist Redakteurin des SPIEGEL in Hamburg

Dr. Rainer Traub ist Redakteur im Ressort Sonderthemen des SPIEGEL

Sachregister

Personenregister

Bücher gegen das Vergessen

Martin Broszat (Hg.)
Kommandant in Auschwitz
Autobiographische Aufzeichnungen des Rudolf Höß
ISBN 3-423-30127-9

Inge Deutschkron
Ich trug den gelben Stern
ISBN 3-423-30000-0

Martin Doerry
»Mein verwundetes Herz«
Das Leben der Lilly Jahn 1900–1944
ISBN 3-423-34146-7

Erica Fischer
Das kurze Leben der Jüdin Felice Schragenheim
»Jaguar«, Berlin 1922 Bergen-Belsen 1945
ISBN 3-423-30861-3

Manfred Flügge
Rettung ohne Retter
oder: Ein Zug aus Theresienstadt
ISBN 3-423-24416-X

Eva Fogelman
»Wir waren keine Helden«
Lebensretter im Angesicht des Holocaust
Übers. v. B. Schulze
ISBN 3-423-30641-6

Ulrich Frodien
»Bleib übrig«
Eine Kriegsjugend in Deutschland
ISBN 3-423-30849-4

Um Kopf und Kragen
Eine Nachkriegsjugend
ISBN 3-423-34171-8

Eric Fiedler, Barbara Siebert, Andreas Kilian
Zeugen aus der Todeszone
Das jüdische Sonderkommando in Auschwitz
ISBN 3-423-34158-0

Beatrice Heiber und Helmut Heiber (Hg.)
Die Rückseite des Hakenkreuzes
Absonderliches aus den Akten des »Dritten Reiches«
ISBN 3-423-30201-1

Joe J. Heydecker
Das Warschauer Ghetto
Foto-Dokumente aus dem Jahr 1941
ISBN 3-423-30724-2

Ruth Klüger
weiter leben
Eine Jugend
ISBN 3-423-11950-0